J. DE MORGAN

ANCIEN DIRECTEUR GÉNÉRAL DES ANTIQUITÉS
ANCIEN DÉLÉGUÉ GÉNÉRAL EN PERSE DU MINISTÈRE

CONTRE LES BARBARES

DE L'ORIENT

ÉTUDES

SUR LA TURQUIE, SES FÉLONIES ET SES CRIMES
SUR LA MARCHE DES ALLIÉS DANS L'ASIE ANTÉRIEURE
SUR LA SOLUTION DE LA QUESTION D'ORIENT

RENFERMANT DE NOMBREUX ARTICLES
PARUS DE 1915 A 1917
DANS L'« ÉCLAIR DE MONTPELLIER » ET DANS LA « REVUE DE PARIS »

BERGER-LEVRAULT, LIBRAIRES-ÉDITEURS

PARIS   NANCY
5-7, RUE DES BEAUX-ARTS   RUE DES GLACIS, 18

1918

CONTRE LES BARBARES DE L'ORIENT

J. DE MORGAN

ANCIEN DIRECTEUR GÉNÉRAL DES ANTIQUITÉS DE L'ÉGYPTE

ANCIEN DÉLÉGUÉ GÉNÉRAL EN PERSE DU MINISTÈRE DE L'INSTRUCTION PUBLIQUE

CONTRE LES BARBARES DE L'ORIENT

ÉTUDES

SUR LA TURQUIE, SES FÉLONIES ET SES CRIMES
SUR LA MARCHE DES ALLIÉS DANS L'ASIE ANTÉRIEURE
SUR LA SOLUTION DE LA QUESTION D'ORIENT

RENFERMANT DE NOMBREUX ARTICLES
PARUS DE 1915 A 1917
DANS L'« ÉCLAIR DE MONTPELLIER » ET DANS LA « REVUE DE PARIS »

BERGER-LEVRAULT, LIBRAIRES-ÉDITEURS

PARIS	NANCY
5-7, RUE DES BEAUX-ARTS	RUE DES GLACIS, 18

1918

AVERTISSEMENT DE L'AUTEUR

Ce livre, dans lequel j'ai reproduit et développé les nouvelles et les appréciations que, depuis 1915, je publie dans l'*Éclair* de Montpellier, qui contient également quelques articles sur les mêmes sujets parus dans la *Revue de Paris*, renferme l'exposé de mon opinion personnelle sur les affaires orientales et les principaux résultats de mes observations au cours de mes longs séjours dans les pays de l'Asie Antérieure. Il n'a d'autre prétention que celle d'éclairer le lecteur sur bien des points qui, forcément, demeurent obscurs pour la plupart des Européens. Deux foyers bien distincts de barbarie déshonorent le monde civilisé du vingtième siècle. L'un d'eux, situé dans le centre même de notre vieux continent, s'est lentement développé chez un peuple qui, faussant l'idéal du progrès, insensible aux bienfaits de la morale, n'a tiré de son avancement scientifique que des doctrines abjectes. L'autre foyer occupant l'Occident asiatique est demeuré oriental dans le sens le plus barbare du mot; car les Turcs, résistant à toutes les influences civilisatrices dont ils sont entourés depuis quatre siècles, sont demeurés ce qu'ils étaient alors que, quittant les steppes de l'Asie Centrale, ils se sont, comme des oiseaux de proie, précipités sur l'Empire byzantin.

Réunissant en un seul ces deux derniers foyers de la moralité, si différents par leurs origines, un puissant génie du mal, affamé de domination, a déchaîné sur le monde le plus terrible des fléaux qu'aient jamais enregistrés les annales humaines. Le crime s'est appuyé sur des moyens jusqu'alors inconnus, la justice a failli périr.

Devant de semblables horreurs, devant cet attentat contre les libertés humaines, les peuples civilisés du monde entier se sont levés pour protester par les armes contre l'infamie des contempteurs du droit public. Mais vaincre l'Hydre, la réduire momentanément à l'impuissance ne suffisent pas, les peuples ont le devoir de l'écraser, de disperser ses membres, d'étouffer celles de ses têtes qui menaceraient de reprendre vie. Ils ont la tâche sacrée de garantir les générations de l'avenir contre un retour d'aussi grands malheurs, contre la menace de la servitude. Toute paix qui ne ferait pas disparaître les foyers du mal ne serait qu'une trêve; en l'acceptant, nous nous montrerions indignes des souffrances de nos héros, des sacrifices sans précédents que cette guerre injuste coûte au genre humain.

L'Allemagne doit être réduite à l'impuissance militaire, la Turquie être rayée de la liste des États de ce monde.

Dans ce livre, je ne parlerai pas de la nouvelle Europe, sujet dont l'ampleur déconcerte, question dont la solution est encore le secret du Destin. Je m'attacherai uniquement à l'Empire ottoman, montrant ce qu'il a été, ce qu'il était avant la guerre, ce qu'il est aujourd'hui, enregistrant les efforts déjà faits par nos Alliés pour le vaincre, faisant voir ce qu'il reste encore à faire pour le terrasser, exposant enfin vers quel but, à mon avis, doivent tendre les vues des hommes qui recevront de l'Entente la lourde tâche de résoudre la question d'Orient. Les temps sont venus d'écarter de l'Europe cette épée de Damoclès, de soulager la politique internationale de ces perpétuelles craintes qui pèsent, depuis des siècles, sur les destinées des nations, qui, comme le vent brûlant du désert, soufflent du Bosphore, semant la stérilité. De combien de guerres atroces la Turquie n'a-t-elle pas été la cause? Quel trouble elle a jeté dans notre Occident! Les générations de l'avenir nous jugeraient avec sévérité, si, après avoir subi tant de malheurs et d'outrages, nous nous montrions encore accessibles à la pitié envers cette Turquie dont la vie entière n'a été qu'une longue succession de félonies, de meurtres et de pillages. Jamais occasion plus favorable ne s'est présentée de délivrer le monde de ces barbares dont il subit la présence depuis le quinzième siècle. La tâche à remplir est encore très vaste; mais l'aurore du monde nouveau ne peut éclairer de ses rayons un peuple dégouttant encore du sang de ses innocentes victimes.

Un effrayant drame se joue en Asie, et le premier acte de cette scène angoissante vient, après trois années, de prendre fin. Aujourd'hui, par suite de la crise morale que subit la Russie, les opérations militaires en Turquie d'Asie sont arrêtées. Nous assistons à un entr'acte; mais, il le faut espérer, nos alliés d'Orient se ressaisiront bientôt et alors commencera le second acte de cette sanglante tragédie, acte final, dans lequel, sans nul doute, la civilisation triomphera de la barbarie.

Si, vaincue par les Empires centraux, la Russie s'effondrait dans un irréparable désastre, si l'immense empire des Tsars succombait sous le poids de ses fautes, d'autres éléments puissants de combat viendraient remplacer les armées évanouies; car le monde entier qui s'est levé ne peut arrêter ses légions qu'au jour où, couvertes de lauriers, elles apporteront à l'univers la palme de la victoire, emblème de la liberté des nations. Aux combattants moscovites, épuisés par d'irréalisables ambitions sociales, viendront succéder des cohortes saines, disciplinées, enflammées par la volonté de vaincre, conscientes de leur devoir envers l'humanité, respectueuses de leur honneur.

Les pages qui suivent, écrites presque au jour le jour, sont, par les faits qu'elles relatent, fertiles en enseignements. Elles permettent sinon de présager ce que sera demain, du moins de comprendre et de prévoir les grandes lignes des événements qui se passeront en Asie dans la seconde phase de cette lutte de Titans.

Si ces lignes convainquent mes lecteurs de l'impérieuse nécessité dans laquelle se trouve aujourd'hui l'Europe d'en finir avec la Turquie afin d'assurer pour toujours la tranquillité dans le Levant méditerranéen, je m'estimerai comme étant très largement récompensé de mon labeur.

J. M.

CONTRE

LES

BARBARES DE L'ORIENT

I

L'ETHNOGRAPHIE DE L'ASIE ANTÉRIEURE

LES TURCS

MUSULMANS ET CHRÉTIENS DE L'EMPIRE OTTOMAN

L'élan sublime avec lequel les peuples se sont jetés dans la lutte de la liberté contre le despotisme, l'union franche, loyale des races les plus diverses, l'oubli par chacune de ses aversions séculaires, de ses intérêts particuliers, sont, sans aucun doute, le plus grand des événements qui jamais se soient produits dans l'Histoire. Dans l'univers entier, le Droit s'est levé contre l'Injustice. Hélas! que n'en a-t-il pas été de même au temps où la Prusse fondait sa puissance militaire, préparait son crime d'aujourd'hui, écrasait les Duchés, le Danemark, l'Autriche et se ruait sur notre patrie!

1er janvier 1917 (1).

Le monde paie, en ces terribles années que nous vivons, sa faute de 1870, l'imprévoyant égoïsme avec lequel il a laissé terrasser la France par la puissante machine de guerre qu'était déjà la Prusse. Certes, l'Au-

---

(1) *L'Éclair* de Montpellier.

triche et la Russie n'avaient pas à se louer de la politique impériale, mais l'Angleterre, l'Italie, la Turquie, l'Espagne, les États-Unis, n'avaient point à se plaindre et, pour la plupart, les neutres d'aujourd'hui s'étaient trouvés fort bien du grand essor que la France avait su donner au commerce, à l'industrie, aux arts et surtout à l'aménité dans les rapports des peuples entre eux. L'Autriche elle-même, la vaincue de Sadova, se serait moins humiliée, en oubliant Solférino et Magenta, qu'en préparant son asservissement par une neutralité rancunière.

Il est inconcevable que l'Europe tout entière n'ait pas, à cette époque, prévu l'effroyable danger auquel son abstention d'alors l'exposait à courte échéance; et l'on est aujourd'hui en droit de se demander quel aveuglement étrange avait alors frappé la diplomatie de nos alliés de cette heure. En 1871, après le traité de Francfort, le mal n'était plus réparable; on ne chercha pas à le réparer d'ailleurs, et, semblables à l'autruche qui se cache la tête derrière une pierre pour ne point être vue, les cours européennes pensèrent éviter un cataclysme en opposant aux cupidités exorbitantes de l'Allemagne des moyens vraiment enfantins.

En 1914, c'est encore la France qui fut la première victime, avec la Belgique, de cette nouvelle ruée des barbares puissamment organisés en vue d'un pillage gigantesque; seule, par son courage, elle arrêta l'invasion, sauva le monde civilisé. Combien on doit regretter aujourd'hui tant à Pétrograd qu'à Londres et à Rome de ne pas être intervenu en 1870 !

1917 nous apporte, il en faut convenir, une situation très douloureuse par ses apparences, plutôt, heureusement, que par ses réalités. Nos ennemis, victorieux sur les cartes, occupent encore la Belgique, nos départements du Nord, d'immenses territoires en Pologne russe, la majeure partie de la Roumanie, toute la Serbie. Seules, la Russie et l'Italie ont fait quelques progrès territoriaux en Europe et, sur les côtes asiatiques de la Mer Noire, les Anglais après de grands succès semblent s'être figés en Mésopotamie, et notre armée de Salonique n'avance qu'à pas lents.

Mais la joie de Berlin n'est plus que l'ombre de ce

qu'elle était en 1914, alors que l'Empire se sentait être dans toute sa force, qu'il se croyait maître du monde. De hideux spectres planent maintenant au-dessus de l'Allemagne, la couvrent tout entière de leurs ailes noires. La ruine financière, la famine, la disette d'hommes, l'impuissance militaire sur les fronts importants, menacent la Germanie de l'effrondrement final. Elle demande la paix, elle supplie les neutres de lui venir en aide. Quel contraste frappant entre ces cartes de la victoire et ces pourparlers timides, bien qu'insolents !

C'est que l'Allemagne sent approcher l'heure de son agonie. Elle supplie, la menace aux lèvres, menaces qui s'adressent au monde entier, vaines vis-à-vis de ses ennemis, mais avec lesquelles elle espère intimider quelques neutres. Illusions stériles ! Que peuvent les neutres pour arrêter l'effroyable tourmente qui dévaste le monde ? Invoquer les droits de l'humanité, c'est blâmer la conduite de l'Allemagne; se plaindre des dommages que leur cause la guerre, une seule date, 1870, suffit pour réduire à néant leurs égoïstes réclamations. La Russie, l'Angleterre, l'Italie, se plaignent-elles des malheurs qu'entraîne ce conflit colossal? elles savent que ce sont les erreurs passées qui les ont conduites à prendre aujourd'hui les armes et, courageusement, loyalement, elles versent leur sang, donnent leurs milliards pour la grande cause; car ce n'est plus la France qui est en jeu, c'est la civilisation mondiale.

Vaines seront toutes les démarches des neutres, des utopistes; inutiles les suggestions des Allemands aux abois. Les événements suivront le cours qui leur a été tracé par le Destin. Durant tout l'hiver, de formidables préparatifs ont été faits dans les deux camps. Le monde entier travaille pour l'Entente. L'Allemagne est réduite à ses propres ressources, affaiblie par le manque de bras, la rareté des vivres, la pénurie de matières premières et, dès que les neiges seront fondues sur tous les fronts, quand la terre ne cédera plus sous les pas des hommes et des chevaux, sous les roues des canons, ce sera le choc géant, une ruée telle que l'Histoire n'en a jamais connu de semblable. Que peut faire l'Allemagne affaiblie contre la puissance de l'univers entier? Lutter sans espérance, jusqu'à la mort !

Nos succès de Verdun, de Champagne, d'Artois, de Picardie, de Galicie, du Carso, montrent que, dès maintenant, la puissance militaire des Empires centraux est brisée; qu'à notre moment, nous serons victorieux sur tous les fronts. Ce sera chez les barbares une débâcle sans précédent; tout s'effondrera à la fois : Allemagne, Autriche, Turquie, Bulgarie, seront écrasées, anéanties. Alors seulement nous parlerons de paix, et si quelque neutre croit de son droit de chercher à intervenir dans nos décisions, il suffira de lui rappeler une date : « 1870 ».

Personne ne doute plus aujourd'hui, chez tous les peuples de l'Entente, que la guerre, en 1914, est venue nous surprendre, alors que nous la jugions impossible, et que, par suite, nous ne nous étions préparés que mollement à repousser une invasion. A la veille même du conflit, c'était là l'opinion générale, même dans les milieux les mieux placés pour recevoir des informations. Certainement on connaissait les grands préparatifs des Empire centraux, sûrement nos représentants à l'étranger et leurs attachés militaires nous avaient prévenus de l'imminence du danger; mais on mettait sur le compte du « métier » leurs prophéties, et ceux qui avaient le devoir de faire fondre des obus et des canons lourds disaient avec sérénité : « La finance ne permettra pas au conflit armé de se déchaîner. » J'entends encore un de mes amis, qui jadis avait occupé l'une des situations les plus importantes au Quai d'Orsay, me dire en avril 1914 : « La guerre est impossible », et chercher à me convaincre avec une solennité presque troublante et des airs entendus des dispositions pacifiques de l'Allemagne. En juillet, quelques jours avant l'entrée des troupes allemandes en Belgique, un député, non l'un des moindres, qui plus tard a joué un grand rôle dans le Gouvernement de la Défense nationale, m'expliquait, avec toute la conviction d'une âme sincère, la raison de son vote contre la loi de trois ans. Une sorte de folie de pacifisme s'était emparée des esprits et, comme le Français n'a pas l'habitude de regarder au delà de ses frontières, le peuple tout entier s'endormait dans une douce quiétude; il se riait même des modestes préparatifs que réclamaient les gens les plus éclairés.

En Angleterre, il en était tout autrement. Notre ami d'outre-Manche, qui a coutume de beaucoup voyager, de se tenir en rapports avec tous les peuples de l'univers, sentait bien monter l'orage; mais confiant dans ses flottes, très fier de ses soldats qui avaient vaincu les Boers, il ne se faisait aucune idée de ce que serait la guerre moderne et se croyait être encore au temps du carré de Waterloo.

Cette sécurité dans nos deux pays, bien que basée sur des convictions différentes, n'en produisait pas moins des effets semblables, et, comme résultante, chez nous comme de l'autre côté de la Manche, on ne faisait pas les efforts cependant indispensables pour être prêt au grand jour.

Liége et Charleroi ont bien certainement fait évanouir beaucoup d'illusions; mais, si les militaires ont compris ce qui manquait à nos armées, les diplomates ont été plus lents à se convaincre, non pas ceux de la France seulement, mais aussi les hommes du Foreign Office et de Pétrograd. Il s'ensuivit naturellement d'énormes fautes en Bulgarie, en Grèce et à Constantinople, erreurs dont les conséquences pèsent encore lourdement sur les opérations militaires. Mais on agissait par tradition, par sentiment, en se basant sur de vieux principes. La Russie, mère de la Bulgarie, ne pouvait pas croire à l'ingratitude de sa fille, et les trois grandes puissances de l'Entente ne supposaient pas, même un seul instant, qu'en Grèce on pût avoir oublié

Navarin. Quant à la Turquie, comblée par l'Angleterre et par la France, défendue contre les intrigues russes, arrosée par le pactole des capitaux français, la veille même de la guerre, pouvait-elle se montrer hostile envers ses bienfaiteurs, envers ceux qui tenaient les cordons de son escarcelle? Ne venait-elle pas, à la grande joie des naïfs, d'évoluer vers la liberté? Ne suivait-elle pas le mouvement de tous les peuples civilisés vers de meilleures destinées? Son libéralisme ne l'éloignait-il pas des autocratiques Empires centraux? Certes, les Allemands jouaient à Constantinople, depuis tantôt dix ou quinze ans, un rôle considérable dans l'Administration comme dans l'armée des Osmanlis; certes l'entreprise du chemin de fer de Bagdad indiquait, de la part des Teutons, des velléités de colonisation germanique en Turquie. Mais à Yildiz autrefois, alors chez les Jeunes-Turcs, on savait que l' « homme malade » ne devait la prolongation de ses jours qu'à l'antagonisme des grandes puissances, et il semblait aux hommes d'État de l'Occident qu'il serait de la dernière des imprudences pour ce moribond de se jeter à corps perdu dans les bras de l'un ou de l'autre des deux partis. C'est ainsi qu'on pensait dans nos chancelleries au moment où l'Allemagne et la Double Monarchie entrèrent en campagne. L'Italie, la Grèce, la Bulgarie et la Turquie restaient neutres, attendaient les événements, cachant leurs projets, bien qu'ils fussent fermement arrêtés depuis longtemps déjà.

Dans ces quatre pays, les sentiments n'étaient pas les mêmes. L'Italie se préparait à la guerre contre l'Autriche, son ennemie héréditaire, sachant qu'elle ne réaliserait jamais ses ambitions dans l'Adriatique sans prendre les armes aux côtés de l'Entente. La Bulgarie n'attendait que l'occasion d'assassiner la Serbie. Le roi de Grèce suivait une politique « de famille » contraire aux intérêts de son peuple, et la Turquie, hypnotisée depuis 1870 par la puissance militaire de Berlin, songeait, depuis longtemps, à mordre la main qui la faisait vivre. Avec notre argent, elle complétait son matériel de guerre, tout en assurant que « si la Turquie voulait vivre, elle devait marcher avec l'Entente ». Et, pendant ce temps, les usines Krupp ouvraient à la Sublime-Porte un crédit en fournitures de cent millions. Vraiment, notre imprévoyance fut alors bien coupable ; et l'on se demande comment notre diplomatie, qui cependant n'ignorait pas l'influence omnipotente des Allemands à Stamboul, a pu consentir à ces emprunts, a pu se laisser leurrer par des déclarations que démentaient aussi clairement les faits.

En Turquie, il n'existe pas d'opinion publique. Comme un troupeau de moutons, le peuple se laisse mener par ceux qui détiennent le pouvoir, sans même se demander si les maîtres du jour ont pour eux d'autres titres que la ruse ou la violence. Depuis trop longtemps, les Turcs sont accoutumés à se prosterner devant les parvenus des intrigues du Palais ; l'obéissance passive est une tradition qu'ils tiennent du temps où ils vivaient dans les steppes de la Transcaspienne ; aussi n'est-ce pas le peuple turc qui nous a déclaré la guerre, mais bien la bande d'aventuriers des Jeunes-Turcs, à la solde de Berlin. L'ordre parti de Stamboul fut obéi dans tout l'Empire, comme l'avait été celui d'Abdul-Hamid de massacrer les chrétiens. Le Turc a toujours été, et sera toujours, le bras inconscient qui exécute aveuglément les instructions qu'il reçoit, même alors que les conséquences doivent lui être funestes.

Mais la Turquie, pour soutenir la guerre, avait besoin du concours de l'Allemagne ; il lui fallait donc se relier directement à Buda-Pesth et à Berlin ; les complaisances de la neutralité bulgare lui en offrirent le moyen. Toutefois le territoire du tsar Ferdinand n'étant pas limitrophe de celui de la Hongrie, la Serbie et la Roumanie gênaient les communications; on s'affranchit de cette entrave en faisant entrer Sofia dans les rangs des Empires centraux et en écrasant la Serbie. Dès lors, de Hambourg et Brême à Constantinople, à Bagdad même, le chemin était libre.

Quelle faillite pour la diplomatie de l'Entente! Dès le début des hostilités, on vit grand à Stamboul, colossal, tout comme à Berlin. Les armées turques devaient conquérir la Transcaucasie, chasser les Anglais de l'Égypte, marcher sur les Indes au travers de la Perse et, afin de consolider à jamais la puissance ottomane, tout ce qui, dans l'Empire, n'était pas turc devait être exterminé : Arméniens, Grecs, Syriens, Chaldéens, Juifs, même les Arabes, ces irréductibles ennemis des Osmanlis, quoiqu'ils soient musulmans.

Ce fut une ruée vers les frontières; on marcha sur Kars, on envahit l'Azerbaidjan, on souleva les Kurdes de Perse, les nomades du sud de l'Iran et, pendant que les Russes se préparaient à tenir tête à l'orage, mobilisaient, transportaient leurs troupes, les Kurdo-Turcs s'avancèrent jusqu'à Koum, dans la direction de Téhéran, occupèrent Ourmiah, Tabriz, et une armée formée en Syrie venait menacer le canal de Suez. Abbas Hilmi II, khédive d'Égypte, marchait pour chasser les intrus européens de ses domaines, manifestation qui lui a d'ailleurs valu la perte de son trône.

Cependant, à Constantinople, la joie devait être de courte durée; car bientôt de formidables armées russes et anglaises débouchaient du Caucase, de la Chaldée, de la terre des Pharaons, et les Alliés, débarqués dans la presqu'île de Gallipoli, immobilisant les forces de l'ennemi turc, permettaient aux Russes de conquérir l'Arménie, de chasser les Osmanlis de l'Iran, aux Anglais de s'établir dans la Basse-Chaldée et de marcher sur Bagdad. Si cette descente aux Dardanelles ne procura pas d'avantages directs, elle eut, du moins, de fort importantes conséquences sur les autres fronts orientaux.

L'Empire ottoman porte en lui-même des éléments morbides; fait de la conquête brutale, il contient encore tous les éléments qui peuplaient ces territoires avant la venue des Turcs et, tout comme la Double Monarchie, est composé d'une multitude d'éléments ethniques disparates, que les violences n'ont pu détruire. Ce défaut d'homogénéité, après avoir été une source de faiblesse pour la Turquie, sera d'ailleurs une entrave, alors qu'il s'agira de doter les pays orientaux d'une organisation rationnelle et stable; car, dans les affaires d'Orient, il est une cause de grandes difficultés dont on se rend en général peu compte en Europe, parce que la répartition de la population dans nos pays n'est pas faite de même façon que dans les régions primitives. Ce motif de complications réside en ce que, dans les possessions de l'ancienne Turquie du dix-huitième siècle, en Perse, en Russie et dans tout le monde oriental, les frontières entre les diverses nationalités sont tellement indécises que, dans la plupart des cas, il est impossible de les tracer sur la carte d'une manière sûre.

Dans l'ancienne Turquie d'Europe, Roumains, Valaques, Bulgares, Bosniaques, Croates, Monténégrins et Grecs s'enchevêtrent et se mélangent de telle sorte que chacun de ces peuples est en droit de réclamer tel ou tel territoire, alors que son voisin, parfois même plusieurs de ses voisins, sont tout aussi autorisés que lui à faire valoir les mêmes revendications, et les complications sont les mêmes dans les provinces asiatiques de l'Empire ottoman, dans la Transcaucasie, dans la majeure partie de l'Iran.

L'origine de cette situation se trouve dans l'histoire

même de chacune des nationalités; toutes arrivées successivement, elles marchèrent par vagues qui se recouvrirent les unes les autres. En Europe comme en Asie, ces flots avaient pour but l'assaut de la capitale byzantine; mais vaincues par l'or des « Basileis », ces hordes se sont arrêtées, se sont fixées en Thrace, en Macédoine, en Asie Mineure, chevauchant sur les anciennes nations, n'attendant qu'une occasion favorable pour marcher de nouveau au pillage de Constantinople, et il est résulté de cette superposition des diverses couches humaines, non pas une fusion comme celle qui eut lieu en Italie, en Gaule, en Espagne, mais un juxtaposition des éléments ethniques conservant chacun leur langage, leurs mœurs et leurs croyances religieuses, se haïssant les uns les autres.

En Asie, vers la Transcaucasie et les frontières de la Perse, le même fait s'est produit dès les temps les plus reculés; Caucasiens (Karthwéliens), Arméniens, Kurdes, Turcs, Persans, Grecs, Russes, vivent côte à côte, souvent enchevêtrés. Cet état de choses est dû aux invasions militaires ou pacifiques dont les résultats ont d'ailleurs été semblables.

Dans les campagnes, les nouveaux arrivés, vainqueurs des anciens occupants du sol, ont établi leurs campements d'abord, puis leurs villages, au milieu des domaines de leurs prédécesseurs et, même dans les agglomérations importantes, il n'y a jamais eu mélange intime. Les villes de ces pays se divisent en quartiers dont chacun renferme une nationalité distincte. Quelques peuples, les plus anciens (Albanais, Monténégrins, Kurdes), se sont, suivant la loi générale, retirés dans les lieux inaccessibles, alors que d'autres (Grecs, Arméniens) restaient souvent à l'état sporadique au milieu des populations plus récentes.

Les Romains et les Byzantins étaient coutumiers des

déportations et créaient ainsi des foyers ethniques étrangers en grand nombre. Les Turcs ont suivi ces errements, alors qu'eux-mêmes, pour des causes politiques et administratives, s'installaient par îlots dans les provinces nouvellement conquises.

On doit donc considérer cette partie de la carte ethnographique du monde comme composée de teintes dégradées chevauchant les unes sur les autres, sans limites précises. Là est l'écueil contre lequel viendront toujours se briser les efforts de la diplomatie, auquel ils se sont constamment heurtés jusqu'à ce jour; et la seule solution pratique du problème oriental consiste non pas à chercher un équilibre ethnique que les jalousies locales, les vieilles haines, les différences de mœurs, de parler et de croyances rendront toujours impossible, mais à donner aux peuples les plus développés, à ceux dont l'esprit offre le plus de garanties pour l'avenir, une suprématie marquée sur les autres éléments, et le choix doit être fait d'une manière très judicieuse; car nous savons par l'expérience quel cas il convient de faire de la reconnaissance des peuples envers ceux auxquels ils doivent leur existence nationale (1).

L'amitié des nations n'est-elle pas, d'ailleurs, une utopie, à laquelle peut croire seul celui qui n'est jamais sorti de son pays? Les peuples entre eux sont comme les individus, ils s'aiment ou ne s'aiment pas d'une manière toujours relative. Ceux de même langue, et par suite d'éducation analogue, ont plus de tendances à ne pas se haïr, parce que, se comprenant aisément et raisonnant suivant le même esprit, ils ont de grandes facilités pour s'entendre. Mais, en dehors de cette considération de nature à resserrer quelque peu les liens, il n'existe qu'une seule cause d'amitié entre les nations, et cette

____

(1) *L'Éclair* de Montpellier, 6 décembre 1915.

cause est l'intérêt. Toutes les protestations, toutes les belles paroles ne sont rien, tant qu'elles ne font pas vibrer la seule corde sensible. Le sentiment, qui parfois se rencontre chez les hommes, et, d'ailleurs, ne sort pas d'un cercle très restreint, n'existe pas chez les peuples. Quant à la reconnaissance, rarissime chez les individus, elle est, en politique, considérée comme une faiblesse, si l'intérêt n'est pas là pour la soutenir. Elle ne doit être, dans l'esprit des hommes d'État, qu'un prétexte à l'obtention de nouveaux avantages.

La France possède aujourd'hui une douzaine d'amis, pour le moins, parmi les belligérants, parce que les intérêts de cette douzaine de nations sont liés aux siens, parce que toutes, elles ont le même objectif, savoir l'écrasement des Empires centraux, dont le développement militaire et économique constitue un grand danger pour la sécurité de chaque État en particulier. Mais n'est-il pas curieux de constater que les principaux amis de notre pays, l'Angleterre et la Russie, sont nos ennemis les plus acharnés d'hier, que les conditions générales se sont modifiées à tel point qu'aujourd'hui nous pouvons compter, sans arrière-pensée, sur ces mêmes bataillons que nous avons rencontrés jadis à la Bérésina et à Waterloo, que demain nous dicterons en commun nos volontés au monde?

Il ne faut pas oublier que, vis-à-vis de la Russie, nous avons eu tous les torts; c'est nous qui, par deux fois, avons porté la guerre dans ce pays qui, n'ayant aucun point de contact avec la France, ne demandait pas mieux que de vivre en bonne intelligence avec elle.

Pour l'Angleterre, c'est tout autre chose. Pendant des siècles nous avons été partagés, parce que les intérêts des deux pays étaient la plupart du temps contraires. Mais aujourd'hui que, dans le monde entier, nous sommes partout les voisins des Anglais, nous semblons avoir enfin compris, des deux côtés de la Manche, que de la multiplicité des causes de dissentiment devait naître une entente, que nous avons baptisée « cordiale » pour faire plaisir aux masses, mais qui, somme toute, n'est basée que sur l'intérêt commun.

L'adroite Italie, qui, pour avoir la paix, semblait s'être liée aux Empires centraux, ne pouvait entretenir aucun mauvais sentiment à notre égard, parce que ses intérêts la portent plutôt vers nous et vers l'Angleterre que dans les bras de l'Autriche.

Ce n'est pas par dévouement envers la France que la Belgique a mobilisé ses armées, mais bien pour défendre ses libertés. Par contre, nous, Français et Anglais, nous avons un intérêt majeur à ne pas la laisser annexer par l'Allemagne; donc, nous sommes ses meilleurs amis.

Ce n'est pas non plus par enthousiasme sentimental pour la cause des Alliés que la Roumanie est entrée en campagne, mais bien pour compléter son unité nationale. Quant à la Serbie et au Monténégro, d'une part, ils ont été attaqués, et, d'autre part, ils attendent de notre victoire de grandes satisfactions.

Ainsi pensent les gens qui, versés dans l'histoire, envisagent froidement la situation; mais il faut autre chose que des considérations d'affaires pour satisfaire le grand public; aussi lui offre-t-on des manifestations d'amitié, des explosions d'enthousiasme répondant à ses besoins sentimentaux (1).

Aujourd'hui que la plupart des États sont soit en république, soit sous le régime constitutionnel, que les masses disposent de grands pouvoirs, les gouvernants sont obligés de surchauffer les esprits pour être à même de suivre les voies qu'ils considèrent comme utiles à leur nation; or, les masses dans tous les pays sont accessibles

---

(1) *L'Éclair* de Montpellier, 22 octobre 1916.

au sentiment: c'est donc sous cette forme qu'on leur présente leur intérêt, afin de les lancer ou de les retenir, suivant les besoins.

Si les États-Unis ne se sont pas montrés aussi sensibles qu'ils eussent pu l'être en face du torpillage du *Lusitania*, c'est que le peuple américain n'était pas encore assez mûr pour que son président fût à même de prendre une décision. Mais l'intérêt de l'État poussait forcément l'Amérique à la guerre.

10 juillet 1916 (1).

La situation s'est grandement améliorée entre les États-Unis et le Mexique. Profitons-en pour jeter un coup d'œil sur les forces navales et militaires dont la grande République dispose; car c'est dans cet examen seulement qu'on peut trouver les causes de l'attitude du président Wilson, aussi bien vis-à-vis de l'Allemagne que par rapport au Mexique.

Depuis leur guerre d'Espagne, les États-Unis ont surtout dépensé pour leur flotte, comprenant que leur victoire n'était due qu'à l'insuffisance de la marine ennemie et que si, un jour, ils se trouvaient en face d'une puissance maritime réelle, leur isolement géographique serait vite compromis. Malgré cela, l'armée ne fut pas négligée, et les augmentations de crédits en font foi; mais dans un pays où les salaires sont très élevés, où le recrutement de l'armée se fait par engagements volontaires, l'entretien et la solde des troupes doivent forcément coûter fort cher.

Sur le pied de paix, l'armée de terre des États-Unis se compose de 80.000 hommes d'infanterie, d'artillerie, de cavalerie et de génie, plus 20.000 hommes consacrés aux états-majors et aux administrations centrales et 6.000 hommes de troupes coloniales indigènes. C'est donc en tout 106.000 hommes qui sont inscrits sur les registres militaires. Mais un simple soldat touche, sans compter son entretien, de 13 à 16 dollars par mois, un caporal de 16 à 18, et un sergent de 25 à 30, non

______

(1) *L'Éclair* de Montpellier.

compris les indemnités complémentaires. Quant à la solde des officiers, elle est énorme par rapport à nos usages. Un lieutenant en second reçoit 1.700 dollars par an (8.500 francs), un capitaine 2.400 (12.000 francs), un lieutenant-colonel 3.500 dollars (17.500 francs) et il convient d'ajouter à ces sommes les indemnités de logement, de chauffage, etc., en sorte qu'un lieutenant, après cinq ans de grade, se fera facilement 11.000 francs par an.

On comprend aisément, à l'examen de semblables chiffres, et étant donnés les prix élevés de toutes choses aux États-Unis, comment il se fait que plus de 500 millions de dollars, sur un budget de 1 milliard, soient absorbés par la guerre (entretien et solde des troupes, matériel, munitions, constructions de forteresses et pensions aux anciens militaires).

Quant à l'organisation défensive des États-Unis, le Congrès n'a pris aucune mesure. 500.000 hommes seraient nécessaires pour empêcher l'invasion du pays; ils n'existeront que du jour où la nécessité s'en fera sentir et par engagements, toujours lents à se produire. Aucune réserve ne soutient les 100.000 hommes de l'armée active, et une descente peut être faite impunément sur les immenses côtes de la République, avant que des forces sérieuses puissent être réunies pour s'opposer au débarquement. Bien mieux, l'armée d'invasion, composée de vrais soldats, ne rencontrerait devant elle qu'une faible partie des 100.000 hommes de l'active et des milices novices dans l'art de la guerre.

Ces conditions très défavorables, jointes à la grande activité des Américano-Allemands très nombreux, est certainement la cause de l'inébranlable patience du président Wilson. La flotte américaine est sans nul doute capable de nuire à l'Allemagne; mais un soulèvement armé des Boches de l'Union serait difficile à réprimer.

Guillaume II, en diplomate avisé, connaissant l'insuffisance de l'armée des États-Unis, a déclenché le conflit du Mexique et, par là, tient la grande République; peut-être même projette-t-il des troubles dans l'intérieur du pays, au moment où toute l'armée serait occupée dans le Sud. Dans tous les cas, la diversion mexicaine entraverait certainement la production du matériel et des munitions pour les Alliés, car les États-

Unis ne possèdent pas les stocks qui leur sont nécessaires pour eux-mêmes, et, comme avec l'Allemagne, le président Wilson discute avec le Mexique, alors que les hostilités sont commencées et que le sang américain a coulé. Certes, ces tergiversations n'ont rien de bien flatteur pour nos amis d'outre-Atlantique, mais l'ennemi est au dehors et au dedans; chaque jour, les Allemands commettent de nouveaux attentats et se montrent de plus en plus hostiles à l'élément anglo-saxon de l'Amérique. Les circonstances deviennent d'heure en heure plus graves et le président Wilson réfléchit; cela se conçoit sans peine.

La faute est réparable, mais grave, parce qu'elle réside dans l'essence même du peuplement des États-Unis. Ce pays a dû s'adresser à toutes les races de la terre pour accroître sa population, et il en est résulté ceci, que l'élément allemand a pris aux États-Unis des proportions telles qu'il devient aujourd'hui un danger. Si l'Allemagne avait attendu cinquante années de plus, la conquête pacifique des États-Unis était faite et aussi celle de la France, celle de la Belgique et de bien d'autres pays encore. Espérons que les embarras actuels des États-Unis nous serviront d'exemple et que désormais nous nous montrerons moins coulants au sujet des naturalisations.

L'étranger qui change de patrie n'est certes pas ce qu'il y a de meilleur dans le pays qu'il abandonne. Naturaliser, comme nous l'avons fait depuis 1870, est donc accueillir la lie de la population exotique et la faire participer à la conduite de nos affaires. Mais ces gens qui viennent à nous seraient-ils tous des modèles de vertu, que leur admission parmi nous serait encore une tolérance bien fâcheuse, car ces étrangers apportent avec eux, pour la plupart, et conservent pendant plusieurs générations une culture opposée à la nôtre; leur présence vicie l'esprit français; or, c'est par l'esprit national seulement qu'un peuple peut vivre, prospérer, tenir tête aux appétits du dehors.

L'égoïsme, très naturel d'ailleurs, de ceux qui ont en main la conduite des peuples et sur lesquels pèsent les

lourdes responsabilités de l'intérêt public, n'exclut fort
heureusement pas chez les nations vraiment civilisées
le sentiment de la justice; seuls les barbares invoquent
le *quoniam nominor leo*; c'est là la grande différence
qui existe entre les deux partis belligérants d'aujour-
d'hui. Allemands, Autrichiens, Bulgares et Turcs se
sont, par leur mépris pour la justice, mis au ban de
l'humanité; cependant, parmi les adeptes de l'école
brutale, c'est aux Ottomans que revient la palme dans
ce concours de barbarie.

Depuis plus de quatre siècles que les Turcs se sont
implantés dans le monde européen, ils n'ont rien oublié
de la cruauté de leurs premiers âges; mais ils ont appris
en outre la duplicité, la félonie, ont pris de nos civilisations ce qu'il y avait de mauvais, laissant ce qui était
bon. Leurs tendances barbares, leurs appétits criminels devaient les jeter dans les bras de l'Allemagne,
dont les bestialités méthodiques ne pouvaient qu'exciter
leur enthousiasme.

11 janvier 1916 (1).

Le pays de l'Orient où il y a le moins de Turcs est, sans
contredit, la Turquie. Ceci peut sembler paradoxal; ce
n'en est pas moins l'exacte vérité. La patrie d'origine
des Turcs (Djaghataïs) est dans les steppes de la Transcaspienne, depuis les rives de l'Oxus, jusqu'au pied de
l'Altaï; c'est de là qu'ils se sont avancés vers les plaines
de la Russie méridionale, vers la vallée de la Kourah, en
Transcaucasie (Tartares), et dans tout le nord de la
Perse, d'où ils sont repartis, pour marcher contre l'Empire byzantin, laissant en Iran les nombreuses tribus
qui habitent encore toute la région entre Ourmiah (à
l'ouest) et Chah-Roud (à l'est) d'une part, Kazvin;

***

(1) *L'Éclair* de Montpellier.

Téhéran et Hamadan d'autre part. Mais le gros de la nation est resté dans les plaines de Merw, de Samarcande, de Tachkend, sous le nom de Turkomans. Quant aux soldats de Mahomet II, ils se sont installés dans le centre de l'Asie Mineure, dans ce qui était autrefois la Cappadoce, la Phrygie, la Bithynie. Là, ils sont presque seuls, quelque peu mélangés à des Grecs. Dans tout le reste de l'Empire ottoman, les Turcs ne se rencontrent qu'à l'état sporadique. Il s'ensuit donc que la plus grande masse turque se trouve aujourd'hui en Russie, que l'Empire persan en renferme un très grand nombre et qu'en Turquie proprement dite on en compte environ six ou sept millions seulement.

Le reste de l'Empire ottoman d'Asie est peuplé d'Arabes, de Kurdes, de Lazes musulmans, d'Arméniens, de Grecs, de Chaldéens, de Syriens chrétiens, sans compter les Tcherkesses, Afkhases et d'autres populations caucasiennes émigrées jadis et qui forment aujourd'hui, de-ci de-là, de petites colonies de quelques villages.

Quant à la diversité des éléments ethniques réunis sous un même sceptre, la Turquie présente de frappantes analogies avec la double monarchie austro-hongroise. Dans les deux pays, c'est une minorité qui détient le pouvoir et, se sentant faible, elle use de la violence pour conserver son autorité. Ces deux États sont des restes du Moyen Age. Il est grand temps qu'ils disparaissent de la carte et que le joug allemand en Autriche, turc en Asie, fasse place à des conceptions plus équitables de la vie des peuples.

D'ailleurs, les Tartares et les Turkomans de Russie ne se plaignent pas du sort qui leur est fait par l'Administration impériale. J'ai longtemps vécu avec eux; tous m'ont fait des déclarations très loyalistes, et la meilleure preuve qu'on puisse donner de leur attachement au Tsar est qu'ils fournissent d'excellentes troupes, et parfois même des officiers de grande valeur, comme le général tartare Alikhanof (Ali-Khan-of). Il est à croire que les Osmanlis, du jour où ils seront placés sous un gouvernement équitable et humain, suivront l'exemple de leurs congénères de Russie. Quant à les laisser sous le gouvernement d'un des leurs : non. Ce n'est pas chose à tolérer. Ces gens ont donné trop de preuves de la délicatesse de leur culture.

Le Turc n'est pas le seul musulman de l'Empire ottoman, bien loin de là. En même temps qu'il achevait la ruine de Byzance et imposait son autorité chez les Kurdes, les Lazes, les Syriens et les Grecs, il renversait le trône des khalifes de Bagdad et, quoique à tous points de vue il fût étranger à la race du Prophète, il s'arrogeait le titre de successeur de Mahomet. C'est en effet quatre siècles environ avant la venue des Turcs dans l'Asie Antérieure que se produisit en Arabie le grand mouvement des débuts de l'Islam, alors que les tribus djaghataïes, encore païennes, oscillaient dans les steppes de l'Oxus, incertaines, hésitant à se lancer dans les pays civilisés de l'Occident, dont elles convoitaient les richesses, mais redoutaient la puissance.

17 janvier 1916 (1).

Sous Héraclius, souverain de Byzance (610-641), le gouverneur de Bostra demandait à l'Empereur de lui envoyer quelques légions, afin de réprimer une révolte des Arabes. Le Basileus, dont les armées étaient occupées ailleurs, n'envoya pas les renforts demandés. C'était Mahomet qui commençait ses prédications par la parole et par le fer. Il était bien faible encore : vingt mille hommes eussent suffi pour réduire ce soulèvement, changer la face du monde et pour conserver jusqu'à nos jours la couronne des Césars. En quelques années, l'Égypte, la Syrie, la Mésopotamie, la Perse, jusqu'aux Indes, tombaient aux mains des khalifes, la puissance romaine était à jamais brisée, et quand les Turcs arrivèrent à leur tour, le grand empire était celui des Arabes. Byzance ne subsistait plus que par le prestige du nom romain. La puissance turque s'est fondée sur les ruines des États des Basileis et plus encore de ceux des

____

(1) *L'Éclair* de Montpellier.

khalifes. De maîtres, les Arabes sont devenus des serviteurs, et les fiers nomades du désert ne l'ont jamais oublié. Depuis les débuts de l'hégémonie turque sur l'Asie Antérieure, l'Arabe a refusé de se soumettre. Les révoltes, les guerres emplissent toute l'histoire de la Turquie dans la péninsule arabique, et jusqu'à nos jours, le Hedjaz, l'Yémen, la Chaldée, le désert syrien, sont demeurés presque indépendants. Le Sémite hait le Touranien, et quand il lui accorde son concours, c'est que les circonstances l'y obligent ou que la force le lui impose.

La Mecque, ce lieu saint par excellence des musulmans, est en terre arabe, en dehors de l'action directe des Turcs. C'est dans ce fait qu'il faut chercher pourquoi les Anglais, après avoir destitué Abbas-Hilmi II comme khédive de l'Égypte, ont proclamé un sultan, en même temps que leur protectorat. Ce nouveau prince voisin de La Mecque en deviendra bientôt le protecteur effectif, et les Arabes émancipés écouteront ses conseils parce qu'il est sultan d'Égypte et non le maître de Stamboul; quant au Turc, dépouillé de son influence religieuse, il rentrera dans l'ombre, d'où il n'était sorti qu'au détriment des Arabes.

Voilà qui contrecarre singulièrement les projets de Guillaume II sur la Turquie, qui réduit à néant le panislamisme de l'Empereur allemand. Singulière conception, d'ailleurs, que ce panislamisme de la part d'un prince qui n'avait, pour ainsi dire, pas de sujets mahométans. N'a-t-il pas songé que l'Angleterre et la France sont les deux grandes puissances musulmanes du monde, qu'elles ont su, par leur équité, conquérir les masses islamiques et que ces hommes toujours ont loyalement combattu à l'ombre de leurs drapeaux? Jamais les Arabes du Hedjaz et du Yémen ne lèveront la lance contre nos tirailleurs de l'Afrique, contre les troupes d'Égypte, pour sauver du désastre le maître turc détesté. L'Arabe a trop souffert dans son orgueil et dans ses intérêts.

Mais si les musulmans sémites ont embrassé la cause de la justice, il n'en est pas de même chez les autres peuples asiatiques convertis à l'Islam.

14 janvier 1916 (1).

Parmi les adversaires que rencontrent les Russes sur leur front de la Transcaucasie, les Kurdes sont, bien certainement, sinon l'élément le plus dangereux, du moins celui qu'il est le plus difficile de réduire. Ces gens, descendants des Mèdes, refoulés jadis par les Perses, habitent tout le massif montagneux qui borde le plateau iranien, depuis l'Ararat jusqu'au Zagros. Ils sont à cheval sur la frontière turco-persane et s'avancent jusqu'au delà de Diarbékir, sur le haut cours du Tigre et de l'Euphrate. Au sud, en se rapprochant du Golfe Persique, ils sont remplacés par les Loures d'abord, par les Bakthyaris ensuite.

Kurdes, Loures et Bakthyaris, tous de race iranienne, en sont encore au régime féodal. Ils se répartissent en un grand nombre de tribus indépendantes les unes des autres, qui jamais n'ont été réellement soumises ni au sultan de Constantinople ni aux rois de Perse. A l'époque de Strabon, les Carduques (Kurdes) n'obéissaient guère que nominalement aux souverains parthes, et, plus anciennement encore, les grands rois achéménides payaient une redevance, sous forme de cadeau, quand ils traversaient les montagnes des Bakthyaris pour se rendre de Persépolis à Babylone.

Aujourd'hui, les Kurdes de Turquie sont sunnites et ceux de Perse officiellement chiites, mais, en réalité, sunnites comme leurs congénères du territoire osmanli. Très divisées entre elles et perpétuellement en guerre, ces tribus ne savent s'unir que contre les chrétiens (Arméniens ou Russes) et contre leur souverain, qu'il soit turc ou persan. Ce ne sont pas à proprement parler des soldats, car leurs groupes combattent sans discipline; toutefois, ces gens sont fort dangereux en tant que partisans, par suite de l'extrême mobilité de leur cavalerie. Leur tactique est la surprise, l'assassinat; mais, s'ils se heurtent à des effectifs sérieux, ils prennent

____

(1) *L'Éclair* de Montpellier.

la fuite, attendant une nouvelle occasion de faire un coup.

Le sultan sanguinaire les avait armés sous le nom de Hamidiyehs, afin qu'ils fussent à même d'exterminer leurs voisins, les Arméniens, et, à partir de cette époque, les troubles devinrent incessants dans le Kurdistan, tant en Perse qu'en Turquie. Aussi, voit-on aujourd'hui les Russes lutter contre ces montagnards aussi bien dans l'Azerbaidjan (Ourmiah, Revandouz, Saoudj-Boulaq) que dans le district de Van. L'armée turque vaincue, nos Alliés auront encore à maîtriser ces bandits, dont on n'obtiendra la soumission qu'en les désarmant, ce qui n'est pas chose facile; car le Kurde tient plus à son fusil qu'à son cheval, à son cheval qu'à sa femme. C'est son « gagne-pain ». Actuellement, il est avec les Turcs parce que les Turcs se battent contre les chrétiens et contre les Persans qui sont demeurés neutres; mais demain, si les Osmanlis étaient vainqueurs, ils seraient contre e sultan. La liberté du pillage avant tout.

19 janvier 1916 (1).

On voit très souvent dans les communiqués russes « Front du Tchorok », et, je ne sais si je me trompe, mais je crois que bien peu de lecteurs se rendent un compte exact de ce qu'est le Tchorok et le pays où coule cette rivière. Je connais ce torrent, pour en avoir parcouru les rives en des temps où le canon ne venait pas faire entendre sa voix au milieu de cette charmante nature du Lazistan.

Le Tchorok, qui descend des Alpes Pontiques, est une belle rivière, très rapide qui, à quelques kilomètres au sud de Batoum, forme la frontière effective entre l'empire du Tsar et les possessions turques. Sur sa rive gauche est le pays des Lazes, le Lazistan, région très montagneuse, couverte de forêts et d'un accès fort ardu. Les Lazes, qui habitent leur pays depuis des milliers d'années, sont des Caucasiens; ils parlent une

---

(1) *L'Éclair* de Montpellier.

langue apparentée au géorgien et au mingrélien, c'est-à-dire très gutturale et fort difficile. C'est là, entre Batoum et Trébizonde, qu'au dire de Xénophon les soldats de la retraite des Dix-Mille, découvrant le Pont-Euxin, du sommet des Monts Moschiens, se sont écriés : *Thalassa! thalassa!* (la mer! la mer!). Ils se sentaient sauvés, car Trapézonte était proche.

Par ses montagnes abruptes, par ses immenses forêts, le Lazistan est bien le pays le moins praticable qu'il soit pour faire la guerre. Pas une seule route ne le traverse, partout ce sont des ravins profonds, très encaissés où coulent des torrents impétueux, et l'on se demande comment font les troupes russes pour avancer, ne serait-ce que d'une verste, dans ce chaos où chaque arbre cache un piège, où les coups de feu partent de tous les rochers. La nature semble avoir accumulé tous les obstacles dans ce pays.

Au nord du Tchorok est Batoum, ville neuve, sur l'emplacement de laquelle, en 1878, s'est livrée une sanglante bataille de cavalerie entre Russes et Turcs. Des deux côtés, l'acharnement fut extrême et les troupes du Tsar restèrent maîtresses du terrain. Batoum n'était alors qu'un petit village. On y voit encore une mosquée et le fortin construit par les Osmanlis.

Telles sont les principales nationalités des musulmans habitant l'Empire ottoman. Mais la conquête des Arabes, d'abord, celle des Turcs ensuite, n'ont pas fait disparaître dans ces pays la religion chrétienne. Dans toutes les provinces, sauf dans l'Arabie proprement dite, il reste encore de nombreuses communautés ayant conservé la foi de leurs ancêtres. Ce sont les Syriens, les Grecs d'Asie Mineure et des côtes de l'Anatolie, les Chaldéens de Bagdad et de la Haute-Mésopotamie, les Mandéens (chrétiens de saint Jean) de la Basse-Chaldée. Enfin, les Arméniens, les plus nombreux parmi les chrétiens de Turquie, les plus développés au point de vue intellectuel et social, les plus maltraités par les maîtres de Stamboul.

1er mai 1916 (1).

La nation arménienne agonise sous les coups des barbares. Ce sera là le grand crime du vingtième siècle, parmi les forfaits sans nombre dont rougissent ses jeunes années; ce sera la grande honte de la Turquie, dont l'histoire est déjà si riche en cruautés. Omar et ses bandes d'Arabes pillards, Djenghiz-Khân, Timour-Leng, et tous les grands conquérants de l'Islam, ont écrasé des empires, anéanti des royaumes, renversé des trônes; mais aucun d'entre eux n'a froidement ordonné l'extermination d'un troupeau d'êtres sans défense. Dans leur violence, ces destructeurs conservaient le respect d'eux-mêmes et ne versaient le sang que dans les colères de la lutte. En 1453, dans la ville des Basileis prise d'assaut, cinquante mille Grecs tombèrent sous le yatagan du vainqueur. Mais Mahomet II arrêta le massacre. C'est au sultan sanguinaire, à l'ami de Guillaume II, et aux Jeunes-Turcs, dressés par la culture germanique, qu'il était réservé d'accomplir, à la face du ciel, le plus monstrueux attentat qui se soit vu depuis les temps de la barbarie assyrienne.

Par leur langage, les Arméniens appartiennent à la branche indo-européenne des peuples de l'Occident. Ils sont proches parents des Grecs et de nous-mêmes; peut-être étaient-ils plus étroitement encore liés aux Pélasges. Ce ne sont pas des Indo-Iraniens ni des Sémites, bien que certains auteurs fantaisistes l'aient avancé; ce sont des Orientaux par leur habitat seulement, mais des Européens par leurs origines, leur parler, leur religion, leurs mœurs et leurs aptitudes.

L'histoire de ce peuple se perd dans la nuit des temps. Venus on ne sait d'où, peut-être des steppes de l'Asie Centrale, en même temps que bien des hommes dont nous descendons, les Arméniens se sont présentés sur le Bosphore, arrivant de la Thrace, dans les siècles qui ont connu la grande lutte immortalisée par Homère. Entrés en Asie Mineure, ils se sont arrêtés au centre

____

(1) *Revue de Paris.*

de la Péninsule avec leurs frères les Phrygiens; puis, après une longue station, contrairement aux lois générales des migrations humaines, ils se sont avancés vers l'Orient, pour venir se fixer dans les pays de l'Ararat et du lac de Van. On était alors aux derniers temps de la puissance assyrienne, époque où de grands mouvements de peuples se produisaient dans l'Iran, où les Mèdes s'emparaient de la suprématie, où disparaissait le royaume d'Ourarthou (Van). C'est en ces temps seulement que les Arméniens commencèrent à jouer un rôle dans les événements politiques. Sous Darius Iᵉʳ et ses successeurs, ils étaient déjà constitués en nation, élevaient des temples aux divinités de leurs ancêtres; mais, en même temps qu'ils affermissaient leur autonomie dans les hauts pays du Tigre, de l'Euphrate et de l'Araxe, les Mèdes (aujourd'hui les Kurdes), refoulés par leurs frères iraniens, les Perses, chassés de l'Atropatène (Azerbaidjan), gagnaient les montagnes, venaient s'établir dans cette longue chaîne qui, partant de l'Ararat, court au sud vers le Golfe Persique, et débordaient en même temps dans les pays jadis assyriens, au sud et sur le flanc oriental de la Grande Arménie. Dès lors, le contact était établi entre les Kurdes et les Arméniens, peuples de tendances contraires qui, malgré deux millénaires et demi de voisinage, ne sont jamais parvenus à vivre en paix.

L'invasion turque, après avoir chassé les Iraniens de tout le nord de leur domaine naturel, après avoir colonisé la basse vallée de l'Araxe, celle de la Kourah, et la plaine persane, jusqu'à Hamadan, n'a fait que traverser le Kurdistan et l'Arménie. Elle est passée comme passe l'orage, en ravageant, mais sans modifier la nature ethnique de ces régions montagneuses. Les Turcs Seldjoukides, en détruisant Ani, portèrent le coup fatal au dernier foyer de l'indépendance arménienne, tandis que les Kurdes, insoumis, se retranchaient dans les hautes vallées, divisés en tribus, comme ils l'étaient jadis aux temps florissants de la Médie. C'en était fait du rôle politique de la Grande Arménie. Ses territoires furent partagés entre les Turcs et les Persans, et ce n'est que beaucoup plus tard (1827), que les Russes, en s'avançant jusqu'à l'Araxe, placèrent sous leur protection

Etschmiadzin (Vagharchapat), la Rome des Arméniens et les ruines de leur infortunée capitale, Ani. Quant à la Nouvelle Arménie, au royaume des Lusignan, peuplé d'un vieux fonds vivant en Cilicie, et d'émigrés de la Grande Arménie, à peine survécut-elle aux Croisades qui avaient assisté à son aurore.

En dépit de leur patriotisme ardent et de leur glorieux passé, les Arméniens sont donc privés de patrie depuis bien des siècles et, ainsi qu'il arrive chez tous les peuples opprimés, ils se sont répandus dans les pays voisins de leur ancien patrimoine, cherchant, individuellement, par leur intelligence et leur travail, une place au soleil, alors que le Destin semblait pour toujours en refuser une à leur nation.

C'est ainsi que, de Téhéran au Bosphore, de la grande muraille du Caucase à la vallée du Nil, les Arméniens, grâce à leur activité et à leur entendement des affaires, sont parvenus à se rendre indispensables chez leurs maîtres moins bien doués qu'eux. Il suffira de citer Nubar pacha, Tigrane, Yakoub pacha Artin, en Égypte seulement, pour montrer le rôle très actif que les Arméniens ont joué dans les pays musulmans; mais, à côté de ces hommes, dont les noms sont inscrits dans l'histoire, il y avait la foule plus modeste des employés; et les Turcs, inaptes aux choses administratives, s'estimant trop heureux de trouver parmi les Arméniens d'habiles gens de bureau, leur avaient abandonné, comme l'avaient d'ailleurs fait autrefois les Byzantins, la plupart des fonctions qu'eux-mêmes se sentaient incapables de remplir. L'insouciance musulmane ne saurait se plier aux mille nécessités de la vie d'un État; aussi, peu à peu, la Turquie tout entière fut-elle entre les mains de ces chrétiens laborieux.

Tant que l'Empire ottoman fut grand, riche et puissant, tant qu'il eut le droit de ne pas compter, le petit fonctionnaire ne porta pas ombrage au Turc; mais du jour où l'usure des rouages de l'État fit présager sa ruine, les rancunes s'éveillèrent; on rendit les serviteurs responsables. Un mécontentement latent naquit chez les mahométans, sorte de jalousie mélangée d'humiliation et de crainte, qui n'attendait pour se transformer en haine violente qu'un signe parti d'en haut.

Ce signe était depuis longtemps prémédité par le Sultan et par la politique germano-turque. Respectueux de la foi de leurs ancêtres et très patriotes, les Arméniens caressaient, dans le fond de leur âme, le rêve de rétablir un jour sous l'égide de la Turquie cette nationalité qui leur était chère et, dans ces tendances, bien naturelles d'ailleurs, le Turc vit un danger pour son Empire, une velléité de révolte de la part de ses serfs. Dès 1894, les massacres étaient déjà commencés dans les provinces : par une protestation violente, irréfléchie, l'affaire de la Banque Ottomane (1896), des Arméniens venus des États-Unis, imbus d'idées qui ne pouvaient avoir cours sur le Bosphore, donnèrent aux brutalités turques un semblant de légitimité. Le tigre s'éveilla, et, en moins de deux jours, par ordre de Yildiz, plus de dix mille Arméniens trouvaient la mort dans les rues de Constantinople. Ce fut un massacre effrayant, une terrifiante boucherie, et, quand j'ai traversé la ville, quelques jours après ces horreurs sans nom, on voyait encore, sur les portes des martyrs, les signes tracés à la craie qui devaient les désigner à la colère des soldats et de la populace. Assaillis dans la rue ou dans leurs demeures, la plupart avaient été tués à coups de matraque ; beaucoup, ceux qui défendaient leur vie, avaient été passés par les armes. Et les Turcs traînaient au Bosphore leurs cadavres, aussi calmes que s'ils eussent exécuté ces chiens de Stamboul que, plus tard, ils ont condamnés à la famine dans l'une des îles des Princes.

Dans les provinces, le massacre fut plus horrible encore. Armés sous le nom de Hamidiyeh, les Kurdes, soutenus, encouragés par les autorités locales, commencèrent contre les paysans chrétiens d'Erzeroum, de Van, de Bitlis, une guerre d'extermination sans merci, satisfaisant ainsi leur haine millénaire, leur appétit de pillage et leur lubricité.

Pour le musulman de ces pays, le chrétien est un être impur, méprisé, indigne de la pitié qu'on a pour les animaux, il n'a droit à la vie qu'autant que le vrai croyant veut bien la lui laisser. Ce sentiment barbare est dans le cœur de tout bon mahométan de la Turquie. Les parents l'inculquent aux enfants, qui, moins réservés que les grandes personnes, insultent les voyageurs européens, même lorsqu'ils sont munis des plus hautes recommandations, même quand les grands personnages les reçoivent avec de grands égards. On peut juger sans peine de ce que de pareils hommes ont pu faire, dans les villages de l'Arménie, contre de pauvres gens abandonnés par les États qui devaient les protéger, par leur Dieu même.

Aujourd'hui, sentant que les chrétiens, Grecs et Arméniens, sont hostiles à leur cause (on le serait à moins), les Jeunes-Turcs, malgré leur masque de libéralisme et en dépit de leur prétendue civilisation, n'hésitent pas à poursuivre cette indigne besogne d'extermination commencée par le souverain qu'ils ont détrôné, et ces horreurs sont encouragées par la politique des Empires centraux. Ce sont des atrocités dignes des temps les plus hideux de l'histoire, des massacres en masse, des supplices dont le récit seul fait frissonner d'horreur, et, fait plus honteux encore, parce qu'il ne trouve pas d'excuse dans la colère; on vend comme esclaves, sur les marchés des grandes villes de Turquie, des femmes et des enfants! Est-il possible que nous assistions à de pareils crimes en plein vingtième siècle?

Tel est, dans ses grandes lignes, l'affreux martyre d'un peuple héroïque qui, pendant des siècles, a rendu tant de services à la civilisation gréco-latine. J'ai vu les Arméniens chez eux, en Russie, en Turquie et en Perse, dans leurs principales colonies; je me suis trouvé à même de vivre de leur vie, d'apprécier leurs qualités, de reconnaître leurs défauts. Ce sont mes impressions et mes souvenirs que je relate en parlant d'eux.

Je viens de dire que la nation arménienne, jusqu'à ces dernières années, se trouvait répartie entre les territoires de trois puissances différentes : la Russie, de religion chrétienne orthodoxe, la Turquie musulmane sunnite, et la Perse mahométane chiite.

En Russie, les Arméniens habitent plus spécialement la plaine d'Erivan, la vallée de l'Araxe, le massif de l'Alagheuz, volcan éteint, frère de l'Ararat, le Quarabagh ou Jardin noir, les environs du Gheuk-tchaï (le fleuve bleu, le Goktcha des Russes) et les districts situés au sud de la Kourah. Dans la plaine, ils sont mélangés aux Tartares, tandis que, dans les montagnes, ils voisinent avec les Kurdes à l'est, les Mingréliens et les Lazes à l'ouest. Partout les villages de ces divers éléments ethniques sont distincts, et leurs territoires s'enchevêtrent les uns dans les autres. Mais ces gens vivent en paix ; la police impériale veille, et tous, chrétiens et musulmans, sont désarmés.

Le centre religieux et intellectuel des Arméniens, est, on le sait, à Etschmiadzin, bourgade voisine d'Erivan, située dans cette belle plaine, riche et fertile, qui s'étend au pied de l'Ararat, du côté du nord. Là, en face de la majestueuse double cime du volcan neigeux, se dressent les élégants clochers de la cathédrale arménienne, émergeant du groupe des habitations du clergé, au milieu de hautes murailles, semblables à celles de nos monastères fortifiés du Moyen Age. C'est dans cette enceinte que les patriarches ont réuni tous les souvenirs du passé de leur nation, tous ces précieux vestiges échappés aux injures des ans et aux fureurs des musulmans : ornements sacrés sauvés du pillage d'Ani, reliques des saints, objets touchés jadis par des mains royales, manuscrits précieux, chartes des princes, documents historiques et religieux. Et ces trésors, des prêtres aimables, hospitaliers, les montrent avec une parfaite bonne grâce à l'étranger qui passe, et ils semblent dire : « Voilà ce que nous avons été. »

Autour de la cité sainte est la bourgade, composée, comme le sont tous les centres de l'Orient, de petites maisons à terrasses en terre battue. D'immenses réservoirs d'eau, creusés aux frais de l'église métropolitaine, contiennent, pour les temps de sécheresse, des réserves de fraîcheur, et la plaine, habilement irriguée suivant les méthodes persanes, cultivée par une population laborieuse, donne d'abondantes récoltes de blé, de coton, de fruits et de ce fameux vin dont le vieux Noé abusa, dit-on, jadis.

Plus au couchant, de l'autre côté du massif de l'Alagheuz, sont les restes d'Ani. Ruines imposantes par leur situation sur un éperon de falaises, entre deux profondes déchirures du sol, impressionnantes par leurs murailles et leurs tours, par la silhouette de belles églises construites en lave rouge sang ou jaune d'or,

aussi légère que la ponce, par les vestiges du palais des
rois. Depuis plus de six siècles, Ani est une solitude où
ne passent que les curieux et les patriotes épris des
vieux souvenirs. Un prêtre vit avec sa famille dans ce
chaos de décombres. Il dessert la seule église qui soit
encore livrée au culte et, laissant son troupeau paître
l'herbe des ruines, vient, pour le rare visiteur, ouvrir
à deux battants les portes du sanctuaire aux voûtes
ornées de fresques, rappelant celles des Comnènes au
couvent de Trébizonde.

D'ailleurs, dans toute l'Arménie, en Géorgie, en Min-
grélie, un art fortement inspiré par celui de Byzance
s'est développé et conservé avec une incroyable persis-
tance. Chaque village possède son église, sa cathédrale,
dont la masse imposante domine les modestes demeures
des fidèles, et, dans les bois, on rencontre souvent des
chapelles abandonnées, élevées jadis par la ferveur d'un
seigneur ou d'un groupe de pieuses gens. Puis ce sont
d'anciens monastères, désertés par leurs moines, où,
dans les fortifications à demi ruinées, se sont réfugiés
les paysans : fragiles abris contre les coups de main des
brigands, si nombreux encore dans ces pays, il n'y a
pas cent ans. Tous ces monuments sont faits selon un
type voisin de celui qui était usité dans l'empire des
Basileis, peu de temps avant sa chute. Construit-on
une église nouvelle? ses plans, ses détails sont copiés
sur les modèles anciens, et ainsi se perpétue ce style,
gardant toujours son originalité. Parfois cependant, on
voit les belles coupoles de bronze byzantines, remplacées
par d'affreux dômes en fer-blanc, innovation d'origine
russe qui, je n'ai pas besoin de le dire, n'est pas du
plus heureux effet. Mais les traditions sont conservées
dans leurs grandes lignes : elles sont l'image de l'unité
des sentiments nationaux.

Le prêtre enseigne la langue aux enfants en même
temps que l'Évangile et, dans ces écoles où grouillent
confondus filles et garçons, vêtus de couleurs éclatantes,
ornés de lourds bijoux d'argent, on épelle toujours dans
les caractères créés par saint Mesrob pour la langue
arménienne, aux premiers siècles du christianisme. Ce
n'est plus l'idiome dans lequel écrivait Moïse de Kho-
rène qu'on parle de nos jours; c'est une autre langue,

souple, moins complexe que l'arménien classique, mais qui, grâce aux efforts des écrivains de Constantinople, de Tiflis et de Venise, est devenue un instrument littéraire de premier ordre. Quant à la riche littérature des temps anciens, elle n'est plus comprise que par les gens instruits.

Depuis cent ans environ qu'un maître puissant, descendu du Nord, est venu rendre aux opprimés la sécurité qui leur avait fait défaut durant tant de siècles, une renaissance du bien-être s'est épanouie dans tout le Petit Caucase. La richesse est venue récompenser les paysans de leurs labeurs. On voit partout aujourd'hui de plantureuses cultures, de riches jardins et, çà et là, s'élèvent des demeures plus en rapport avec l'amour-propre des favoris de la Fortune. Parmi les Arméniens, il en est qui possèdent de grandes situations personnelles, et ces gens qui passent, à juste titre d'ailleurs, pour être fort regardants en affaires, se montrent d'une générosité sans bornes pour les œuvres charitables, pour leurs églises, et plus particulièrement pour celles d'Etschmiadzin, parce que leurs basiliques symbolisent leurs souvenirs, leurs regrets, et qu'ils mettent dans la puissance surnaturelle toutes leurs espérances.

Toutefois, les Arméniens, travailleurs infatigables, étaient des gens trop actifs pour se contenter d'habiter la terre de leurs aïeux, sous la bienfaisante égide de l'empereur de Russie. Beaucoup sont sortis de leurs villages pour se rendre aux villes, se lancer dans les spéculations, et, en un demi-siècle au plus, Tiflis, Bakou et Batoum sont devenus leur domaine. Par son esprit pratique, sa ténacité, son ardeur au travail, ce peuple a eu le talent de mettre la main sur toutes les opérations lucratives de la Transcaucasie, à la grande jalousie, d'ailleurs, des Géorgiens et autres Caucasiens de vieille souche, qui, du temps de Strabon déjà, se faisaient remarquer par leur incapacité notoire en matière administrative, commerciale et financière.

Si les Arméniens vivent heureux en Russie, ils n'ont certes pas à se plaindre du sort qui leur est fait aujourd'hui en Perse. Le Gouvernement du Chah les traite avec une grande douceur, leur rend justice, tout comme s'ils étaient mahométans, et les protège de son mieux contre les vexations de leurs turbulents voisins, les nomades.

L'Azerbaidjan est le principal centre des Arméniens de l'Iran; là, ces gens vivent par villages ou groupes de villages, mélangés aux bourgs turcs, aux Chaldéens jadis déportés dans le district de Salmas, voire même aux Ghêbres, ou Mazdéens, encore nombreux dans l'Atropatène, patrie, dit-on, de Zoroastre. Ces chrétiens, soit catholiques, soit orthodoxes, s'étendent, par îlots plus ou moins importants, sur toute l'ancienne Médie, sauf toutefois sur la partie de cette région demeurée aux mains des Kurdes. Tabriz, Maragha, Ourmiah, Kazvin, Téhéran, Hamadan, ont chacune leur « Arménistan », ou quartier des Arméniens; Ispahan même a son faubourg chrétien de Djoulfa, où les missionnaires de toutes les confessions, protestants, orthodoxes et catholiques, se disputent les prosélytes. Tous ces chrétiens cultivent la terre, se livrent à la petite industrie, au commerce; figurent pour un bon nombre dans les postes subalternes de l'Administration persane, parfois même commandent à des musulmans, comme officiers dans l'armée. C'est que les sentiments des Persans sont encore, en mille choses, sous l'impression laissée par leur ancien culte pour Ormazd, et qu'en dépit des enseignements des mollahs, la tolérance et la douceur forment toujours le fond du caractère iranien. Quant aux Turcs qui se sont fixés dans le nord de la Perse, ils ont pris peu à peu, en apparence du moins, les mœurs affables et tolérantes de leurs maîtres.

En dehors de leur foyer principal, j'ai rencontré des Arméniens isolés dans bien des districts du nord et de l'occident de l'Iran. Au Kurdistan de Sineh, par exemple, j'ai vu des villages arméniens, peuplés jadis par des déportés politiques, vivre perdus dans les montagnes, parlant un dialecte vieux de quatre ou cinq siècles et, malgré leur isolement, bien qu'ils fussent privés de prêtres, ils étaient encore chrétiens. Mais quel christianisme! Le signe de la croix, quelques prières récitées sans en comprendre le sens, la monogamie et une sorte de baptême donné par les barbes blanches de la tribu. Ils vivaient en paix avec les Kurdes, leurs voisins, à la condition toutefois de leur payer une redevance annuelle.

Ailleurs, dans le Quara-dagh (la Montagne noire) au sud de l'Araxe, lorsqu'en 1891 je cherchais un chemin entre Khoudâférin et Ahar, je me suis trouvé tout à coup au milieu d'un district d'accès très difficile, où six ou sept villages arméniens étaient en guerre contre les Tartares, leurs voisins. La cause de ces hostilités remontait fort loin dans la nuit des temps; toutefois on guerroyait alors au sujet de vols de bétail, commis au préjudice des chrétiens. Durant le jour, les belligérants se tenaient à distance; mais au cours de la nuit, on en venait parfois à des corps-à-corps et, des deux côtés, il y avait des morts et des gens hors de combat. Après avoir traversé l'un des villages musulmans, où l'on m'exposa les causes du conflit sous un jour naturellement favorable aux agresseurs, je me rendis chez les Arméniens, non sans faire un grand détour, parce que mes domestiques persans se mouraient de peur. Tout le village sortit en armes à mon approche; et voyant que je n'étais pas un ennemi, on m'accueillit avec la meilleure grâce. Les femmes et les enfants formèrent un grand cercle de curieux, bariolé de cent couleurs; on m'apporta des tapis pour m'étendre, des fruits de la saison, on rit, on plaisanta, et, pendant que je m'entretenais avec la femme de l'agha, le chef rentra, suivi d'une troupe de cavaliers, tous armés jusqu'aux dents, le corps pris dans un véritable réseau de cartouchières. Ils revenaient très contents; l'ennemi manifestait le désir d'entamer des pourparlers de paix. La victoire restait à la bonne cause, et l'agha pensa qu'il était convenable d'en rendre grâces par des libations en l'honneur du dieu du vin.

Malheureusement il n'en est pas de même partout où les chrétiens ont maille à partir avec les mahométans, et, vers le lac d'Ourmiah, depuis Revandouz jusqu'à l'Ararat, dans ces pays où les Kurdes sont nombreux et organisés en tribus puissantes, la situation des Arméniens est le plus souvent fort précaire.

Quand on parcourt les districts arméno-kurdes, aussi bien en Perse que sur territoire osmanli, on rencontre, dans presque toutes les vallées, des ruines, les unes fort anciennes, les autres plus récentes, quelquefois même encore fumantes. Ce sont les restes des villages détruits au cours des guerres entre clans musulmans et chrétiens; car, partout, les Arméniens se défendent bravement. Ils luttent pour la conservation de leurs villages, de leurs familles, de leurs troupeaux et de leurs cultures; et, au fur et à mesure que les armes se sont perfectionnées, les villages ennemis se sont éloignés les uns des autres, laissant les traces de leurs successives étapes. Voici le vallon frontière entre deux territoires : à droite et à gauche, à quelques centaines de pas seulement du ruisseau, l'on voit deux monticules de décombres, de murs écroulés. Il y avait là deux villages ennemis, au temps où l'on combattait avec l'arc. Plus loin sont d'autres ruines, puis d'autres et d'autres encore : elles datent de l'époque des fusils à pierre, des armes plus perfectionnées, et, aujourd'hui, les gens se sont, des deux côtés, retirés à plusieurs kilomètres de la frontière pour s'abriter contre les projectiles des fusils rayés à longue portée. Souvent la tribu kurde était plus nombreuse et plus forte que le clan des Arméniens. Alors les chrétiens sont partis, quand ils n'ont pas été exterminés jusqu'au dernier; ils sont allés, on ne sait où, chercher de nouvelles terres, un vallon moins exposé aux razzias.

Makou, au pied de l'Ararat, le Rocamadour de l'Arménie, dont le site est l'un des plus curieux qu'on puisse voir, était jadis une bourgade arménienne; les inscriptions de ses rochers en font foi : aujourd'hui, elle est kurde.

C'est un gros village bien intéressant que Makou. Bâtie sur le bord d'un torrent, dans une vallée profonde, fermée de hautes falaises, cette agglomération est en grande partie construite sous un immense abri naturel où jamais il ne pleut. Autour, sont de beaux jardins en terrasses, laborieusement conquis par les bras d'infatigables travailleurs. Certes, ce ne sont pas les Kurdes qui ont ainsi tiré si beau parti des maigres ressources de ce sol rocailleux, ce sont leurs prédécesseurs, les Arméniens, qu'ils ont chassés, pour s'emparer du fruit de leur labeur, en vertu de la raison du plus fort, loi barbare qui, malheureusement, n'est pas seulement en honneur chez les Kurdes.

C'est en Turquie que la situation des Arméniens a toujours été la plus difficile; cependant ils étaient dès longtemps faits à cette lutte pour l'existence; cette vie avait toujours été la leur et celle de tous les peuples de l'Orient, depuis les époques les plus reculées. Il suffit, pour s'en rendre compte, de jeter les yeux sur l'histoire byzantine, au temps où les Basileis et les Rois des Rois se disputaient les anciens États de Tigrane, de parcourir les Annales de la Géorgie de Wakoucht. Ce n'étaient que pillages, massacres, sièges de villes et de monastères, réductions de villages entiers en esclavage. Ces peuples s'étaient cependant accoutumés au danger, et un certain équilibre existait dans l'insécurité générale.

C'est de l'époque byzantine que datent les principales colonies arméniennes des côtes d'Anatolie; car, au cours des guerres des Romains contre les Perses, les pays de l'Ararat étant devenus le théâtre de luttes sanglantes qui se prolongèrent pendant des siècles, bien des habitants émigrèrent; ils allèrent chercher la tranquillité au cœur même de l'Empire et dans ces villes maritimes dont la possession n'était pas disputée entre belligérants. Trébizonde, Kérasunde, Samsoun, Sinope et une foule de bourgades de moindre importance reçurent des colonies, et la capitale des derniers Comnènes, plus favorisée, renfermait encore, avant les derniers massacres, plus de vingt mille Arméniens, tant dans la ville que dans la banlieue.

De tous les sites de la Mer Noire, Trébizonde est, sans contredit, l'un des plus agréables. Bâtie en amphithéâtre sur les contreforts de la chaîne Pontique, le Torou-Daghi des Turcs, la cité s'étend jusqu'à la mer, comprenant, dans son massif, la colline entourée de murailles où s'élevait l'antique Trapézonte. Ses rues, son bazar sont, comme dans tout l'Orient, des ruelles étroites, fraîches, abritées contre le vent et les ardeurs du soleil, sur lesquelles s'ouvrent d'innombrables petites boutiques. Que de fois j'ai parcouru ce bazar, en quête de médailles anciennes, d'aspres de ces princes qui, les derniers, ont porté la pourpre romaine! Je m'arrêtais longtemps et avec plaisir dans toutes les boutiques d'orfèvres des Arméniens, et je causais avec eux, en prenant de minuscules tasses de café, assis dans leur atelier, sur

leur établi, pendant que l'apprenti, les joues gonflées
par le chalumeau, soudait quelque breloque. Ces gens
étaient heureux, parce que les consuls protecteurs veil-
laient à leur sécurité, et que leur métier rapportait de
quoi vivre. Partout, dans la ville, on rencontrait des Arméniens : au port, dans les douanes, dans les administrations, dans les affaires. Tous travaillaient, tandis que
le Turc, assis au kavé-hané, fumait son narghileh, ou
prenait son verre de mastic. Hélas! que sont devenus
ces gens laborieux? Quatorze mille ont été massacrés
dans ces derniers mois, et les femmes sont parties en
esclavage, obligées de se faire musulmanes, contraintes
d'accorder leurs sourires aux bourreaux de leurs pères,
de leurs maris, de leurs frères. La guerre avait chassé
de Trébizonde les consuls, leurs seuls soutiens.

Escale de tous les paquebots naviguant dans la Mer
Noire, proche voisine de Batoum, en relations conti-
nuelles avec Odessa, Novo-Rossisk, et tous les grands
ports de la Méditerranée, tête de ligne des caravanes se
rendant à Erzeroum, Khoï, Tabriz et Téhéran, Trébizonde semblait être une ville civilisée. On y rencontrait
des Turcs, des Grecs, des Arméniens, des Persans et
quelques Lazes, descendus de leurs montagnes. Ce sont
donc les Turcs, et les Turcs seuls qui ont fait couler des
flots de sang dans ces ruelles, jadis si paisibles. On ne
peut mettre ces crimes sur le compte des Kurdes, car
on se trouve là bien loin des bandes farouches du Kurdistan.

Et si Trébizonde, bien que très européanisée, a été la
victime de cette soif de meurtre, qu'a-t-il dû se passer
dans les villes de l'intérieur, à Baïbourt, Bitlis, Mouch,
Erzingian, Quara-Hissar, Sivas, et dans ces villages des
montagnes, perdus à des lieues et des lieues de tout
centre chrétien? En quel état les Russes ont-ils trouvé
Erzeroum, quand ils y sont entrés? Erzeroum qui comptait quarante mille habitants, pour moitié des chrétiens.

Depuis les ordres exécrables donnés par Abdul-Hamid, l'esprit public, chez les Turcs, s'est monté de la manière la plus injuste contre les Arméniens, et j'ai, moi-
même, entendu dans la rue, où deux enfants se battaient,
un Turc à barbe blanche, d'aspect vénérable et qui sou-
riait tout en égrenant son chapelet, encourageant l'un

des deux petits adversaires par ces mots, dont sa cons-cience atrophiée ne pouvait comprendre toute l'horreur : « *Vour! vour! Erméni dir.* » (Frappe! frappe! c'est un Arménien.) On était alors au lendemain des grands massacres de Constantinople.

Chaque fois que l'Empire ottoman a des déboires, c'est sur les chrétiens que les Turcs passent leurs colères. Aujourd'hui, l'extermination des Arméniens est à l'ordre du jour, parce que les Alliés, protecteurs de ces infortunés, sont en guerre contre la Turquie. A des haines injustes, sont venus se joindre les colères contre l'ennemi, le désir de l'outrager.

Il existe de très importantes colonies arméniennes à Moscou, Pétrograd, Odessa, Londres, Paris, Vienne, Berlin, New-York, Bombay, dans tous les grands centres commerciaux et industriels; et ces colonies sont prospères, parce que l'Arménien, qui possède une surprenante facilité d'assimilation, ne se spécialise jamais. Il est comme le Juif, comme le Parsi, aux Indes, comme le Chinois; toute affaire susceptible de fournir des bénéfices lui convient, quelle qu'elle soit, et il se montre extrêmement aventureux, à la manière des Américains. Souvent il réussit; parfois il échoue; mais il ne se décourage jamais et recommence ses affaires sur un pied plus modeste, comme courtier, ou même comme simple employé.

Aux Indes, l'Arménien se trouve en contact avec le Parsi, Perse zoroastrien émigré à Goudjarat, lors de la conquête de son pays par les musulmans, homme d'une habileté consommée, contre lequel l'Arménien ne lutte que difficilement. Plus loin vers l'Orient, on ne voit plus d'Arméniens, de Parsis ni de Juifs. C'est le Chinois qui règne en maître par sa ruse, par son sens merveilleux des combinaisons avantageuses.

Si j'insiste longuement sur le peuple arménien, si je sors de l'Empire ottoman pour le visiter dans tous les pays où il vit, c'est que je considère cet élément comme devant être substitué à celui des Touraniens dans le nord de l'Asie Antérieure, comme appelé à faire pénétrer dans les régions qu'il habite, parmi les populations barbares qui l'entourent, les bienfaits de la civilisation. Il est de l'intérêt de toute l'Europe de favoriser la reconstitution d'un puissant État arménien, capable d'en imposer au monde asiatique. Certes, ce peuple mérite, par ses malheurs, notre compassion; mais je l'ai dit plus haut, avant de céder au sentiment, nous avons le devoir d'obéir à l'intérêt de la civilisation; ici ces deux mobiles se confondent, je reviendrai plus loin d'ailleurs sur cette importante question.

Les autres chrétiens de la Turquie, sauf les Libanais, ne forment pas des nations assez importantes pour qu'on doive faire plus que de les citer. Seuls, les Grecs auraient été en nombre pour qu'on puisse songer à les rattacher à Athènes; mais il est à penser que l'Entente, édifiée sur les changements qui peuvent s'opérer dans les sentiments de ce peuple à l'égard de ses bienfaiteurs, ne rééditera pas à la légère ses générosités de 1827.

II

L'ASPECT DE LA TURQUIE D'ASIE
SES RICHESSES NATURELLES

Avec ses hautes montagnes, ses vastes plaines et ses larges vallées, ses climats différents, la Turquie d'Asie est le type le plus complet qu'il soit des pays d'avenir. Il ne faudrait pas croire, cependant, que tout le sol de l'Asie Antérieure soit d'une égale fertilité ; bien loin de là ; d'immenses espaces sont stériles, surtout dans les provinces méridionales ; mais, dans bien des cas, cette aridité n'est due qu'à la négligence de l'homme, qu'à l'incurie des gouvernements qui, depuis des milliers d'années, se succèdent dans ces malheureux pays, berceau de nos civilisations. Un retour vers le passé peut seul faire comprendre ce qu'ont été ces régions et ce qu'elles devraient être, ce qu'elles sont aujourd'hui.

15 juin 1916 (1).

Je ne partage pas l'avis de ceux qui pensent que le « Paradis terrestre » se trouvait en Chaldée, dans le pays des deux fleuves, pour cette raison qui me semble être plus que suffisante, que la Chaldée n'existait pas, bien longtemps encore après l'apparition de l'homme sur la terre. On rencontre, en effet, des traces de l'industrie humaine dans les alluvions quaternaires du désert syrien, et tout le monde sait que la formation de ces

____

(1) *Revue de Paris.*

couches caillouteuses est de beaucoup plus ancienne que les dépôts de limons fluviaux.

Au commencement de la période géologique actuelle, les eaux du Golfe Persique pénétraient profondément dans l'intérieur des terres, s'avançaient, pour le moins, jusqu'au site de Bagdad et couvraient toute la Susiane, pour venir battre le pied des montagnes du Louristan et des Bakthyaris. Ce n'est que plus tard, et peu à peu, que ces grandes baies se sont comblées sous l'effet des apports du Tigre et de l'Euphrate en Chaldée, de la Kerkha, de l'Ab-é-Diz, du Kâroun et du Djerrahi en Susiane. Le Tigre et l'Euphrate, dont les bouches étaient distinctes à l'époque des rois d'Assyrie (septième siècle av. J.-C.), se sont réunis pour former le Chatt-el-Arab, dont le Kâroun, qui jadis se jetait directement dans la mer, est devenu l'affluent ; et les alluvions continuent aujourd'hui d'avancer sur le Golfe Persique, par une seule voie, celle du grand fleuve arabique. Mais les progrès sont d'une telle intensité que, tout compte fait, le delta du fleuve chaldéen sera, dans douze mille ans environ, au détroit d'Ormuz. Là seulement s'arrêtera cet immense comblement, devant les grandes profondeurs de la mer d'Oman. Dans son ensemble, il aura exigé plus de vingt mille ans.

Ainsi, la civilisation la plus ancienne du monde, celle qui a guidé nos premiers pas, celle à laquelle nous reportent les traditions, s'est développée sur un sol récent, à peine formé au temps où l'homme est venu s'y établir. Il connaissait déjà la pierre taillée et le cuivre. C'est là qu'il inventa l'écriture, là qu'il jeta les bases des premières sociétés humaines qui, par petits clans d'abord, se développèrent dans les îles et les presqu'îles, au milieu des lagunes et des marais, par royaumes ensuite, enfin par grands empires basés sur la féodalité des premiers temps. Ces origines se perdent dans le brouillard des millénaires, soixante ou quatre-vingts siècles avant nous, peut-être plus encore ; et ce n'est pas sans une poignante émotion qu'on aborde ce berceau des civilisations, ces terres aujourd'hui désolées, jadis les plus riches, les plus plantureuses de l'ancien monde. On éprouve une sorte d'hallucination en face des mystères de cette histoire prodigieuse d'ancienneté, à peine connue, enve-

lóppée de ces fables transmises jusqu'à nous par la tradition, et que les plus vieux écrits, tracés sur l'argile
ou sur la pierre, présentent déjà sous la forme légendaire.

Certes, la Chaldée du dieu poisson, Oannès, n'était
pas ce qu'elle paraît aujourd'hui. Les terres émergeaient
à peine des eaux, l'atmosphère était remplie d'une buée
chaude; partout, ce n'étaient que gras pâturages, que
forêts de tamaris, de saules et de lauriers-roses. Le poisson, le gibier abondaient; les troupeaux, dans l'herbe
jusqu'au ventre, trouvaient une nourriture facile, et
l'homme vivait dans la richesse des biens de la nature.
Peu à peu quelques régions se sont asséchées. Les habitants creusèrent alors des canaux pour rendre au sol
sa fraîcheur; mais la sécheresse gagna de proche en
proche, parce que le terrain se relevait chaque année
des limons apportés par les crues et que les fleuves
approfondissaient leur lit. Ce n'est, en effet, que len-
tément, au cours des siècles, des millénaires, que s'est
créé dans le sol aride cet admirable réseau de canaux
qui, quatre siècles avant notre ère, causait l'étonnement d'Hérodote. Plus tard, à la suite de guerres
sanglantes, terribles, interminables, les travaux de la
paix ont été abandonnés, les canaux se sont comblés,
les villes se sont éteintes, et le linceul de la mort s'est
abattu sur ce pays qui semblait être dès lors voué au
silence pour l'éternité. Cependant, sa triste destinée
n'était point encore accomplie; voici que le canon
gronde dans ces solitudes, que des hommes sont venus
de très loin pour s'exterminer dans ce désert, jadis arrosé
de tant de sang; mais ce n'est plus la possession de la
Chaldée qu'on se dispute là : c'est l'empire du monde!

Quand, arrivant de l'Europe ou de l'Inde, après avoir
contemplé les côtes brûlées de l'Arabie et de la Perse,
le voyageur se trouve en vue des embouchures du Chatt-
el-Arab, le décor change subitement, comme en une
féerie. Au lieu de montagnes arides, rouges, roses, brillantes, on ne distingue plus à l'horizon qu'un long ruban
sombre, bleu par les buées de l'atmosphère; et les eaux
de la mer, tout à l'heure azurées, transparentes, se changent en un flot jaunâtre, boueux, opaque, couvert de
branches d'arbres, de joncs, de plantes aquatiques en-
traînés par le courant. C'est l'embouchure du grand

fleuve arabe, avec ses forêts de dattiers, ses berges plates couvertes de roseaux géants, ses lagunes, ses bancs de limon brunâtre, luisants sous les rayons du soleil. Un phare, grande colonne blanche qui émerge de la verdure, indique l'entrée, c'est le feu de Fao; mais pour l'atteindre et pénétrer dans le fleuve, il faut franchir la barre et souvent attendre l'heure de la marée haute, car les vaisseaux de fort tonnage ne peuvent remonter le fleuve. Deux embouchures distinctes se présentent, l'une en territoire persan, celle du Chatt-el-Béhemchîr, branche qui ne peut être naviguée que par les barques, et celle du Chatt-el-Arab proprement dit, dont une rive est persane, l'autre turque; mais des deux côtés, les bords sont semblables, voilés de verdure et, de place en place, semés de petits hameaux arabes, groupes de paillotes, perdus dans le feuillage, le plus souvent reconnaissables seulement aux fumées bleues qui, au travers des dattiers, montent vers le ciel.

Après quelques heures de route, on laisse à sa droite la frontière persane et la bourgade d'El-Mohammérah, construite sur la rive du Kâroun, fleuve de la Susiane. Puis on arrive à Bassorah, la Venise de la Chaldée, ville turco-arabe, en grande partie peuplée de Chaldéens, de chrétiens de Saint-Jean (Mandéens), bâtie sur une langue de terre entre le fleuve et les marais « Khôr-el-Djézaïr », coupée de canaux en tous sens. Bassorah, le grand port du Chatt-el-Arab, ne semble exister que depuis les premiers temps de l'Hégire; car son nom nous est donné pour la première fois par les monnaies au type sassanide frappées par les premiers khalifes.

Cette digue, sur laquelle s'élève la ville, se prolonge au nord jusqu'au confluent du Tigre et de l'Euphrate, jusqu'à Kornah, village situé à la pointe, entre les deux fleuves, et entouré d'immenses marais : Khôr-el-Djézaïr au sud, Khor-el-Azem au nord, et la vaste nappe d'eau d'Abou-Kélam à l'ouest. Ce sont là les restes d'anciennes lagunes, de parties basses du sol emprisonnées par la marche rapide de l'estuaire.

C'est là, près de Kornah, que les Arabes ont autrefois coulé cinq sur sept des radeaux qui transportaient à la mer les trésors archéologiques découverts par Place et Botta dans les ruines de Ninive, par Oppert dans celles de Babylone, et les épaves se sont enfoncées si profondément dans la vase que jamais on n'en a pu retrouver la moindre trace.

Les deux fleuves frères, nés des montagnes de l'Arménie, où leurs sources sont voisines, diffèrent sensiblement d'aspect et d'allure. Vers la hauteur de Bagdad, le niveau de l'Euphrate est à quatre mètres au-dessus de celui du Tigre; aussi, est-ce de l'Euphrate que, dans l'antiquité, partaient tous les canaux sur lesquels étaient bâties les villes chaldéennes. Babylone, Ourouk, Ourou, Souripak étaient situées sur le fleuve lui-même; tandis que dans la plaine, sur les canaux, les villes se comptaient par centaines, et les villages par milliers. C'est plus tard, peu de siècles avant notre ère, que les grands centres se sont transportés sur le Tigre. Séleucie, Madaïn, Ctésiphon étaient sur ce fleuve où s'élève encore Bagdad. La raison en est que l'Euphrate, qui se perd aujourd'hui dans des marais, pour reprendre plus loin son cours, a cessé d'être navigable depuis l'époque des Séleucides et que le Tigre est, depuis ce temps, devenu la seule voie de communication entre la Haute et la Basse-Chaldée, voie qui, d'ailleurs, devient de jour en jour de plus en plus difficile, par suite des ensablements qui se portent çà et là avec une rapidité et une mobilité extrêmes. Il est rare qu'un Européen prenne pour voyager une autre route que celle du Tigre; seules les petites barques peuvent circuler sur le bas Euphrate; quant à la voie de terre, elle est si peu hospitalière qu'on ne s'y aventure pas sans de sérieux motifs et sans être accompagné par une escorte.

Avant la guerre, deux services de bateaux à vapeur reliaient Bassorah à Bagdad et faisaient les escales d'Amara, Kout-el-Amara et des autres bourgades. L'un de ces services était anglais et appartenait à la Société Lynch & Cº; l'autre était turc et transportait la poste. Ces bateaux, à faible tirant d'eau, étaient soit à aubes, soit à roue arrière, suivant le type adopté jadis par l'armée britannique pour ses transports sur le haut Nil. Quant aux vaisseaux de mer, ils débarquaient leurs marchandises sur le Chatt-el-Arab, à Bassorah, emporium de la Basse-Chaldée, et à El-Mohammérah, en territoire persan. La Compagnie Lynch avait également un service sur le Kâroun, et ses bateaux circulaient entre le Chatt-el-Arab et Nasséri-Ahwaz, et, plus haut encore, en amont des rapides, entre Ahwaz et Chouchter. C'est de cette ville que partaient les caravanes vers Ispahan, par un sentier muletier amélioré aux frais de la compagnie anglaise. De Chouchter à Ispahan, on comptait dix-sept jours de route. Quant aux ports de El-Mohammérah et de Bassorah, ils recevaient périodiquement la visite du bateau postal de la « British India », venant de Bombay par Kouratchi, Mascate, Bender-Abbas, Bender-Lingah et Bender-Bouchir, d'une autre compagnie anglaise partant directement de l'Europe (Liverpool, Marseille, Port-Saïd, Aden), et, plus rarement, d'un navire russe d'Odessa. La navigation française n'était pas représentée dans ces parages. Les importations et les exportations, au fond du Golfe Persique, étaient ainsi assurées, moyennant un fret d'environ 25 shillings par tonne (soit 33f 75), entre l'Europe et la Chaldée ou l'Arabistan. Mais le voyage de Bagdad ou de Chouchter ne se faisait pas toujours sans encombre; non seulement les capitaines couraient les chances de nombreux échouages; mais, souvent aussi, leurs bateaux étaient attaqués par les nomades, tant sur le territoire turc que sur le sol persan, et j'ai souvent navigué sur des vapeurs dont les bordages et les cheminées étaient criblés de balles. On n'attachait d'ailleurs pas d'importance à ces incidents, sachant que ni les Turcs ni les Persans ne se trouvaient à même de modérer les ardeurs des tribus arabes, et que les réclamations qu'on ferait à ce sujet iraient s'enterrer dans les cartons, aussi bien à Constantinople qu'à Téhéran.

Le Tigre est bien le type de ces cours d'eau que les Grecs de l'antiquité comparaient au serpent. C'est une monstrueuse couleuvre jaune qui, en nombreux méandres, descend de Diarbékir et de Mossoul vers Kornah. Ses détours sont infinis, brusques parfois, comme à Ctésiphon, où le fleuve forme une boucle dont on franchit à pied la corde en un quart d'heure, tandis que le bateau postal met plus d'une heure à en faire le tour. Entre Kornah et Bagdad, les rives sont encaissées de petites falaises verticales, coupées dans des alluvions argileuses. Elles se tiennent droites comme un mur et, aux basses eaux, la coupure est si profonde qu'il faut monter dans les mâts du navire pour découvrir la plaine ; alors les tournants présentent à la navigation de réelles difficultés, surtout à la descente de ce courant très violent par endroits, toujours brusque et plein de remous.

Mais le spectacle change du tout au tout quand les eaux sont hautes, c'est-à-dire à l'époque des grandes pluies (décembre-mars) et lors de la fonte des neiges dans les montagnes de l'Arménie et du Kurdistan (avril-mai). Le fleuve présente alors de grandes variations de niveau, il s'enfle jusqu'à couler à pleins bords, et souvent ses eaux se répandent au loin dans la plaine en grandes nappes jaunes, brillantes, qui s'étendent à perte de vue, tandis que, sur sa rive gauche, les ruisseaux du Louristan et du Zagros, grossis par les pluies, viennent se joindre au Tigre. Pendant la saison sèche, ces modestes cours d'eau se perdent dans les derniers contreforts des montagnes.

Quelques heures suffisent pour que ces crues se produisent, et je me souviens d'avoir assisté un jour à certain débordement de l'Ab-é-Douéridj (au Poucht-é-Kouh) qui s'est produit dans des conditions surprenantes de rapidité et de violence. Le Kébir-Kouh (grand pli du Poucht-é-Kouh) s'était couvert de nuages sombres, et le ciel s'embrasait d'éclairs. Étant en marche, je jugeai prudent de m'arrêter et fis dresser le camp sur de petites hauteurs voisines de la rivière. A peine étions-nous préparés à tout événement qu'un terrible orage se déchaîna ; la pluie et la grêle faisaient rage. L'Ab-é-Douéridj, rivière qui de coutume est large de dix mètres au plus, s'enfla, déborda en quelques minutes, et ses eaux, s'étendant dans la plaine, couvrirent plusieurs kilomètres de largeur. Le courant était impétueux ; on voyait passer des troncs d'arbres, des moutons, des gazelles, des chacals noyés ou se débattant ; le gibier s'enfuyait par bandes et, exténué par la nage, s'arrêtait à mes pieds, me regardant d'un air suppliant. Deux heures après, la trombe était passée ; il ne restait plus dans la plaine que de larges flaques d'eau où nageaient de grands poissons, parfois longs d'un mètre, emprisonnés par le brusque retrait des eaux. Une bande de nomades était passée, affolée, emportant ses hardes, courant vers les hauteurs, et elle disparut avec ses animaux, mais laissant dans les amas de grêle une petite fille de sept ou huit ans, évanouie, demi-morte de froid. Nous avons réchauffé cette enfant perdue. Elle portait l'agréable nom de « Goulaka » (une fleur), mot louri qu'on peut traduire dans notre langue par « Rose ». J'ai confié Goulaka au chef de la première tribu rencontrée sur ma route, laissant quelque argent pour qu'elle fût bien traitée, et j'ai su que plus tard on l'avait rendue à sa famille.

Aussi bien pour les grands fleuves que pour les rivières, quelques heures suffisent parfois pour que ces crues se produisent avec une violence extrême. Alors le gibier, surpris, s'enfuit par troupes innombrables, par vols immenses. J'ai vu dans les plaines de la Chaldée l'horizon tout entier couvert de milliers de gazelles et de sangliers. Les petits lions sans crinière, les hyènes, les lièvres, les chacals, les renards, les porcs-épics, s'en vont de compagnie, sans songer à mal, et j'ai quelquefois rencontré de véritables bataillons de francolins, fuyant au petit trot leurs domaines inondés. Quant aux rares habitants de ces pays, accoutumés à ces crues, ils prennent le plus souvent leurs précautions, quand vient l'époque des hautes eaux; mais on cite bien des cas où des campements entiers ont disparu avec leurs troupeaux.

L'Euphrate ne reste pas indifférent pendant que s'enfle son frère de l'orient; mais souvent aussi ses crues ne correspondent pas à celles du Tigre, parce que, nés dans les mêmes montagnes, ces deux fleuves suivent des cours différents, et celui de l'Euphrate est deux fois plus long que celui du Tigre. L'Euphrate sort alors de son lit entre Féloudja et Babylone (Hilleh), coule vers le sud-est, et ses eaux viennent en une immense nappe se réunir à celles du Tigre : sur sa droite, il se déverse dans les marais de Kerbalah et de Nédjef et, plus en aval, se joignant au Khôr-el-Husseiniyeh et aux marais d'Abou-Kélam, il forme un immense lac, profond tout au plus de quelques pieds, et dont les eaux s'écoulent lentement dans la direction de Kornah.

C'est en amont de Féloudja que le fleuve occidental se montre avec ses caractères les plus étranges. Là, il coule silencieux entre deux lignes de petites falaises, hautes tout au plus de cinq ou de six mètres, au milieu d'un désert aride et caillouteux. A droite et à gauche, deux bandes de terre arable, fort étroites le plus souvent, sont, par endroits, livrées à la culture, et de grandes roues armées de cruches, mues par le courant, tournant seules, faisant entendre des gémissements plaintifs, déversent les eaux dans les champs. Çà et là, à l'abri des inondations, on rencontre de pauvres villages, tristes, qui semblent être abandonnés. Hît, avec ses mines de bitume, où jadis s'approvisionnait toute la Chaldée, où les constructeurs de la tour de Babel sont venus chercher le mortier asphaltique dont les briques de cet énorme zigourat sont cimentées; puis, en amont, Safâ, Djibbâ, Hadîthê, et d'autres encore, bâtis sur des îles du fleuve, bourgs remontant à la plus haute antiquité, où l'on reconnaît sans peine les sites que signale Ammien Marcellin dans son histoire de l'expédition de Julien le Philosophe contre les Perses.

Enfin, plus haut encore, non loin du confluent du Khabour, on voit se dresser dans le désert des ruines imposantes, des citadelles bâties en briques rouges, rougies plus encore par les incendies. Ce sont les restes de ces forts romains qui, vers Circésium, protégeaient les « limes » orientales, qui gardaient la vallée de l'Euphrate, en avant de la Cœlé-Syrie. Rien n'est plus saisissant que ces vestiges des grandes guerres passées, perdus au milieu des déserts livrés aujourd'hui aux gazelles. On croit voir s'avancer la formidable armée de Khosroès II marchant contre Antioche ou sur Jérusalem, les légions de Valérien, de Julien, descendant le fleuve, tandis que les cavaliers, lancés dans les solitudes, abattaient de leurs flèches les autruches encore abondantes en ces temps. Ce fleuve qui coule sans bruit au milieu de ce grand silence, qui semble avoir emprunté sa torpeur aux régions qu'il traverse, paraît être abandonné des hommes; on ne voit personne, pas une barque, pas un pêcheur. Les cygnes gris sont là dans leur domaine, ils se promènent sans méfiance d'un bord à l'autre, et le voyageur est contraint de s'arrêter pour la nuit dans les postes des gendarmes (zaptiehs), espacés les uns des autres de vingt-cinq ou trente kilomètres. Ce sont là les seuls refuges.

Mais cet aspect si impressionnant de l'Euphrate est spécial à la partie de son cours située entre Féloudja et Birédjik; en amont de Meskéneh, il possède encore l'allure de tous les cours d'eau de montagnes, et c'est en face de Bagdad seulement qu'il devient chaldéen.

Parcourir les rives de l'Euphrate et du Tigre est certainement un voyage passionnant; mais celui qui n'a vu que les fleuves ne connaît pas la Chaldée. C'est la plaine qui s'étend en aval de la cité des khalifes, jusqu'à Kornah, qu'il lui faut visiter, pour comprendre ce qu'est aujourd'hui la Babylonie, et ce qu'elle était autrefois. De nos jours, immensité sans eau, d'une désespérante horizontalité, parsemée de buttes antiques, ruines de villes dont les noms se sont perdus, du haut desquelles l'horizon apparaît en un cercle immense, au contour vacillant, troublé par le mirage.

A peine quelques plantes épineuses peuvent-elles croître dans cette plaine au sol luisant, verni par une couche de salpêtre. La terre est noire, sombre, et, malgré les rayons d'un soleil de feu, tout semble obscur. Au loin, des tells bleuâtres, démesurément grandis par les vapeurs frémissantes du sol, s'enfuient, au fur et à mesure qu'on en veut approcher. Puis ce sont les traces laissées par les canaux antiques, légères dépressions, sortes de rides, qui se perdent à l'infini. C'est là, dans cette plaine aujourd'hui désolée, que s'est développée la grande civilisation chaldéenne. Le pays était couvert de cités et de villages, de moissons incomparables, et les voiles en nombre infini allaient et venaient sur les canaux, semblables à de grands oiseaux qui volent au ras de terre.

J'ai parcouru tout ce pays à cheval. J'ai visité les ruines informes de Babylone, où des savants allemands faisaient alors d'infructueuses recherches; celles de Niffer, explorées par une mission américaine, et beaucoup plus loin, bien plus au sud, de l'autre côté du Châtt-el-Haï, celles de Telloh, où notre compatriote M. de Sarzec a fait de si belles découvertes.

Niffer et Telloh sont, à vol d'oiseau, distants de cent vingt kilomètres environ; mais en se rendant de l'une à l'autre de ces ruines, on rencontre à chaque pas des restes de villes disparues, accompagnés des traces

de ces canaux qui, jadis, apportaient la vie dans ces
cités. Toutes ces ruines sont encore vierges ; elles gardent
leurs secrets, parce que les Turcs, détenteurs de richesses
dont ils ne sont pas dignes, apportaient toutes les dif-
cultés dans les recherches que désiraient faire les
savants étrangers. La science, pour ces Orientaux,
n'était qu'un prétexte à bonnes aubaines, que l'occasion d'exploiter le malheureux qui avait le courage de
venir en Turquie dans l'espoir de faire avancer les connaissances humaines.

Que de merveilles ne découvrira-t-on pas, dans ces
ruines, quand le Destin les aura mises en main d'un peuple civilisé ! Souhaitons qu'elles restent à l'Angleterre ;
car, en moins d'un siècle, l'histoire de l'Orient sera complètement transformée. Des bibliothèques entières sortiront du sol. N'ai-je pas découvert à Yokha, ville ruinée
dix-huit cents ans avant notre ère, en creusant avec la
main dans les cendres, quelques fragments d'inscriptions ? Que sont devenus d'ailleurs ces souvenirs sans
valeur ? Les douaniers turcs me les ont pris lors de mon
retour à Bagdad et, suivant toute vraisemblance, les
ont vendus à quelque mercanti syrien.

Au delà de Telloh, la plaine continue, légèrement
inclinée vers le Golfe Persique, toujours parsemée de
buttes antiques. Alors commencent les marais du Sud
qui s'étendent sur des milliers et des milliers d'hectares,
sont couverts de grands roseaux et peuplés de sangliers et de loutres, d'où s'élèvent au moindre bruit des
nuées d'oiseaux aquatiques. On croirait assister à l'une
de ces scènes de chasse dans les marais du Nil, dont
l'image réaliste figure sur les murailles des tombeaux
des plus anciennes dynasties pharaoniques.

Le climat de la Chaldée est fort rude. En hiver, la
température s'abaisse parfois jusqu'à 8 ou 10° au-dessous
de zéro, et, seules, les ardeurs du soleil empêchent la glace
de prendre sur les marais ; mais quand vient l'été, le
thermomètre indique souvent 50° de chaleur et le souffle
brûlant du désert arabique se lève. L'atmosphère se
charge alors d'une poussière fine, impalpable, rousse ;
le vent emporte, en les roulant, de grosses touffes de
plantes épineuses sèches, de chardons bleus ; l'air n'est
plus respirable dans cette fournaise. Tout disparaît

derrière ce voile enflammé, et l'on ne distingue plus à quelques centaines de pas devant soi que des images confuses. C'est au printemps seulement que ce pays a du charme. Dans toutes les régions qui ne sont pas imprégnées de sels, le sol, détrempé par les pluies, se couvre de verdoyantes prairies, émaillées de fleurs. Le soleil dore le renouveau de la nature, la brise est douce, le ciel est pur dans tout le pays des deux fleuves. A cette époque, la Chaldée est vraiment un paradis.

Sur la rive droite de l'Euphrate, au delà de Kerbalah et de Nédjef, commencent les collines du désert arabique, hauteurs presque insensibles qui se continuent sans fin, privées d'eau et de végétation, à peine habitées, jusqu'à d'énormes distances. Ces pays sont encore inconnus; peut-être renferment-ils de grandes richesses minérales; mais la nature s'y montre si peu hospitalière qu'on ne s'y aventure jamais. C'est une sorte de Sahara.

Sur la rive gauche du Tigre, la plaine sillonnée de ruisseaux au débit intermittent s'étend jusqu'aux derniers contreforts du Jura persan, le Poucht-é-Kouh (dos de la montagne loure), chaîne composée de plis parallèles, abrupts, que domine le Kébir-Kouh (la Grande Montagne), crête d'un accès très difficile. Là, sur les flancs du Poucht-é-Kouh, commencent les forêts clairsemées de chênes à glands doux, au feuillage persistant. On ne rencontre plus d'Arabes dans ces montagnes, mais bien des Loures, gens de race iranienne, proches parents des Kurdes. Ce sont des nomades, eux aussi, mais ces habitants des tentes ne quittent jamais leurs vallées; ils changent d'altitude suivant les saisons, selon les besoins de leurs innombrables troupeaux.

C'est au nord de Kout-el-Amara, bourgade qui commande la sortie du Tigre du Chatt-el-Haï et la communication des deux fleuves chaldéens, que sont les ruines informes de Séleucie sur la rive droite du Tigre, en face de celles du palais de Ctésiphon, situées sur la rive gauche. C'est dans cette boucle du Tigre que les Anglais ont dernièrement livré aux Turcs une sanglante bataille. Il ne reste plus aujourd'hui de ces villes célèbres que de vagues monticules de terre et la fameuse voûte (Tagh-i-Khesra) du palais de Khosroès, la salle du trône des souverains Sassanides, dont une partie a dernièrement été détruite par un pacha, afin d'en tirer les matériaux nécessaires à la construction d'une école. D'ailleurs cette profanation n'est pas la seule de son genre en Chaldée; car la tour de Babel, elle-même, a fait tous les frais d'un barrage de l'Euphrate.

Babylone, Séleucie et Ctésiphon n'occupaient pas des points stratégiques naturels. Leur seule importance militaire était dans le fait qu'elles avaient le rang de capitales. Aussi, Julien II, vainqueur des Perses, ne jugea-t-il pas devoir mettre le siège devant Ctésiphon, et il en est de même de nos jours pour Bagdad. Cette métropole de l'Orient ne présente de valeur que par le fait que cette ville est un centre d'approvisionnement et un croisement des routes. Elle constitue un point de concentration, et non une position stratégique naturelle qu'on doive nécessairement occuper.

En amont, toujours sur la rive gauche du Tigre, à mi-chemin environ entre Ctésiphon et Bagdad, est le confluent de la rivière Diyala, grand cours d'eau, affluent du Tigre, qui descend du massif montagneux du Zagros, en Kurdistan persan. Enfin l'on arrive à la capitale des khalifes Ommyades, centre de population fort important, mais qui ne renferme plus rien de sa splendeur passée. Un han (caravansérail) et quelques pans de murailles écroulés dans le fleuve sont les seuls vestiges des monuments datant des premiers âges de la cité musulmane. Le mirage d'Hâroun-al-Raschid, la féerie des *Mille et Une Nuits*, se sont évanouis.

Bagdad n'est pas, à proprement parler, une ville arabe, car les Arabes vivent peu dans les maisons et préfèrent la vie nomade dans les plaines. La cité est aujourd'hui peuplée de gens appartenant à toutes les races du sud de l'Asie Antérieure : Chaldéens, Mandéens, Syriens, Juifs, Persans, Turcs, Arméniens et Arabes en petit nombre. Elle compte environ 150.000 habitants, alors que son vilayet tout entier, qui est immense, n'en renferme que 600.000. Et si nous défalquons des 450.000 qui restent la population de toutes les villes et de tous les villages situés sur le Tigre et sur l'Euphrate, celle de Nédjef et de Kerbalah, nous voyons qu'il reste tout au plus un quart d'habitant par kilomètre carré de la plaine chaldéenne !

La population nomade se divise en six grandes tribus : Arabes Zobéïrs, Khazaïls et Mountéfikhs, habitant entre les deux fleuves; Arabes Chammârs, Béni-Lams et Abou-Mohammeds, cantonnés sur la rive gauche du Tigre, vers le Poucht-é-Kouh. Tous bandits qui n'ont jamais obéi que de nom au vali de Bagdad.

J'ai assisté jadis à la perception des impôts dans ces tribus; cette opération délicate se faisait *manu militari.* Un régiment d'infanterie, quelquefois même deux, et une batterie d'artillerie accompagnaient les employés du fisc, et je me suis laissé dire qu'il n'était pas rare de voir cette petite armée se retirer prestement, sans argent et sans les honneurs de la guerre. Mon ami (!) le chef des Béni-Lams, dès qu'il entendait parler d'un prochain voyage des autorités turques, venait camper en territoire persan, sur la rive droite de la Kerkha, à deux kilomètres au plus de Suse, et retournait dans ses pâturages quand le danger était passé. Je l'ai vu s'abstenir ainsi, pendant trois années de suite, par cette habile manœuvre, de payer quoi que ce soit au Grand Seigneur.

Avant de quitter le domaine de ces nomades, il est nécessaire de dire quelques mots de la Chaldée persane, l'Arabistan, qui, au point de vue géographique et ethnographique, appartient à la région que je viens de décrire; car, dans la plaine arrosée par le Kâroun et ses affluents, seul le pied des montagnes est iranien. Les deux villes de Chouchter (7.000 à 12.000 habitants) et de Dizfoul (20.000 à 25.000 habitants) sont en majeure partie peuplées de Persans; quant au reste du pays, à la plaine qui s'étend de ces centres jusqu'au Chatt-el-Arab, elle est tout entière livrée à des Arabes tout aussi turbulents et aussi mauvais payeurs d'impôts que leurs frères de Turquie.

La haute main sur l'Arabistan persan est aujourd'hui, beaucoup plus que par le passé, de la plus haute importance pour le Gouvernement britannique, et la faute en est à l'auteur même de ces lignes. En effet, en 1890, alors que j'étudiais la géologie de cette région, j'ai découvert au pied des montagnes de l'ouest de la Perse de vastes gisements de pétrole et, en 1891, notre ministère des Affaires étrangères faisait insérer d'office mon rapport dans les *Annales des Mines*. Pendant dix ou quinze ans, cette découverte est demeurée lettre morte, soit que l'industrie française ne crût pas devoir la prendre en considération, soit plutôt que nos financiers n'eussent pas de goût pour la lecture des *Annales des Mines*. Bref, ce sont des Anglais qui ont demandé la concession de ces riches gisements, concession qui a été rachetée en ces dernières années par la Burmah Oil C° pour la modeste somme d'un million de livres sterling, et aujourd'hui une industrie considérable se développe en Arabistan. C'est pourquoi, dès le commencement des hostilités, nos alliés se sont assurés de cette province persane. De Chouchter, ils surveillent les nomades Bakthyaris qui, enfermés dans leurs montagnes, sont occupés au nord, vers Ispahan et Kachân, par les troupes russes; et, pendant ce temps, les généraux britanniques, remontant le Tigre, se sont avancés vers Bagdad jusqu'à Kout-el-Amara. Nous ne savons pas ce qu'ils ont fait sur l'Euphrate; mais il est à croire que cette voie ne les préoccupe guère, parce qu'elle n'est pas navigable, et que les rives du fleuve, couvertes de marais, ne se prêtent pas à l'évolution d'une nombreuse troupe. Dans tous les cas, l'armée anglaise est en toute sécurité sur ses derrières, tant par l'occupation de Koweit, Bassorah et Kornah que par celle d'El-Mohammérah, Nasséri-Ahwaz, Chouchter et Dizfoul. Ces villes sont à cinq ou six jours de navigation de Bombay et, par suite, tous les ravitaillements nécessaires pour la campagne de Chaldée peuvent être rapidement apportés des Indes.

Il existait jadis une route, dont on voit encore les traces dans le Poucht-é-Kouh, et qui reliait Persépolis-Passargade à Babylone-Ctésiphon. Cette route passait par Chouchter, Dizfoul et Aïvan-i-Kerkha, quelque peu au nord de Suse, et, sur ces trois points, Sapor avait employé les Romains prisonniers, lors du désastre de Valérien, pour bâtir trois ponts sur le Kâroun, l'Ab-é-Diz et la Kerkha. Ces magnifiques constructions sont aujourd'hui ruinées et, depuis la conquête arabe, la route est abandonnée; elle n'avait plus d'ailleurs de raison d'être car les anciennes capitales avaient disparu. Il n'existe donc de nos jours, pour passer de l'Arabistan

au plateau, que le sentier muletier du pays des Bakthyaris, voie commerciale, d'importance minime au point de
vue militaire. Le seul chemin par lequel puisse passer
une armée venant de Perse et allant vers Bagdad, ou
inversement, est celui qui traverse la chaîne kurdo-
loure du Zagros et longe à quelque distance la rivière
Diyala.

Pendant que les Anglais luttaient pour atteindre Bagdad, les Russes, sur le plateau persan, ne demeuraient
pas inactifs. Ils balayaient la plaine iranienne des
Turcs et des nomades Kurdes et Bakthyaris, qu'ils refoulèrent peu à peu dans leurs montagnes. Hamadan, Sulthanâbâd, Kachân, Néhâwend, Kenghâver, tombèrent
en leur pouvoir et atteignant Kirmanchah, pour gagner
le col du Zagros et la Mésopotamie, les soldats du
Tsar ont enfin tendu la main aux troupes anglaises
du Tigre.

Cette route Hamadan-Bagdad, qui est peu connue,
mérite cependant qu'on parle d'elle; car elle est appelée
à jouer un rôle extrêmement important dans les opérations militaires qui se développent sur le front turco-
persan. C'est par elle que sont passées, jadis, la plupart
des armées achéménides se rendant d'Ecbatane à Babylone, de celles des Parthes et des Sassanides allant se
concentrer à Ctésiphon, sur l'Euphrate, ou dans le
Sindjar; c'est par elle aussi que les Arabes vainqueurs de
Yezdedjerd IV, dans les plaines de Kerbalah, ont pé-
nétré, par une marche foudroyante, sur le plateau
persan, et sont allés anéantir sous les murs de Néhâwend l'armée en formation du dernier des souverains
Sassanides, assurant ainsi la conquête de la Perse
entière par l'étendard du Prophète.

Partant de Hamadan (altitude : 1.960 mètres), cette
route passe, au col d'Assadâbâd, sur la ligne de partage des eaux entre le plateau iranien et le versant
du Golfe Persique. Ce point (altitude : 2.380 mètres) est
entre les mains des Russes, de même que Kenghâver
(altitude : 1.560 mètres), bourg où l'on voit les ruines
d'un grand monument parthe, de même que Bisoutoun
(Baghistana, Béhistoun, altitude : 1.360 mètres), célèbre par sa stèle de Darius Ier, d'où nos alliés ont
chassé l'ennemi. La route gagne ensuite Kirmanchah

(altitude : 1.470 mètres) près des ruines sassanides de Tagh-i-Bostân (la voûte des Jardins), traverse la vallée de Mahidécht, large et boueuse, passe par Harounâbâd (altitude : 1.300 mètres) et Kérind (altitude : 1.545 mètres) dans une étroite vallée, et atteint le hameau de Sorkhadizeh (altitude : 1.895 mètres), petit village kurde situé dans le col même, au pied méridional du Zagros (Délahô-Kouh), dont la cime presque toujours neigeuse dépasse 4.000 mètres de hauteur.

C'est alors, à partir de Sorkhadizeh, que commence la descente vers la Mésopotamie et, dans cette descente en lacets, très rapide, on retrouve partout les traces des grands travaux effectués jadis par les Achéménides et leurs successeurs, pour aménager la voie et permettre le passage des chars. Vers le milieu de la descente est un Arc sassanide (Tagh-é-Ghirra) et, en quelques heures de cheval, on est au village d'Aligherda (altitude : 700 mètres) et à Ser-i-Poul (altitude : 610 mètres), l'antique Khalman, au milieu des plantations de dattiers, parmi les ruines de toutes les époques. Cette descente d'environ 1.300 mètres se fait aisément, bien que le régime musulman eût laissé tomber en ruines les grands travaux de ses devanciers.

Les vallées par lesquelles passe cette route depuis Hamadan, jusqu'au pied des montagnes, tiennent lieu de frontière entre les Kurdes, au nord, et les Lours, au sud; et les Iraniens descendent, dans la direction de Bagdad, jusqu'au bourg de Qasr-é-Chirin (altitude : 515 mètres), célèbre par les ruines du vaste palais de Khosroès II. Là est la limite de l'Empire du Chah, vers la Turquie.

Depuis Hamadan, jusqu'au pied des pentes du Zagros, à Qasr-é-Chirin, on compte de douze à quinze grandes étapes de caravanes et, de la frontière persane à Badgad, cinq jours par Khanéghin, Kizil-Robât, Chérâban et Babouka. Pour les Russes, la tâche était très ardue de Kenghâver à Sorkhadizeh, parce que dans ce pays montagneux les vallées sont étroites, encaissées entre de hautes falaises, d'où une poignée d'hommes peut, sans courir de dangers, tenir en échec une armée tout entière et lui infliger de sérieuses pertes. Il faut se souvenir que dans tous ces districts la population de race kurde fait cause commune avec nos ennemis. L'occupation du col de Sorkhadizeh était cependant de première importance, et nos alliés n'ont pas hésité à faire les sacrifices nécessaires pour s'emparer de ce point de premier ordre.

Sorkhadizeh et les hauteurs qui l'avoisinent commandent toute la plaine de Ser-i-poul et de Qasr-é-Chirin qui, elle-même, se trouverait sous le feu de pièces lourdes mises en batterie dans la montagne : mais le transport d'un matériel pesant n'est pas chose facile dans ce pays, où tous les anciens chemins sont aujourd'hui devenus peu à peu de mauvais sentiers muletiers.

Dans les projets allemands d'organisation de l'Asie Antérieure, le col du Zagros était appelé à jouer un grand rôle; c'est par là que devait passer la voie ferrée reliant Bagdad à Téhéran, avec embranchement vers Kenghâver sur Sulthanâbâd, Ispahan, Chirâz et Kirman. Ces deux lignes étaient destinées à drainer tout le commerce persan au profit de l'Allemagne, et à mettre l'Empire du Chah sous la dépendance militaire de la Turquie. Mais le château de cartes s'est écroulé sur les bords de la Marne et, depuis, les Russes et les Anglais se sont rejoints au nord de Bagdad.

Il reste encore à nos alliés une très lourde tâche à remplir. Pour les Anglais, comme pour les Russes, les difficultés sont grandes, car la nature favorise leurs ennemis. Cependant les obstacles ne sont pas insurmontables, et l'avance vers Mossoul se fait sûrement. Un jour l'on verra tous ces nomades qui causent aujourd'hui encore tant de soucis à nos alliés combattre pour délivrer leur pays des troupes et des fonctionnaires du Sultan.

Si j'ai plus longuement parlé de la Chaldée et de la Mésopotamie que des autres provinces de l'Empire ottoman, c'est que ces régions, fort peu connues, présentent des caractères tout spéciaux, très différents de ceux qu'on rencontre dans nos pays. On les peut rapprocher du Sud tunisien ou du versant méridional de l'Atlas; mais cette simple comparaison n'eût guère renseigné le lecteur, car bien peu de gens chez nous connaissent le « Bled ».

Le nord de la Turquie d'Asie est un pays montagneux, coupé de grandes vallées, riches et fertiles, parfois aride et rocheux, mais, la plupart du temps, couvert de pâturages et de terres arables. C'est le cas de l'Arménie Majeure. Ailleurs, dans le Taurus, au Kurdistan, dans le Lazistan, s'étendent de vastes forêts inexploitées et inexploitables dans l'état actuel des routes, dévastées trop souvent par les nomades, et dont jamais le Gouvernement ottoman ne s'est préoccupé. L'aménagement des eaux aussi bien en Mésopotamie et en Chaldée que dans le nord de la Turquie, l'établissement de voies de communication permettront rapidement l'essor de l'agriculture, car les terres fertiles sont vraiment en quantité disproportionnée avec le nombre des habitants.

Quant aux richesses minérales de ces vastes pays, elles sont immenses, et, pour la plupart, inconnues; j'ai cité les gisements pétrolifères de la Mésopotamie, les bitumes de Hît, et je ne m'étendrai pas sur la constitution géologique de la cuvette chaldéenne qui permet d'espérer que sur bien des points encore de sa bordure on rencontrera des combustibles liquides. Quant à la houille, elle existe sur les côtes d'Anatolie et ne semble pas devoir se montrer en abondance sur d'autres points. D'ailleurs, il est à remarquer que les pays méditerranéens, l'Asie Antérieure, l'Arabie et l'orient de l'Afrique, ne sont pas favorisés au point de vue du charbon de terre.

7 janvier 1916 (1).

La houille qui, dans notre siècle, est devenue le grand facteur de la vitalité des peuples, qui est aussi nécessaire à l'État que le pain l'est à l'homme, n'a pas été répartie

---

(1) *L'Éclair* de Montpellier.

par la nature entre les divers pays d'une manière équitable. Certaines régions, comme l'Angleterre, la Belgique, la France et l'Allemagne, en sont fort riches; mais d'autres, comme la Hollande, le Danemark, la Suède et la Norvège, pour le nord, l'Italie, la Grèce, l'Égypte, la Syrie pour le sud, n'en possèdent pas la moindre trace et, de ce fait, deviennent tributaires de l'étranger. Sans houille, pas de navigation possible, pas d'industrie, pas de chemins de fer. Il s'ensuit que l'un des éléments principaux de la guerre moderne réside dans les facilités plus ou moins grandes que possède un pays de se ravitailler en combustible.

Les grands États actuellement en guerre, sauf l'Italie, sont tous pourvus de houille, et, de ce fait, sont, à ce point de vue, sur pied d'égalité; mais en ce qui regarde les puissances balkaniques, les conditions sont tout autres. Bulgares et Serbes sont privés de charbon de terre et doivent le remplacer par le bois. La Roumanie substitué à la houille le pétrole qui abonde chez elle. La Turquie disposait des mines d'Éréklé, sur la côte d'Anatolie, exploitées par une société française; mais, aujourd'hui, ces houillères, dont les transports ne se peuvent faire que par mer, sont surveillées par l'escadre russe de la la Mer Noire, et leur charbon n'arrive plus à Constantinople. Quant à la Grèce, elle ne dispose ni de combustible minéral ni de bois en quantité suffisante : elle est donc fort mal prise à ce point de vue.

En ce qui concerne l'Italie, notre alliée, l'Angleterre et la France ont fait en sorte qu'elle ne souffre pas de sa pénurie naturelle de combustible minéral, et ce n'était que juste et bien compris. Ce ne sont donc que les États balkaniques et la Turquie que nous pouvons tenir par le charbon. Mais, aujourd'hui que la voie est libre entre Berlin et Constantinople, c'est de Silésie qu'on alimente les Turcs et les Bulgares. Les houillères d'Autriche envoient aussi leurs produits. Du jour où les communications seront coupées, nous deviendrons maîtres absolus.

Pour nous, privés de la plus grande partie de nos bassins miniers du Nord, nous sommes obligés de demander à l'étranger ce qui nous manque, car nos mines du Centre ne suffisent pas à la consommation.

30 mai 1916 (1).

D'après des informations personnelles, dignes d'une absolue confiance, qui me sont parvenues au sujet de la quantité de combustible minéral dont a disposé le Gouvernement ottoman depuis le 1er janvier jusqu'au 15 mars 1916, ces chiffres ne permettant aucun doute, je suis porté à penser que les Turcs sont, en ce moment, fort gênés pour continuer leur effort contre les armées de l'Entente.

Du 1er janvier au 15 mars, soit pendant une période de soixante-quinze jours, les mines d'Héraclée, les seules qui soient exploitées en Turquie, ont extrait 39.000 tonnes de houille, soit 520 tonnes par jour. Or, la flotte russe de la Mer Noire, faisant bonne garde, une bonne partie de ce charbon est allée au fond du domaine d'Amphitrite, et il n'est pas exagéré d'estimer à 400 tonnes seulement, par jour, la quantité de combustible indigène qui a pu atteindre la Corne d'Or.

D'autre part, il est peu probable que les chemins de fer communiquant avec les Empires centraux aient été à même de transporter à Constantinople une quantité appréciable de charbon. Il apparaît donc, tout compte fait, que la Turquie n'a pu disposer, journellement, que de 500 tonnes de houille, au maximum, du 1er janvier au 15 mars, et qu'aujourd'hui encore elle se trouve certainement dans les mêmes conditions. C'est donc avec 500 tonnes de combustible qu'il lui faut alimenter ses chemins de fer, ses vaisseaux de guerre, transports et autres bateaux faisant le service des approvisionnements civils et militaires, qu'elle doit faire face aux besoins de la population et entretenir sa fabrication de projectiles. On conçoit sans peine qu'elle soit à court dans chacun de ses services, qu'elle y regarde à deux fois avant de mettre en route un train ou un vaisseau. Un seul de ses croiseurs dévore, en vingt-quatre heures, plus de charbon que ne produit Héraclée en un jour.

Quant à la fabrication des munitions, il est évident que, dans ces conditions, elle ne peut être que très

---

(1) *L'Éclair*, de Montpellier.

réduite, si même elle n'est pas nulle. C'est donc de l'Europe Centrale que parviennent à Stamboul tous les approvisionnements de l'armée ottomane en munitions et matériel de guerre. Les trains reprennent ensuite le chemin de l'Autriche et de l'Allemagne, chargés du peu de vivres que les agents prussiens ont pu récolter chez le Sultan, et de toutes les casseroles de cuivre qu'on réquisitionne aujourd'hui avec fureur dans les provinces asiatiques de l'Empire.

27 décembre 1915 (1).

L'un des grands avantages que l'Allemagne trouve dans le rétablissement des communications entre Berlin et Constantinople est l'ouverture de vastes réservoirs de cuivre, métal qui, par suite du blocus, lui fait en ce moment défaut. Ce n'est pas que la Turquie soit un pays grand producteur de cuivre, bien loin de là. De tous les riches gisements, quelques-uns seulement sont exploités, fort mal d'ailleurs; mais la Turquie, comme la Perse, comme toute l'Asie Antérieure est un grand consommateur de cuivre. On trouve ce métal jusque dans les maisons les plus humbles, en grande abondance, sous forme de casseroles, d'aiguières, de plateaux, de plats, de cruches pour puiser l'eau, de samovars, de narghilehs, d'ustensiles de toutes les formes et de toutes les espèces. Qui n'a vu les beaux cuivres ciselés de la Syrie, de l'Égypte, de la Perse, exposés au Musée du Louvre?

Les peuples asiatiques, qui pour beaucoup sont encore nomades, ont conservé le goût des ustensiles métalliques, parce que cette sorte de vaisselle ne souffre pas du transport à dos de bêtes, et c'est par milliers de tonnes que le cuivre existe dans la Turquie d'Asie. Les agents du Kaiser feront bien certainement une récolte de cuivre très abondante chez leurs amis les Osmanlis, et les samovars, les narghilehs, les plateaux à café, qui avaient tant de couleur locale, viendront chez nous sous forme de tête d'obus, alors que l'industrie allemande trouvera

---

(1) *L'Éclair* de Montpellier.

un immense débouché pour ses tôles émaillées. Voilà encore un aspect artistique de l'Orient qui va disparaître.

Une autre ressource non moins importante serait l'or, si l'or était saisissable, mais cette ressource-là, il est fort à croire qu'elle ne tombera pas aux mains des Allemands. En effet, malgré l'émission des billets de banque de l'État, qui d'ailleurs ont fait depuis longtemps fiasco, l'or seul représente une valeur en Turquie. Il est entre les mains de tout le monde, et chacun le cache, l'enterre, surtout dans les campagnes, où le paysan ne se sent jamais à l'abri des vexations fiscales et des exigences du fameux « bakchich ».

Aux temps de la domination romaine sur l'Asie aujourd'hui turque, l'or est devenu le seul métal de valeur dans cette région, alors que l'argent est resté celui de la Perse, de l'Afghanistan, de l'Inde et de tout l'Extrême-Orient depuis l'époque des Achéménides. Chaque famille en Turquie possède, comme aux temps byzantins, sa réserve d'or, plus ou moins importante, qui parfois provient de générations déjà fort anciennes. Les espèces les plus estimées sont le « napoléon » et la « livre turque », et souvent il m'est arrivé de recevoir des sommes importantes en doubles louis neufs de Napoléon Ier et de Louis XVIII; ces pièces avaient dormi pendant un siècle, résisté à toutes les ruses des pachas et des effendis, si féconds en habileté pour s'emparer du bien d'autrui.

Le paysan oriental enterre son petit trésor, afin que personne ne le puisse saisir chez lui; mais il arrive souvent que l'heureux détenteur de cette richesse disparaisse sans laisser d'indications à ses héritiers; c'est alors autant de perdu. Quant aux billets de banque, que les Persans désignent sous le nom prédestiné d' « eskinas » (assignat), ils n'inspirent confiance à personne, et il en est de même pour le système du dépôt dans les banques en usage seulement chez les gens européanisés.

Bien habile sera celui qui fera sortir de ses cachettes le stock d'or de la Turquie. On peut prendre les hommes, mais l'or..., non.

Cependant, le cuivre et l'or existent à l'état naturel

dans l'Empire ottoman. Tout le monde connaît de nom le Pactole qui, descendant des montagnes de l'Asie Mineure, roule de l'or dans ses sables; mais personne, semble-t-il, n'a jamais cherché les quartz aurifères dont ces alluvions ne sont que les débris, et personne, non plus, n'a songé aux sédiments arénacés laissés au fond de la cuvette, après le creusement de la vallée du Pactole. D'ailleurs, ce torrent n'est pas le seul à rouler de l'or : le Tchorok, tous les ruisseaux du Lazistan sont dignes de l'attention des émules de Jason.

Quant au cuivre, il abonde au sud et à l'est de Trébizonde dans tout le Taurus, de même que le plomb argentifère, les minerais de fer, de zinc; seul l'étain semble faire défaut dans l'Asie Antérieure; car depuis la plus haute antiquité celui qu'on emploie dans ces régions provient de l'Extrême-Orient. Au Moyen Age, son marché principal était à Alep, c'est de là que lui est venu son nom arabe « halébi » (métal d'Alep) alors que les Turcs le nomment « qal'aï », mot originaire de l'Asie touranienne. La Turquie est un pays privilégié au point de vue des mines et, si ces richesses n'ont pas attiré les capitaux européens, c'est que les Ottomans n'avaient qu'un seul but : exploiter les malheureux qui, tentés par l'importance des affaires possibles dans ce pays, avaient l'imprudence d'y porter leur argent. Peu importe aux Turcs que les trésors naturels demeurent enfouis, peu leur chaut que, dans leur sol même, se trouvent les matières premières nécessaires à l'État; la grande préoccupation de ces imprévoyants est et a toujours été de s'emparer de l'argent des Occidentaux. D'ailleurs, cette conception des affaires n'était pas spéciale à la Turquie. L'Administration impériale russe n'avait rien à envier aux Ottomans sous ce rapport. Il faut espérer que le nouveau régime améliorera cette situation.

Je manquerais à tous mes devoirs si, avant de terminer ce bref aperçu des richesses matérielles de la Turquie, je ne disais quelques mots des trésors scientifiques qu'elle détient.

10 mars 1916 (1).

Parmi les nombreux intérêts que la France avait en Turquie avant la guerre, il en est un sur lequel le public n'est guère renseigné et qui n'est pour ainsi dire connu que du monde savant : je parle des recherches archéologiques en territoire ottoman.

Par suite de la prise de Constantinople par Mahomet II en 1453, toute la partie orientale de l'Empire romain est tombée entre les mains des Ottomans. La Grèce et ses îles, l'Égypte, la Tripolitaine, si riches en souvenirs de l'antiquité, ont peu à peu échappé aux mains des barbares; mais, en 1914, toutes les sources, ou peu s'en faut, de l'histoire orientale étaient encore au pouvoir des Osmanlis.

La Phénicie (Syrie), la Cappadoce, la Phrygie, la Troade (Asie Mineure), la Chaldée, l'Assyrie, le royaume de Van (Ourarthou), la Palestine, font encore partie de l'Empire du Sultan; et c'est dans ces pays seulement qu'on est à même de retrouver les pages oubliées de l'histoire la plus ancienne du monde.

Après la guerre de Crimée, la France et l'Angleterre ont obtenu du Sultan le droit de fouilles à Ninive, et l'on peut voir, au Louvre et au Musée britannique, les merveilles rapportées par les expéditions de Place, de Botta et de Layard. Ces richesses sont venues orner l'ancien palais de nos rois. Mais en même temps qu'elles ouvraient de vastes horizons scientifiques, elles éveillaient chez les Turcs la pensée de tirer parti de l'enthousiasme des Européens pour les choses de l'antiquité. Des règlements draconiens furent établis, réservant à la Turquie tous les produits des recherches et imposant aux archéologues des obligations très onéreuses et mille ennuis. En sorte que les travaux archéologiques furent, pour ainsi dire, prohibés dans l'Empire ottoman, alors

____

(1) *L'Éclair* de Montpellier.

que les Turcs eux-mêmes ne faisaient rien pour développer chez eux des fouilles qui ne présentaient pas
d'intérêt à leurs yeux.

Malgré ces obstacles, Schliemann, Allemand naturalisé
Grec, explora le site d'Hissarlik (Troie?) où dernièrement ont tonné nos canons; de Sarzek fouilla en Chaldée, à Telloh; les Allemands, rêvant toujours du « kolossal », s'attaquèrent, sans succès d'ailleurs, aux ruines
de Babylone et, plus tard, avec plus de bonheur, au
téll de Kal'a-Tcherghat (El-Assar, première capitale des
Assyriens) et une mission américaine explora Niffer.

Tous les produits des découvertes n'allèrent pas, il
est vrai, à Stamboul. L'Empereur allemand réclama
les trouvailles de ses savants et le Louvre reçut bien
des choses de Telloh, grâce à la patience et à l'habileté
diplomatique de notre conservateur des antiquités orientales, M. L. Heuzey. Mais que de peines, que de démarches, que de voyages à Constantinople il lui fallut faire
pour obtenir quelques bribes des découvertes de Sarzek!

Que les Grecs, les Italiens, les vieux peuples tiennent
à honneur de conserver les souvenirs de leurs ancêtres,
cela se conçoit, on trouverait même fort singulier qu'il
en fût autrement, mais les Turcs! Ces intrus que rien ne
relie au passé du pays que les hasards des guerres ont mis
sous leur dépendance, qui en qualité de musulmans
méprisent profondément tout ce qui est antérieur à leur
prophète, c'est tout autre affaire. Il faut dire que l'enthousiasme scientifique est chose aisément exploitable;
et, dans ce pays où l'on ne perd de vue aucune occasion
de rançonner l'Européen, il allait de soi qu'on tirât
parti de la curiosité scientifique de l'étranger.

Un musée s'est fondé à Constantinople, et ses galeries
se sont remplies d'objets ravis à leurs inventeurs ou saisis
par la police. Il y a d'ailleurs là de fort belles choses. Ce
musée est le centre de cette administration des antiquités, qui ne vit que des tracasseries qu'elle impose aussi
bien à la population de la Turquie qu'aux savants européens. Et cette administration, fondée par un charmant
homme, ancien élève de notre école des Beaux-Arts,
Hamdi bey, est aujourd'hui entre les mains d'un Turc
non moins aimable et non moins civilisé, Halil bey, frère
d'Hamdi bey. Certes, on ne peut adresser de reproches

aux deux directeurs. Toujours ils se sont montrés extrêmement obligeants. C'est le règlement qui est le grand
coupable; c'est lui qui a empêché la science d'avancer
par des travaux méthodiques de recherches. Mais il
convient d'ajouter que c'est Hamdi bey, lui-même, qui
a rédigé les règlements, afin d'être à même de se retran-
cher derrière cette muraille tout en déplorant qu'elle
existât.

Les Anglais sont en Chaldée. Que tous les dieux du
panthéon babylonien s'assemblent pour les maintenir
dans cette plaine si fertile en souvenirs historiques.
Fasse le ciel que nous ayons la Phénicie, et que les autres
parties de l'Empire ottoman tombent en des mains
intelligentes, et l'on verra sortir de terre une nouvelle
histoire de l'Orient.

Infiniment plus libéraux que les Turcs, les Persans, des
Aryens d'ailleurs, ont ouvert leur Empire aux recherches
scientifiques de la France. Qu'on aille au Louvre et l'on
verra ce que peuvent produire en quinze ans des fouilles
méthodiques dans le vieux monde oriental. Et, encore,
ne disposais-je pas des moyens d'action qui m'étaient
nécessaires, qu'on m'avait formellement promis, mais
que notre administration, au mépris de sa propre parole,
n'a jamais voulu me donner. Si je n'avais point été
entravé par mille difficultés, par la mauvaise volonté,
et, je dirai plus, la mauvaise foi de nos bureaux, ce n'est
pas deux ou trois salles de Perse que nous aurions au
Louvre; mais dix, et chacun de nos grands musées de
province serait largement doté. D'autres États ou
d'autres bureaux auront à l'avenir, il le faut espérer,
une compréhension plus juste des intérêts scientifiques
dont ils sont les dépositaires.

Ainsi la guerre actuelle aura, comme conséquence
inattendue, l'ouverture du champ le plus vaste qu'il soit
d'investigations historiques. Hélas! que n'ai-je vingt
années de moins !

III

L'ALLEMAGNE ET LA TURQUIE

10 février 1916 (1).

L'assassinat du prince Yussuf-ed-Din, qui, peut-être,
sera suivi d'autres meurtres encore, n'a été qu'un incident de ce drame qui se déroule en Turquie depuis bien
des années, drame combiné par Guillaume II et dans
lequel il joue le rôle de souffleur très vigilant.

Abdul-Hamid, grand ami de l'Empereur allemand,
en apparence du moins, était un profond politique, un
diplomate de premier ordre, sans scrupules, il est vrai,
mais d'une valeur incontestable. Il suivait à sa manière
les traditions de la Porte ottomane, et Guillaume II,
connaissant la duplicité de son ami du Bosphore, ayant
eu l'occasion, en bien des circonstances, d'étudier la
force morale de cet homme, n'avait pas en lui cette confiance que réclamaient ses grands projets d'hégémonie
mondiale. Il lui fallait des instruments plus dociles pour
faire de la Turquie le centre de cette influence musulmane sur laquelle il fondait les plus grandes espérances,
qu'il préparait de longue main. C'est dans les Jeunes-
Turcs qu'il trouva les acteurs dont il avait besoin, dans
ces intrigants de bas étage, bons à toutes les besognes
pour de l'argent, et la perte d'Abdul-Hamid fut décidée.
L'or allemand fit la révolution, et le peuple ottoman,
accoutumé à l'obéissance irréfléchie, s'inclina devant le
nouveau pouvoir, comme il se prosternait devant Abdul-Hamid, comme il eût obéi au prince Yussuf-ed-Din,

____

(1) *L'Éclair* de Montpellier.

s'il était devenu son maître. Une minorité infime, une poignée d'aventuriers avait dès lors la haute main sur le chef suprême des croyants : c'était là ce qui importait à Guillaume II, grand exploiteur des utopies sociales hors de son Empire.

La religion musulmane porte en elle-même le germe de tous les vices dont Guillaume II avait besoin pour mener à bien sa vaste entreprise. Elle commande la haine pour tout ce qui n'est pas musulman, le massacre des infidèles, la guerre sainte contre les peuples qui ne croient pas en Allah; et les Jeunes-Turcs n'ont pas eu grand effort à faire pour rappeler le peuple, devenu superficiellement doux et tolérant, aux barbaries que lui commandent sa religion et plus encore ses instincts traditionnels. On développa avec habileté les colères contre les Arméniens, protégés des puissances hostiles à l'Allemagne, on fit couler des flots de sang pour retremper la cruauté des masses, on s'empara de tous les postes importants dans l'administration et l'armée, et Guillaume II, dont les sentiments religieux sont d'une souplesse extrême, fit courir en Turquie et ailleurs le bruit qu'il s'était fait mahométan. On ne voit pas très bien quel lien peut exister entre Odin et Allah; mais peu importe, la question capitale était d'obtenir le concours du chef des croyants.

Pour l'Empereur allemand, la défaite successive de la France et de la Russie ne faisait aucun doute. Dans son esprit, l'Angleterre demeurait neutre et l'Italie franchissait les Alpes. Il s'emparait de nos colonies musulmanes. C'est alors seulement que devait intervenir le sultan de Constantinople, en déclarant la guerre sainte, afin de soulever tout le sud de la Russie et la Sibérie. La Perse se joignait à ce grand mouvement, et, après l'organisation de ses nouveaux États, après une nouvelle préparation militaire intense, Guillaume II s'en prenait à l'Angleterre, la plus grande ennemie de son commerce et de son industrie. Il l'attaquait avec des flottes formidables, renforcées de celles prises à la Russie et à la France, aidées par celles des neutres contraints à marcher. Et pendant ce temps, les Turcs, soutenus par un million d'Allemands, reprenaient l'Égypte, marchaient sur les Indes et étendaient leur empire jusqu'aux rives du Gange. L'Italie latine, on ne s'en occuperait que pour l'affaiblir.

C'était là, sans contredit, un projet de très vaste envergure, dans lequel la Turquie avait à jouer un rôle de grande importance, et l'on s'explique fort bien pourquoi Guillaume II a fait tant de sacrifices sur le Bosphore ; mais, malheureusement pour lui, l'Allemand n'avait pas tout prévu, la bataille de la Marne, entre autres ; et un rouage venant à manquer dans cette grande machine, tout s'est arrêté. Le concours des Turcs est devenu une charge plutôt qu'un avantage, aucun peuple musulman n'a répondu à l'appel du Sultan, et le seul résultat de cette opération manquée est d'avoir indéfiniment étendu le front de combat que les Allemands doivent approvisionner en matériel, en munitions et, sinon partout en hommes, du moins en officiers. Au lieu de frapper des coups successifs, nos ennemis se voient aujourd'hui réduits à combattre partout à la fois, depuis Ypres jusqu'au Golfe Persique, et depuis Riga jusqu'à Ispahan. C'est là un effort qui ne saurait se prolonger très longtemps. Ils le savent bien.

Mais en Turquie, la lassitude est grande, et ce peuple, à qui l'on a montré la couleur du sang, ne souffrira pas indéfiniment son injuste sort. Le jour viendra où les cadavres des Allemands et des Jeunes-Turcs seront traînés au Bosphore et où les Turcs, revenus de leur hallucination, nous tendront des bras suppliants.

Pendant près de trente ans, je me suis trouvé en contact avec les Turcs (Tartares de Russie, Turkomans, Azerbaidjanis, Osmanlis) et je dois dire sincèrement que j'ai conservé de ces gens le meilleur souvenir. Ils se sont toujours montrés à moi comme hospitaliers, généreux, avenants, le plus souvent très fidèles et bons amis, pleins de qualités qui rendent leur commerce des plus agréables. Aussi aurais-je été stupéfait, le jour où les Osmanlis nous ont déclaré la guerre, si je n'avais su ce qui se passait à Constantinople depuis bien des années.

Ce peuple nous demandera l'aman ; mais il sera trop tard. Sa conduite à l'égard de ses bienfaiteurs, sa barbarie envers les chrétiens, son alliance avec le fléau de l'Europe, ne permettent pas qu'on lui laisse une existence politique. N'est-il pas d'usage d'enfermer les fous? Le Turc doit s'incliner devant ceux qu'il a injustement offensés. Et quand il sera soumis et désarmé, mis hors d'état de nuire, on verra revenir cet homme plein de qualités dont je parlais tout à l'heure.

Que restera-t-il alors de ces empires musulmans qui, il y a deux siècles, tenaient en échec toute l'Europe? Le dernier aura succombé, victime de sa propre duplicité, de sa cruauté, de l'inconséquence de sa conduite. Mahomet avait rêvé de mettre le monde entier sous le joug de son Allah. Songe d'un Oriental vaniteux, égoïste et barbare, qui ne pouvait, en aucun cas, être réalisé par une religion matérialiste, antiphilosophique. Gouverné, le musulman peut devenir meilleur; gouvernant, il est une perpétuelle menace pour la liberté des peuples.

La grande préoccupation de Guillaume II en Turquie était la construction du chemin de fer de Bagdad, dont l'existence jouait un si grand rôle dans ses ambitions d'hégémonie mondiale. Grâce aux concessions de terrains faites à la Compagnie par la Sublime-Porte, l'Allemagne devait trouver dans l'Asie Mineure, la Cilicie, la Cœlé-Syrie et la Mésopotamie, des champs merveilleux de colonisation, le trop-plein de sa population s'y déverserait et peu à peu ferait la conquête pacifique de l'Empire ottoman. C'était condamner la Turquie à la déchéance dans un avenir plus ou moins proche; mais l'Empereur teuton n'en était pas à cette trahison près de ses amitiés officielles. Pour l'instant, il faisait miroiter aux yeux des Turcs les avantages qu'ils devaient retirer de l'ouverture de cette ligne tant au point de vue commercial qu'à celui de la mobilisation des armées ottomanes. Flattés d'être les alliés d'un aussi grand prince, confiants dans les forces des Empires centraux, les Turcs hallucinés par leurs rancunes accordaient aux Allemands tout ce qu'ils demandaient. Von Sanders fut nommé généralissime des armées turques, des centaines d'officiers et de fonctionnaires se répandirent dans tout l'Empire, flattant les goûts barbares de leurs hôtes, en les encourageant dans cette œuvre abominable du massacre des chrétiens, crimes qui, par les soins de la Kultur, furent organisés méthodiquement. Cependant, les choses ne marchèrent pas suivant les désirs de Guillaume II en ce qui regardait le Bagdad-Bahn : les études furent longues et les travaux n'avancèrent que lentement, malgré les efforts des ingénieurs berlinois, parce que le tracé rencontrait de réelles difficultés, et par suite aussi de ce qu'il fallait faire venir d'Allemagne tout le matériel nécessaire. De plus, de sérieux obstacles diplomatiques se dressaient au sujet du terminus de ce chemin de fer, sur la côte du Golfe Persique.

1er janvier 1916 (1).

Très jalouse à juste titre de ses intérêts dans le Golfe Persique, l'Angleterre se trouvait être, dans ces pays, en lutte avec l'Allemagne, depuis que cette puissance avait lancé sa grande affaire du chemin de fer Constantinople-Bagdad. Elle voyait, non sans raison, dans ce projet un coup droit porté à son commerce, à son industrie et à son influence dans cette annexe de l'Empire des Indes qu'est le golfe.

C'est en 1900 que les visées de l'Allemagne ont pris corps. J'étais alors à Bagdad. Il semblait à ce moment qu'il y eût entente entre l'Angleterre, la France et les Allemands au sujet de cette vaste entreprise et, sur l'ordre qui m'en avait été donné par notre ambassadeur auprès du Sultan, je me suis, bien à contre-cœur, mis à la disposition des ingénieurs allemands, les faisant bénéficier de ma connaissance approfondie du pays, estimant que le premier devoir de celui qui veut servir

____

(1) *L'Éclair* de Montpellier.

son pays est d'obéir aveuglément aux ordres qui lui sont donnés par ceux qui ont qualité pour cela.

De Bagdad à la mer, le tracé du chemin de fer présentait de réelles difficultés. Tout d'abord, au sortir de la ville des khalifes, est une vaste plaine, inondée, lors des grandes crues, par les eaux de l'Euphrate qui, je l'ai déjà dit, quittant leur lit en aval de Féloudja, vont rejoindre le lit du Tigre, dont le niveau est à quatre mètres environ en contre-bas. Il fallait construire là un pont de 12 à 15 kilomètres de longueur pour le moins. Ensuite se présentait l'obstacle de l'Euphrate lui-même, fleuve très large, à niveau très variable, coulant dans un sol d'alluvions très fines, boueuses, défavorable aux fondations d'un grand viaduc.

L'Euphrate passé, la voie gagnait Kerbalah et Nédjef, centres religieux très importants des Chiites, qu'il fallait desservir. Puis la ligne gagnait les terrains plus solides de la droite du fleuve, conglomérats marins d'origine récente, causés par l'élévation lente de toute la côte du golfe antérieurement à l'époque historique, mais qui semble s'être arrêtée, pour le moins ralentie depuis.

La question la plus difficile à résoudre dans le tracé du « Bagdad » était celle du choix d'une tête de ligne. En fait, c'est Fao à l'embouchure du Chatt-el-Arab qui eût été le meilleur terminus; mais ni Fao ni Bassorah n'étaient abordables par une voie ferrée, parce que, depuis la hauteur de Kornah (confluent du Tigre et de l'Euphrate) jusqu'à la mer, de larges marais sans fond pratique longent la rive droite du fleuve, et que chercher à les traverser au moyen de terrassements ou de viaducs eût été entreprendre le travail de Pénélope ou mieux celui des Danaïdes. Il ne restait donc qu'une seule solution, celle de suivre le pied des collines arabiques pour gagner Koweït, petite ville arabe munie d'une bonne rade, située au sud-ouest de l'embouchure du Chatt-el-Arab. Sous Alexandre le Grand, il y avait dans ces parages un port, celui de Térédon, qui rendit de grands services au commerce des Séleucides.

A partir de Bagdad, un autre tracé pouvait être adopté, celui de la rive gauche du Tigre. Ce projet offrait beaucoup d'avantages par suite de la nature géologique des pays qu'il traversait, passait par les ruines de Ctésiphon, par Amara, mais avait le grand défaut d'emprunter le territoire persan pour gagner El-Mohammérah et de là, en traversant le Kâroun, Bender-Dilem et Bender-Bouchir. Mais des engagements diplomatiques de la Perse s'opposaient à ce tracé, ou du moins le rendaient très difficile. Aussi les ingénieurs allemands, ne s'y arrêtant pas, décidèrent de choisir Koweit comme tête de ligne.

Au cours de ces conversations, j'étais fort surpris de voir combien le consul général à Bagdad de la Grande-Bretagne et celui de la Russie se montraient indifférents à l'égard de ce projet, qui semblait avoir l'approbation de leur Gouvernement; souvent je m'entretenais avec eux. Ils étaient donc, tout au moins par moi, très au courant des vues allemandes sur le tracé.

Un mois après, j'arrivais en Syrie par l'Euphrate et là j'apprenais que, par ordre du vice-roi des Indes, Koweit venait d'être occupé par les troupes britanniques. C'était la réponse aux projets allemands, la porte des Indes se trouvait ainsi fermée.

Les Turcs, poussés par l'Allemagne, firent observer à l'Angleterre que, nominalement du moins, Koweit se trouvait en territoire osmanli; mais, à Londres, on ne prit pas en considération ces prétentions. Un fait primait tout, celui que la Turquie avait prêté son concours à un projet allemand dirigé contre l'Empire des Indes. Le *British flag* est resté à Koweit et il es, fort probable que non seulement il n'en partira pas, mais qu'il flottera désormais sur toute la Basse-Chaldée, boulevard des grandes possessions anglaises de l'Orient.

Aujourd'hui, ce sont les Anglais qui sont à Bagdad et non les Allemands, et le grandiose projet de Guillaume II se tourne contre lui-même. Ce chemin de fer ne sera pas le Berlin-Bagdad, mais bien le Londres-Koweit. Peut-être même reprendra-t-on quelque jour l'idée allemande de construire un viaduc sur le Bosphore ou l'Hellespont. Ce sera vraiment « kolossal ».

2 novembre 1916 (1).

Il est très sérieusement question, depuis les débuts de la guerre, de percer, enfin, ce fameux tunnel sous la Manche, dont on parlait déjà quand j'étais encore sur les bancs de l'école, et de rendre directes les communications entre Londres et Paris. Depuis des années et des années, cette question est sur le tapis, et je me souviens d'avoir entendu, il y a plus de trente ans, une conférence de mon illustre maître et ami, A. de Lapparent, sur ce sujet. Le savant professeur avait étudié en grands détails le sous-sol du détroit, alors qu'il relevait cette partie de la carte géologique de la France. Certes, en tant qu'œuvre d'ingénieur, ce travail ne présente pas de grandes difficultés, il est même beaucoup plus facile que le creusement des galeries du Métropolitain sous le lit de la Seine, parce que, sous la mer, l'ingénieur est libre de choisir le niveau le plus favorable, alors que le chemin de fer souterrain de Paris doit se tenir, le plus possible, à peu de distance de la surface du sol.

Ce ne sont donc pas des raisons techniques qui ont empêché la réalisation de ce vaste projet, ce ne sont pas non plus des causes économiques ou stratégiques d'origine française; c'est d'Angleterre seulement que sont venus les obstacles. Notre voisine d'outre-mer possédait, par tradition, une confiance sans limites dans sa position insulaire, ainsi que dans la supériorité de ses flottes; et l'opinion publique, chez nos compagnons d'armes d'aujourd'hui, voyait dans ce tube de communication une grave menace pour la sécurité dont elle jouissait dans ses îles. Beaucoup d'hommes d'État anglais étaient pourtant favorables au tunnel; mais ils ne pouvaient aller à l'encontre des sentiments de la majorité de leurs compatriotes.

Aujourd'hui que Blériot a franchi la Manche en avion, que les monstrueux zeppelins et les douces colombes (*Tauben*) de l'Allemagne osent semer leurs souvenirs sur Londres et la plupart des comtés orientaux de la Grande-

____

(1) *L'Éclair* de Montpellier.

Bretagne, que les sous-marins de Guillaume II vont saluer les côtes de la vieille Angleterre et s'ébattent, comme des marsouins, jusqu'à l'embouchure de la Tamise, que les héroïques soldats du roi George luttent pour la vie de leur patrie sur le continent, le public anglais a compris, « mais un peu tard », combien ce fameux tunnel sous la Manche rendrait maintenant de services à la cause commune et comment, s'il jugeait un jour nécessaire pour sa sécurité de couper cette voie, il lui serait aisé de le faire en tournant un robinet. Vraiment, il doit bien rire de la pusillanimité de ses devanciers. Le chemin de fer direct entre Londres et Paris obtient donc aujourd'hui tous les suffrages des deux côtés de la Manche. Ce n'est certainement pas par ce tube souterrain que passera le cheval de Troie pour entrer dans la reine des mers, par Waterloo-Station.

Mais nos Parisiens ne voient, pour la plupart, dans ce percement, que les facilités qu'ils rencontreront pour se rendre en Angleterre, et bien des gens attendent avec impatience sa réalisation pour aller, sans crainte d'éprouver le mal de mer, les uns admirer les beautés de la grande cité de la Tamise, les autres assister à quelque attraction très vantée de l'Alhambra. Cependant, ce point de vue des communications rapides et faciles entre les deux capitales du monde n'est que le tout petit côté de la question, et bien certainement les hommes d'État londoniens ont déjà vu la liaison qui existe entre le tunnel sous la Manche et le fameux « Bagdad-Bahn » dont l'Allemagne comptait faire à son profit une artère mondiale, un instrument de maléfices contre Albion.

Le « Bagdad-Bahn » qui, somme toute, n'était qu'une réplique asiatique de la ligne anglaise d'Alexandrie au Cap, que la copie du chemin Moscou-Vladivostok, n'avait rien en lui-même d'original, hormis son but économique et politique malfaisant. Le train partait de Hambourg, passait par Berlin, Vienne, Sofia et arrivait à Stamboul. Là, de l'autre côté du Bosphore, il entrait en Asie à Scutari, traversait Konia, Alep, Mossoul, Bagdad, et enfin s'arrêtait au terminus de Bassorah, Koweit étant occupé par les Anglais. Peut-être même le Kaiser songeait-il à construire un pont sur le

Bosphore, non pas un pont de vulgaires bateaux, tel que celui sur lequel ce roitelet d'Orient, Xerxès, avait jadis franchi l'Hellespont; mais un viaduc « kolossal », digne de la Kultur allemande, énorme tube d'acier contenant pour le moins quatre voies ferrées et sous lequel les plus gros navires eussent été libres de manœuvrer à l'aise.

C'était une terrible menace pour l'Empire des Indes, et le canal de Suez étant devenu turco-allemand, l'Angleterre était dès lors obligée de faire, comme au dix-huitième siècle, le tour de l'Afrique pour communiquer avec ses possessions de l'Extrême-Orient.

Mais il se trouve qu'aujourd'hui cette colossale embûche tourne à l'avantage même de ceux contre lesquels elle était dressée. Le château de cartes s'est écroulé sur les bords de la Marne. Londres, Paris, Munich, Vienne, Belgrade, Sofia, Constantinople, Mossoul, Bagdad, Koweit jalonneront désormais la voie directe des relations entre la grande colonie indienne et sa métropole. Cependant ce tracé n'aura qu'un temps de faveur; car une voie terrestre sera construite un jour, passant par Mossoul (en Turquie), Zohâb, Kirmanchah, Ispahan, Chirâz, Kirman (en Perse), Kélât (au Béloutchistan) et Kouita (aux Indes Anglaises). Les Allemands ne pensaient pas si bien servir leur « plus terrible ennemie ».

Le trajet de Londres à Kouita sera, suivant ce tracé, de 7.000 ou 8.000 kilomètres, c'est-à-dire un peu moins long que celui de Pétrograd à Vladivostok. Constantinople se trouvera, à peu de chose près, au tiers de cette longue route et, par conséquent, en dix jours environ, le courrier d'Europe parviendra dans les capitales indiennes. Aujourd'hui, vingt jours pour le moins sont nécessaires pour le transport de la poste, via Ostende, Bâle, Saint-Gothard, Brindisi, Port-Saïd, ou Calais, Paris, Modane, Brindisi, puis par la « Peninsular and Oriental Company », depuis l'Égypte jusqu'à la reine de l'Oman. Quant aux relations télégraphiques, elles étaient avant la guerre de deux sortes : l'une par la France, les câbles méditerranéens et indiens, l'autre par le continent, par l' « Indo-European Telegraph » qui traversait toute l'Europe Centrale, la Russie, le Caucase, la Perse et venait aboutir au Golfe Persique.

Mais là ne s'arrêtera pas la construction des voies ferrées de l'Extrême-Orient. La charrette à feu, *Karéta Api*, comme disent les Malais, franchira le Gange, le Brahmapoutre et, par Mandalay, Hanoï et Canton, rejoindra la ligne de la Mandchourie, reliée au réseau sibérien, portant dans toute l'Asie Méridionale ce que nous sommes convenus, dans notre orgueil, d'appeler le « progrès ». Puis se construiront les lignes transversales, et l'on entendra des employés crier un jour : « Lhassa ! Lhassa ! trente minutes d'arrêt ! buffet ! »

Si je suis encore de ce monde, quand ce beau rêve sera réalisé, je ne prendrai certainement pas l'« Extrême-Orient express » pour aller revoir les sites que je visitais jadis à dos d'éléphant. L'expérience m'a d'ailleurs appris, à mes dépens, qu'il ne faut jamais retourner dans les pays qui vous ont laissé d'heureux souvenirs. Nos enfants admireront l'Asie vue à travers les glaces d'un sleeping, parce qu'ils ignoreront ce qu'elle était dans son charme réel. Ils trouveront superbes le Tadj-Mahal et la gare gothique de Bombay, les ruines d'Angkor débroussaillées, les Laotiens en complet marron.

Cependant, le Kaiser, bien qu'ayant perdu sur la Marne la grande partie, ne se tenait pas pour battu et poursuivait ses rêves d'antan. Vers le milieu de décembre 1915, la presse annonçait une « expédition allemande contre les Indes », nouvelle à sensation, très invraisemblable d'ailleurs pour ceux qui savent à quelles difficultés se heurterait une pareille tentative. J'écrivais donc à cette époque :

14 décembre 1915 (1).

Les journaux annoncent qu'il se prépare contre les Indes Anglaises une grande expédition de 400.000 Turcs et de 100.000 Allemands. On croit rêver quand on lit cette nouvelle ; et malgré l'acuité de la mégalomanie turco-boche, il n'est pas possible de la prendre au sérieux.

---

(1) *L'Éclair* de Montpellier.

En effet, privée de voies ferrées, voire même de routes carrossables, cette armée, après s'être péniblement concentrée sur le Tigre, à Mossoul par exemple, se trouverait en face de la grande muraille des montagnes kurdes, massif très élevé d'un accès très difficile, franchissable par de mauvais sentiers muletiers, en quelques passages seulement, menacée sur son flanc droit par les Anglais de Mésopotamie, et sur sa gauche par les Russes d'Arménie.

Pour franchir les montagnes kurdes (altitude 3.000 à 4.000 mètres), deux cols seuls sont accessibles, celui de Khoï (entre les mains des Russes), sur la route Trébizonde-Erzeroum-Tabriz-Téhéran, et celui de Khanéghin entre Bagdad et Kirmanchah. Chercher à traverser par le Kurdistan de Moukri ou de Sineh serait rééditer le passage des Alpes par Hannibal. Puis, parvenue sur le plateau persan, cette armée ne rencontrerait que deux voies pour marcher vers l'Indus. Celle du nord, Téhéran-Mesched-Kaboul, exposée aux coups des Russes, et celle du sud, Ispahan-Chirâz et le Béloutchistan, ayant sur son flanc droit la menace constante des Anglais, maîtres de la mer. Entre ces deux routes est le grand désert salé, infranchissable, même pour les caravanes.

En adoptant l'une ou l'autre de ces deux routes, une armée rencontrerait de telles difficultés naturelles, de telles solitudes arides, une telle pénurie d'eau, de ravitaillements et de moyens de transport, que la nature elle-même se chargerait de l'anéantir. Les Indes sont admirablement défendues par les déserts qui la bornent à l'ouest, et l'on ne doit guère être inquiet à Londres.

Le souvenir de l'expédition d'Alexandre le Grand hante certainement le cerveau de l'Empereur allemand; mais nous n'en sommes plus au temps où, affaiblie par une première défaite (Issus), l'armée de Darius Codoman était écrasée devant les montagnes kurdes (Arbèles, près de Mossoul) et livrait à une poignée d'hommes un empire riche et prospère. Aujourd'hui, le plateau iranien jusqu'à l'Indus est une région ruinée ou peu s'en faut.

C'est donc, suivant toute vraisemblance, ailleurs qu'aux Indes qu'il faut chercher le but poursuivi par le Kaiser, soit qu'il veuille tenter de chasser les troupes du Tsar de Van et d'Erzeroum, soit qu'il entre dans ses plans de refouler les Anglais jusqu'au Golfe Persique et de poursuivre la construction du fameux chemin de fer de Bagdad.

Ce grand projet teuton d'une expédition en Extrême-Orient n'a, d'ailleurs, pas eu de suites; il n'a même pas reçu un commencement d'exécution, ce qui, somme toute, est fort malheureux, car cette armée turco-boche aurait infailliblement fondu en route, sans même atteindre les frontières orientales de la Perse.

En février 1916, je reprenais dans les termes suivants la question de l'expédition des Indes.

4 février 1916 (1).

M. Ibañez de Ibero, dans son interview d'Enver pacha, publiée par l'*Écho de Paris* du 28 janvier, dit ce qui suit :

Nous (les Turcs) entreprendrons les expéditions contre l'Égypte et les Indes, non pas l'une après l'autre, mais simultanément. Pour l'expédition des Indes, une grande armée n'est pas nécessaire. Cent mille hommes suffiront. L'Afghanistan est actuellement un centre d'agitation contre les Anglais. Nous avons là des officiers ottomans qui entretiennent habilement ce mouvement. Ces déclarations du grand manitou de la Turquie méritent d'être examinées, non qu'elles présagent de sérieuses difficultés pour nos alliés, mais par la folie manifeste des hommes qui ont pu songer un instant à entreprendre une pareille campagne.

Nous avons vu que la concentration de cette « armée des Indes » ne peut s'effectuer que sur le Tigre, entre Mossoul et Bagdad, pays dont les communications avec Constantinople sont des plus précaires et que, avant même son entrée en campagne, cette armée serait menacée, sur son flanc gauche, par les troupes du Tsar, actuellement à Van, et sur son flanc droit, par l'armée an-

____

(1) *L'Éclair* de Montpellier.

glaise de Chaldée. N'insistons pas sur une concentration se produisant dans des conditions aussi défavorables. Supposons qu'elle soit parfaite.

Les troupes ottomanes, car il n'est plus question de contingents allemands, auront à pénétrer dans le plateau iranien, ce qui ne peut se faire que par le col du Zagros (Tagh-é-Ghirra), et d'ici là ce col sera certainement occupé par les Russes, d'où de très grandes difficultés à surmonter. Il leur faudra ensuite refouler les troupes du Tsar de Kirmanchah, Bisoutoun, Kenghâver, jusqu'au col d'Assadâbâd, près de Hamadan, prendre cette dernière ville, s'emparer de Téhéran et marcher sur Mesched, la voie du sud, par Kirman ou le Séistan, étant fermée par le grand désert salé, le désert de Lout et les montagnes arides du Béloutchistan.

Durant ce long trajet entre Tagh-é-Ghirra et Téhéran (vingt-cinq journées de caravane), les envahisseurs devront s'assurer de leurs communications d'arrière, en laissant des garnisons dans tous les points importants (Ser-i-poul, Tagh-é-Ghirra, Kérind, Mahidecht, Kirmanchah, Kenghâver, Assadâbâd, Hamadan, etc.). Ils seront constamment menacés sur leur flanc gauche par la Russie, et les communications avec leur base auront toutes les chances d'être coupées en vingt endroits.

Entre Téhéran et Mesched, les Turcs, que nous supposons toujours victorieux, se rapprochent très sensiblement de la mer Caspienne et de la frontière du Tsar. Ils rencontrent à Chah-Roud des contingents ennemis, venus par la mer et par Asterabad, puis à Mesched, position très importante, la garnison russe de Merw. Passons encore et faisons entrer les émules d'Alexandre le Grand dans l'Afghanistan. Là, ils se heurteront contre les Russes et les Anglais réunis; car malgré l'influence qu'ils pensent avoir, et les menées de leurs officiers, les Osmanlis ne détacheront pas l'émir de Kaboul de ses puissants voisins. Se déclarer contre eux serait de sa part renoncer à l'indépendance de son pays; or, ce petit potentat oriental ne tient pas à perdre sa couronne pour être agréable à des gens que, somme toute, il ne connaît pas, qui sont Sunnites, alors que son peuple est Chiite, comme ses voisins persans, nos platoniques amis.

Mais ne nous arrêtons pas à ces considérations d'ordre

diplomatique qui ne semblent pas émouvoir Enver pacha.

De Hérat, deux routes conduisent aux Indes, l'une par Kaboul, au nord, l'autre par Kandahar, au sud. Celle de Kaboul est la moins mauvaise (vingt jours environ de caravane), mais toutes deux traversent des pays montagneux affreusement difficiles et dépourvus de ravitaillements. Celle du sud est surtout désolante par le manque d'eau.

Enfin, voici l'Afghanistan traversé et les restes des cent mille Turcs en face de Petchawôr ou de Quita, places fortes anglaises, en avant de l'Indus, en communication par voie ferrée avec Hayderabad, Moultân et Lahore, devant des pays dont les soldats indigènes se battent pour les Alliés à Ypres, à Suez et à Salonique. Il est à penser que les Osmanlis n'obtiendront pas, par leur prestige seul, la révolte de ces districts dévoués à la cause de l'Angleterre.

Il ne me semble pas nécessaire de conclure. Cependant, je conseille fortement à S. M. Guillaume II et à S. Exc. Enver pacha de lire l'histoire, très intéressante d'ailleurs, qui nous a été laissée, sous le titre d'*Anabase*, par un certain Grec nommé Arrien (Flavius), ouvrage dont il existe de très bonnes traductions dans toutes les langues. Ils y verront qu'Alexandre le Grand n'est parvenu jusqu'aux Indes que parce qu'il n'a trouvé aucune résistance après la bataille d'Arbèles (exactement Gaugaméla), mais qu'il a perdu presque toute son armée dans cette promenade militaire. Il est toujours bon de s'instruire, même quand on est empereur ou dictateur.

On remarquera que l'armée d' « Extrême-Orient » devait être uniquement composée de troupes turques. Le Kaiser avait peut-être déjà lu Arrien !

Mais, en même temps qu'ils faisaient envoler ce canard d'une expédition contre les Indes, les Turco-Allemands préparaient une offensive contre le canal de Suez, projet moins fou, mais dont la réalisation n'était pas chose facile. Au mois de janvier 1916, l'ennemi était alors au milieu de ses préparatifs quand, des lettres venues d'Orient me confirmant ce qui se disait alors dans la presse, j'avertissais le public de l'insuccès certain de cette tentative des Turcs contre l'Égypte.

10 janvier 1916 (1).

Les Turco-Allemands songent très sérieusement, dit-on, à diriger contre le canal de Suez et l'Égypte un important corps d'armée; ceci n'a rien qui doive surprendre, car Guillaume II, dans toutes les questions relatives à l'Orient, s'inspire des conceptions de Bonaparte. Occuper le delta du Nil et le canal de Suez serait couper toutes communications directes entre nos empires coloniaux de l'Orient et la métropole. Aussi les Turco-Allemands déploient-ils une activité fébrile en Syrie et en Palestine, où ils concentrent les hommes et le matériel. Mais, en Égypte comme en Chaldée, ils se heurtent à de formidables moyens de défense, parce que le canal de Suez et le Chatt-el-Arab sont, pour l'Entente et surtout pour l'Angleterre, des points de première importance.

Par des voies ferrées nouvellement construites, l'armée turque s'avance vers l'Égypte. Il ne faudrait pas croire, toutefois, que cette progression en pays libre, non défendu, constitue un très grand danger pour le canal. Toute la région comprise entre la Syrie au nord, la Méditerranée à l'ouest, le massif du Sinaï à l'est et le canal de Suez, est couverte de sables mouvants, véritable océan dont les vagues se déplacent sans cesse, où l'on enfonce jusqu'à mi-jambe. Là, jadis, coulait la branche pélusiaque du Nil; là s'élevaient des villes qui servirent de base aux Pharaons dans leurs campagnes contre l'Asie. C'est à Péluse que se livra cette grande bataille qui donna l'Égypte au Perse Cambyse. Mais les temps sont changés, la branche du Nil s'est comblée, et tout ce désert ne renferme plus aujourd'hui une seule goutte d'eau. Les transports par chameaux y sont lents et fort ardus, et ce n'est pas une voie ferrée

____

(1) *L'Éclair* de Montpellier.

de fortune qui peut permettre l'approvisionnement de la nombreuse armée nécessaire pour attaquer les contingents anglo-égyptiens d'Égypte, bien fournis de tout, bien retranchés, disposant de la mer, du canal, des voies ferrées qui le suivent et le rattachent aux grands centres de la vallée du Nil, distants de quelques heures seulement.

Les montagnes du Sinaï ne peuvent offrir aux Turcs un point avantageux de concentration. L'eau s'y montre très rare et le pays est désertique. On trouve des puits à Aïn-Mouça (la source de Moïse) près de la baie de Suez, sous le canon des Anglais, et dans les montagnes, à deux journées de là, sont Wadi-Farhan, avec sa petite rivière, et le couvent du Sinaï, où jaillit du rocher la source à laquelle, jadis, dit-on, venaient s'abreuver les troupeaux de Jéthro.

Qu'est devenu, dans ce cataclysme, le fameux couvent orthodoxe du Sinaï? Ses richesses littéraires, ses trésors, ses belles mosaïques du temps de Justinien II, ses murailles sur lesquelles j'ai lu, en 1896 : Ce « mur a été réparé en l'an ... de la République, par ordre du général Bonaparte », et ce buisson ardent, arbrisseau d'or émaillé de l'époque byzantine? Peut-être ne reste-t-il plus rien de ce Louvain du désert ! En trois ou quatre coups de canon, le Turc aura détruit l'œuvre des siècles.

Quoi qu'il en soit, les Turco-Allemands ne peuvent trouver au Sinaï un point favorable pour une grande armée. C'est au nord, très loin, en Syrie, qu'ils doivent opérer leur concentration, et, malgré la création d'une voie ferrée de fortune, leur progression sera bien difficile.

La défense du canal se divise naturellement en deux secteurs séparés entre eux par les lacs amers, et, dans ces deux éléments du front, les déblais du canal constituent déjà une protection très efficace pour les batteries navales chargées de protéger les troupes de l'avant. Les ennemis auront à vaincre des obstacles inouïs pour amener de l'artillerie lourde jusqu'aux points utiles, alors que l'Angleterre dispose contre eux de pièces de marine en nombre illimité, ravitaillées en abondance et sans risques. Certainement, l'offensive des Turcs n'est pas chose négligeable, mais elle ressemble beaucoup à une folie. Une retraite précipitée de leur part devient

chose impossible. Si donc ils sont vaincus, ce qui semble
fort probable, ce sera un désastre sans nom. *Quos perdere
vult Jupiter dementat.*

Les Osmanlis ont évité le désastre que je prévoyais,
parce que, d'une part, ils étaient très peu nombreux, et
que, d'autre part, l'armée anglo-égyptienne ne jugea
pas prudent de les poursuivre dans les sables de Péluse;
mais, comme je l'annonçais par avance, ils ont échoué et,
faute d'approvisionnements, ont été obligés de se replier
sur la Palestine et la Syrie. A vrai dire, cette attaque
de l'Égypte était, comme l'expédition de l'Inde, une
invraisemblable expérience; mais il est à penser qu'à
Berlin on sentait, au moment où elle fut entreprise, le
besoin de publier une information sensationnelle. Le
nom seul du canal de Suez suffisait pour enthou-
siasmer les gogos des brasseries de la Sprée; aussi les
feuilles germaines publièrent-elles cette nouvelle en
grande manchette. Depuis, elles n'en parlèrent plus.
Les Anglais aujourd'hui sont devant Gaza, et les Turcs,
concentrés dans la Palestine et la Syrie, usent de leurs
loisirs pour mettre à sac ce beau pays qui, suivant
toute vraisemblance, doit nous appartenir un jour.

27 janvier 1916 (1).

L'ours n'est point encore mort; mais il mourra. Le
destin l'a condamné. Ce n'est donc pas bâtir un château
en Espagne que de parler un peu du partage de sa peau.
C'est à la France que doit revenir la Syrie. C'est chose
admise, acceptée par tous et surtout par les populations
de ce pays qui attendent nos trois couleurs, depuis
tant d'années, comme le bon Noé, du haut de l'Ararat,
attendait la colombe, emblème de la liberté. Tous les

----

(1) *L'Éclair* de Montpellier.

Syriens, Druses, Maronites et autres caressent la pensée d'être un jour Français. Il en est bien quelques-uns dont les ambitions vont jusqu'à réclamer l'autonomie politique de la Syrie; mais ces patriotes ne songent pas en formulant de semblables revendications au manque d'unité dans les mœurs, les origines et les religions des habitants de la Syrie. Grâce à nos religieux, ces gens sont de culture française, et là nous n'avons pas fait, comme en Égypte, la maladresse de renoncer, au profit de l'Autriche, à la protection des catholiques. Depuis les croisades, nous sommes attendus. Il me semble encore avoir dans les oreilles les expressions imagées et violentes dont se servit, un jour que je causais avec lui, notre ambassadeur à Constantinople, M. Constans, qui cependant n'était pas un clérical. Il fulminait d'indignation contre les instructions hostiles au clergé, données par le ministre de la Marine d'alors à ses amiraux en tournée d'Orient. En cette occasion, notre ambassadeur, abandonnant toutes les formes protocolaires, invoquait, si j'ai bon souvenir, le nom du Seigneur et se réclamait du mot de Gambetta : « L'anticléricalisme n'est pas un objet d'exportation. »

La Syrie, en effet, est foncièrement chrétienne, et dans la France elle voit la croix avant les trois couleurs qui, pour elle, en sont le symbole. C'est un pays superbe, jouissant d'un climat privilégié. Je devrais dire de climats privilégiés, car, suivant l'altitude, dans le Liban, l'Anti-Liban, on rencontre toutes les cultures. Les terres y sont d'une fertilité extrême, la population est laborieuse. C'est un paradis terrestre, et je serais fort surpris si, parmi nos gens d'affaires et nos politiciens, il n'en était pas qui eussent déjà jeté leur dévolu sur ce riche pays. Leurs devanciers ont trop bien réussi en Tunisie et au Maroc pour qu'ils ne se soient pas, dès aujourd'hui, préoccupés des fructueuses opérations que le sang répandu par nos soldats met à leur disposition dans ces futures colonies de la France.

Notre pays n'aura pas seulement la côte syrienne, mais aussi s'étendra dans l'intérieur, probablement jusqu'à l'Euphrate et au désert arabique. Au nord, ses possessions s'avanceront peut-être fort loin. Quant au sud, il serait souhaitable qu'elle eût la presqu'île du

Sinaï jusqu'à la rive septentrionale du canal de Suez; mais ne cherchons pas à pénétrer les secrets des dieux.

Jérusalem se trouvera donc englobé dans nos futures possessions, et c'est là point fort délicat; car les Lieux saints ne sont pas sacrés pour les catholiques seulement; les protestants et les orthodoxes, qui tous prétendent détenir la vérité mieux que nous, les réclament, et j'ai entendu, en Palestine, un consul d'une puissance amie tenir devant moi, à ce sujet, des propos qu'il eût mieux fait de garder pour lui. Il importera donc de ménager avec le plus grand soin les intérêts de chacune des confessions, de chacune des nations, comme on dit en Orient. C'est là question très délicate; mais la diplomatie saura bien certainement aplanir ces difficultés. Il suffira d'envoyer à Jérusalem un homme exempt de tout parti pris, un *fonctionnaire* esclave de sa consigne et non d'un parti politique, et de donner à l'administration des Lieux saints un caractère international. Chacun y trouvera son avantage.

Comme on le voit, le tam-tam allemand au sujet de la Turquie d'Asie n'a fait que du bruit. Aucune des expéditions annoncées à grand son de trompe n'a réussi, tant vers le Caucase que vers la Perse et vers l'Égypte, et nous allons voir dans le chapitre suivant comment les Turcs ont déjà perdu plus du tiers de leurs territoires asiatiques sans compter l'Arabie qui s'est déclarée indépendante et chasse les intrus du Hedjaz.

C'est encore là, pour Guillaume II, une bien pénible désillusion; car ce protecteur de l'Islam voit aujourd'hui tous les musulmans se dresser contre lui, combattre dans les rangs des Alliés, côte à côte avec eux; il ne lui reste plus de son grand édifice mahométan que les bandits de la Turquie. Vraiment son rêve a bien mal tourné.

IV

LES OPÉRATIONS MILITAIRES ANGLO-RUSSES
EN ASIE

Je laisserai à ce chapitre sa forme d'articles séparés et je suivrai l'ordre chronologique de leur publication, parce que, pour écrire l'histoire de cette campagne très compliquée d'opérations sur un front qui s'étend du Pont-Euxin au Golfe Persique, il serait nécessaire d'être mieux documentés que nous ne pouvons l'être par les communiqués sommaires que nous transmet le télégraphe. Il faudrait consulter les notes des états-majors russes et anglais des armées opérant en Asie, et, je n'ai pas besoin de le dire, ces documents demeureront secrets jusqu'à la fin des hostilités pour le moins. D'ailleurs, s'il m'est arrivé de recevoir parfois des renseignements plus confidentiels que ceux qui se sont imprimés dans les journaux, je n'ai, le plus souvent, pas le droit d'en faire usage. Toutefois, ma connaissance approfondie des pays où l'on s'est battu, que, pendant vingt ans de ma vie j'ai parcourus dans tous les sens, dont j'ai dressé la plupart des cartes, m'ayant permis de lire entre les lignes des communiqués, j'espère que mes commentaires intéresseront mes lecteurs.

Depuis le début des hostilités en Asie, le front a subi de nombreuses modifications. Tout d'abord, il se compo-

sait de deux parties bien distinctes : le front russe du
Caucase, suivant la frontière méridionale des provinces
du Tsar, allongé, en Perse vers Tabriz et au sud de
Téhéran, et le front anglais de Chaldée, sur le Chatt-
el-Arab, protégeant Koweit et les industries du pétrole

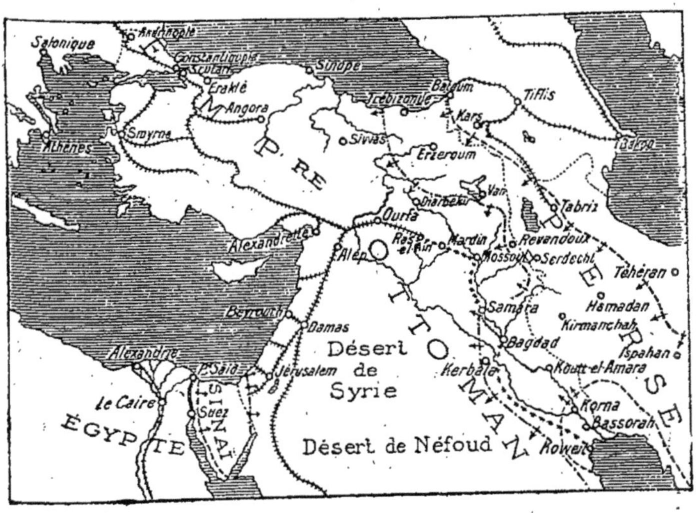

L'EMPIRE OTTOMAN EN 1914

de l'Arabistan persan; puis il s'étendit du côté russe
dans le plateau iranien en même temps qu'en Arménie
turque, alors que le front de combat britannique remontait le Tigre.

Le projet des deux armées alliées était primitivement
de se donner la main devant Bagdad et, dans ce but, les
Russes refoulèrent l'ennemi vers la frontière turque du
Kurdistan; en sorte que leur ligne devint aussi continue

que le permet la nature des lieux, depuis la Mer Noire
jusqu'au col du Zagros par lequel devait déboucher en
Chaldée l'armée de jonction avec les Anglo-Indiens.
Mais l'échec du général Townshend à Ctésiphon et la
capitulation de Kout-el-Amara survenant, les Russes
ne jugèrent pas à propos de conserver leurs contingents
dans le Zagros et se replièrent sur le centre de la Perse,
en attendant que les Anglais fussent préparés pour
tenter une nouvelle offensive : ce qui est advenu en
1917. Enlevant alors aux Turcs les provinces persanes
qu'ils avaient provisoirement évacuées, nos alliés du
Nord ont repris l'opération décidée l'année précédente
et, après la prise de Bagdad par le général Maude, sont
venus rejoindre les troupes britanniques sur la Diyala.

Ainsi le front d'Asie, bien qu'il soit continu, se décompose en tronçons distincts : Anatolie, Arménie Occidentale (Erzingian), Arménie Méridionale (Van), Kurdistan Central (Revandouz) et Kurdistan Méridional
(Zagros-Diyala) pour les Russes, front du Tigre pour les
Anglo-Indiens, front du Sinaï (Palestine) pour les
Anglo-Égyptiens. Les communiqués, le plus souvent,
manquent de précision quand ils disent : front du Caucase. Ils emploient ce terme général parce que la base
des opérations russes est le Caucase; mais les provinces
transcaucasiennes de nos alliés n'ont rien à voir dans
les opérations en cours.

Je ne parlerai pas de la ruée des Turcs vers la Transcaucasie et vers la Perse, me contentant de prendre les
opérations au moment où nos deux alliés ont commencé
leur offensive. A cette époque, les Osmanlis avaient
envahi tout l'Occident de l'Iran jusqu'à Tabriz, Koum,
Hamadan, et l'or allemand avait soulevé le Kurdistan,
le Louristan ainsi que les nomades du sud de la Perse.
La gendarmerie du Chah, commandée par des officiers
suédois, s'était révoltée contre l'autorité royale, et les

Russes protégeaient leur frontière du Caucase et la ville de Téhéran.

Quant à la situation des Anglais en Chaldée à la même époque, elle était très solide sur le Chatt-el-Arab, moins ferme sur le Tigre.

6 mars 1917 (1).

On se rend difficilement compte chez nous des difficultés inouïes rencontrées par nos alliés britanniques dans ces plaines immenses, coupées de marais, souvent inondées, ayant pour seule voie de communication un fleuve très sinueux et fort capricieux et, souvent, une bande de terrain large de quelques mètres seulement au bord du Tigre, épousant par suite toutes les courbes du fleuve.

Seuls, des bateaux à fond plat, d'une faible tonnage, peuvent remonter vers Bagdad et souvent, sur la rive du Tigre, la boue empêche les transports, voire même la marche des troupes. Il convient d'ajouter que la température en Chaldée est également un gros obstacle. En hiver, pendant la nuit, le thermomètre indique parfois 8° et 10° au-dessous de zéro, alors qu'en été, durant bien des mois, il marque plus de 50° au-dessus, à l'ombre, au cours du jour, 40° ou 45° pendant la nuit. En hiver même, le côté du corps exposé au soleil est brûlé, tandis que celui qui se trouve à l'ombre est glacé. C'est là un désagrément très sérieux que j'ai moi-même éprouvé en visitant les ruines qui s'élèvent dans ces plaines sans fin.

Les Anglais étaient fort bien renseignés quant aux difficultés qu'ils auraient à vaincre; mais, comptant sur les lenteurs forcées de la concentration turque, ils espéraient s'emparer de Bagdad par un coup de main.

En novembre 1914, une division anglo-indienne débarquait à Bassorah, port le plus important de la Basse-Chaldée, et coupait aux Turcs toutes leurs communications avec la mer. Bassorah était un point stratégique de première importance, non seulement à cause de sa valeur comme port, mais parce que cette ville

---

(1) *L'Éclair* de Montpellier.

bâtie près de la berge de droite du fleuve, coupée de canaux comme Venise, est protégée vers l'ouest et le nord par un large marais, le Khôr-el-Djézaïr. Il suffisait pour la rendre invulnérable de s'établir sur la rive gauche du Chatt-el-Arab, aux villages de Rivân et de Kirdilân.

Cette base étant acquise, le général Nilson remonta le fleuve et, en janvier 1915, il s'établit à Kornah, au confluent du Tigre et de l'Euphrate, point important, garanti vers le nord par les immenses marécages couverts de roseaux d'Abou-Kélam. Deux voies s'offraient alors pour remonter vers Bagdad : celle de l'Euphrate et celle du Tigre. Mais le fleuve de Babylone n'est pas navigable. Les Anglais se contentèrent donc d'établir une surveillance de ce côté et portèrent tout leur effort sur le Tigre. La ville de Bagdad est située à 800 kilomètres environ de Kornah, distance égale à celle qui sépare Marseille de Paris ; mais la marche se fit sans grands obstacles de la part des Turcs surpris dans leur mobilisation et mal pourvus encore de matériel. Cependant, le 28 septembre, après avoir parcouru en dix mois plus de 600 kilomètres, les troupes anglo-indiennes rencontrèrent à Kout-el-Amara l'armée osmanlie, qui fut culbutée et se retira vers le nord. On était arrivé à 160 kilomètres de Bagdad : c'est alors que commença le raid du général Townshend, qui s'avança jusqu'à Ctésiphon, à 20 kilomètres à vol d'oiseau du chef-lieu de la capitale de la Chaldée. Là, dans la presqu'île où s'élèvent les ruines majestueuses du palais des rois sassanides de Perse (Tagh-i-Khesra), les 20.000 hommes de Townshend se heurtèrent au XIIe et au XIIIe corps turcs de Mossoul et de Bagdad, commandés par le général allemand von der Goltz en personne. Débordé par le nombre, Townshend dut se replier sur Kout-el-Amara, après avoir perdu 4.600 hommes dans une lutte inégale soutenue par les Anglo-Indiens avec un courage au-dessus de tous éloges.

Front de Chaldée. — 13 décembre 1915 (1).

Les journaux allemands se félicitent chaudement du

------

(1) *L'Éclair* de Montpellier.

succès remporté par les Turcs devant Bagdad. C'est
leur droit. Mais il ne faudrait pas qu'on pensât, chez

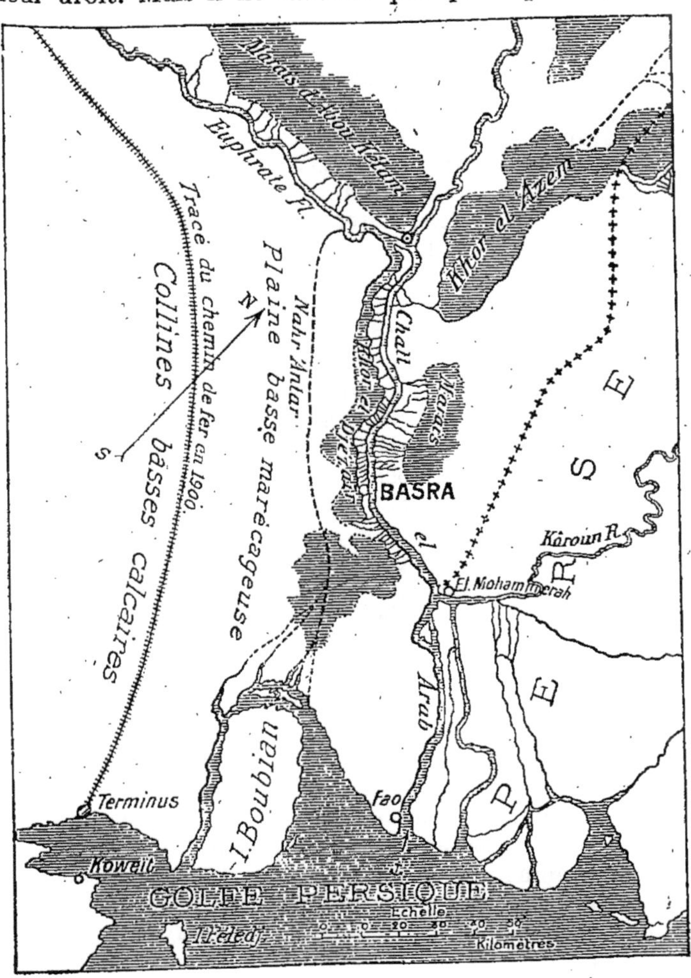

LES EMBOUCHURES DU CHATT-EL-ARAB

nous, que cet échec partiel des troupes anglaises soit
de nature à entraîner de graves conséquences. Et, sans
entrer dans les questions stratégiques ou tactiques qui

ne nous concernent pas, nous pouvons, par la connaissance des lieux et des conditions climatériques, nous expliquer fort bien pourquoi le général Townshend s'est replié sur sa base de Kout-el-Amara.

En ce temps de l'année, il n'a pas encore plu dans la Mésopotamie et les vapeurs qui se condensent dans les montagnes de l'Arménie, du Kurdistan et du Louristan se fixent sous forme de neige. Les fleuves ne reçoivent que des apports insignifiants et, par suite, leurs eaux sont très basses. Ils présentent donc les conditions les plus défectueuses de toute l'année, quant à la navigation.

Or, des deux fleuves mésopotamiens, le Tigre seul porte des bateaux, et ces navires, très plats, sont construits spécialement pour les rivières peu profondes; leur propulseur est une grande roue placée à l'arrière. Quant à l'Euphrate, il n'est pas navigable; son cours se perd dans les marais sur plusieurs centaines de kilomètres, et ne se reforme que beaucoup plus loin, en amont de Kornah, pour se marier à celui du Tigre, sous le nom de Chatt-el-Arab. L'Euphrate doit donc être mis hors de cause.

La Mésopotamie, nous l'avons vu plus haut, n'est pas un désert, dans le sens qu'en général nous donnons à ce mot. C'est une immense plaine d'alluvions fines, argileuses, salées, plate comme la surface d'un lac et très légèrement inclinée vers le sud-est. Dans sa partie basse, entre Kornah et le Chatt-el-Haï (canal entre les deux fleuves), cette plaine est couverte de marécages et de forêts de roseaux. Mais au nord, entre le canal et Bagdad, elle se montre aride et n'offre pas un seul point d'eau appréciable. Des plantes basses, épineuses la recouvrent par places. Ailleurs, ce sont d'immenses étendues d'un sol luisant, verni par une couche de sels. Quant aux canaux antiques auxquels la Chaldée devait sa prodigieuse fertilité, ils sont comblés depuis des siècles et des siècles. De loin en loin, on aperçoit de grosses buttes brunâtres, sombres, les tells, ruines des cités vieilles de cinq ou six mille ans et, de leur sommet, on découvre une immense, une effrayante désolation. Personne n'habite plus dans ces lieux. Ces tells sont des points d'observation de pre-

mier ordre; car dans ces plaines nues, arides, un cava-
lier, même fût-il isolé, ne saurait se dissimuler. Il
paraît dès qu'il franchit l'horizon, et son image se
montre troublée par le mirage. C'est une tache bleue
qui peu à peu grandit, rapetisse et ne se dissimule
jamais.

Le général Townshend n'avait donc à sa disposition
qu'une seule voie, celle du Tigre, c'est-à-dire un fleuve
d'une navigation très difficile, extrêmement tortueux,
encombré de bancs de sable, où l'on ne peut évoluer que
lentement, pris entre deux berges verticales d'argile, si
hautes qu'aux basses eaux on ne peut, du pont d'un
navire, voir la plaine.

C'est à cette époque de l'année, que, pleine paix, si
l'on peut appeler de ce nom le régime turc en Chaldée,
les Arabes pillards attaquaient les bateaux qui faisaient
le service entre Bassorah et Bagdad. Couchés sur la
berge, invisibles, ils attendaient la venue des vapeurs
et soudain partait des deux rives une fusillade intense.

Le général anglais a fait avancer ses troupes par la
rive gauche du Tigre, dans une plaine également très
difficile, par suite de son aridité et de sa sécheresse,
mais couverte sur la droite de son armée par la frontière de Perse et les montagnes du Poucht-é-Kouh. C'était
la mesure la plus sage qu'il pût prendre; toutefois, le
manque d'eau l'obligeait à suivre servilement le fleuve,
qui ne pouvait en cette saison lui fournir des moyens
de transport efficaces. Il s'est avancé jusqu'au delà
de Ctésiphon, l'ancienne capitale des rois parthes de
Perse et des Sassanides, où, dans la boucle du fleuve,
près des ruines colossales du palais de Khosroès, il a
remporté sur les Turcs un sérieux succès. Croyant
n'avoir plus devant lui qu'un rideau d'adversaires,
Townshend a poursuivi sa marche sur la capitale des
khalifes. C'est alors qu'il a rencontré des effectifs plus
importants qu'il ne le pensait et que devant le nombre
il s'est replié sur sa base de Kout-el-Amara. Quoi de
plus sage? Dans ce fait, il n'y a pas un échec, mais
une mesure de prudence; car dans cette région déserte
une troupe est en l'air dès qu'elle fait un pas en avant.
Il a perdu 4.600 hommes, c'est preuve que l'affaire a
été chaude. Une canonnière a été abandonnée; mais

n'était-elle pas ensablée? pouvait-elle tourner dans l'é-
troit chenal du Tigre? En tout cas, ce n'est là qu'une
perte de peu d'importance, quand on songe aux difficultés énormes que cet officier a dû vaincre pour
menacer Bagdad en pareille saison. Il ne faut pas l'oublier, en août et septembre, le thermomètre marque
souvent 55° au-dessus de zéro. J'ai moi-même subi
(c'est le mot) 57° 5.

Dans quelques mois les fleuves s'enfleront, couleront
à pleins bords. La navigation sur le Tigre deviendra
facile alors, et l'Euphrate, dont le lit surplombe de
4 mètres celui du Tigre, répandra ses eaux en une
immense nappe sur tout le nord de la Chaldée, pour
venir les verser dans le Tigre. Alors les rôles seront
changés, les Turcs ne parviendront à effectuer leurs
transports qu'au prix de très grandes difficultés, tandis
que les Anglais seront pourvus par des bateaux de plus
fort tonnage et, grâce au niveau très élevé des fleuves,
seront à même de balayer la plaine du pont de leurs
canonnières. C'est là, bien certainement, ce qu'attend
le général Townshend, et il a eu raison de se replier sur
Kout-el-Amara.

Quant à la trahison des Arabes envers les Anglais,
dont parlent certains journaux allemands, elle n'a rien
qui doive surprendre. Les tribus Beni-Lams, Beni-
Troufs et autres, sont composées d'un ramassis de bandits sans foi ni loi, toujours prêts à se vendre et capables de toutes les félonies. Promettre à ces tribus
l'exemption des taxes pendant quelques années était
plus que suffisant pour les amener à la trahison.

Front de Perse. — 20 décembre 1915 (1).

« Les Russes, disent les journaux, viennent de remporter une éclatante victoire sur les gendarmes persans
révoltés, entre Téhéran et Hamadan. » Je ne dirai rien
qui puisse froisser dans son amour-propre la valeur militaire de nos amis les Russes, dont je suis depuis longtemps grand admirateur, en corrigeant quelque peu cette

(1) *L'Éclair* de Montpellier.

information et disant : « Les Russes ont refoulé sur Hamadan une bande de gendarmes persans révoltés, conduite par des officiers européens »; car, il faut bien qu'on le sache, il n'existe pas de soldats en Perse, et même ces fameux gendarmes dressés par des Suédois sont incapables de tenir dix contre un, en face des Cosaques du Tsar. Voilà pourquoi des tribus kurdes appuyées par quelques Osmanlis ont pu envahir l'Azerbaidjan et s'avancer jusqu'à Tabriz. Cette rencontre entre Russes et révoltés a eu lieu en plein plateau iranien, dans un district couvert de collines arides, basses, entrecoupées de vallons où vivent, très espacés, des villageois de race turque, sujets persans, de religion chiite. Entre Téhéran et Hamadan (Ecbatane des Mèdes) la différence de niveau est de 1.000 mètres environ, régulièrement répartie sur neuf petites étapes de caravane sans difficultés naturelles. Mais Hamadan (altitude environ 1.900 mètres) est un point stratégique important, il commande, sur le plateau, la route de Bagdad, la seule par laquelle puisse à la rigueur passer une armée, celle dont les ingénieurs allemands comptaient faire usage pour l'embranchement sur la Perse du chemin de fer de Bagdad. C'est en suivant ce chemin, je l'ai déjà dit, que les Achéménides se rendaient à leurs capitales iraniennes (Persépolis et Ecbatane), à Babylone, que les Sassanides gagnaient leurs palais d'hiver de Ctésiphon et de Qasr-é-Chirin.

La route partant de Hamadan franchit l'Elwend au col d'Assadâbâd, puis suit plusieurs vallées, passe à Kirmanchah, à Mahidécht, et atteint le pied du Zagros au lieu dit Tagh-é-Ghirra; là elle descend en lacets une pente très rapide de 1.000 mètres environ de différence de niveau et gagne Qasr-é-Chirin, ville persane de la Mésopotamie, puis Khanéghin, ville turque, et enfin Bagdad. Tagh-é-Ghirra, très facile à défendre, est donc le point qu'il importe d'occuper pour prévenir une invasion des Turcs en Perse. C'est le seul col important que j'aie rencontré alors que je relevais les cartes du Kurdistan (1890-1891). Les autres passages des montagnes, cols de Serdècht, d'Avroman, de Sineh, ne sont pas praticables; seul, celui de Khoï, près de Bayazid, le serait; mais il est aux mains des Russes. Quant aux montagnes du Sud (Louristan), les Assyriens disaient d'elles qu' « elles s'élevaient comme une muraille infranchissable, protégeant le pays d'Elam » (Arabistan persan).

Je dois ajouter qu'en hiver, Hamadan est parfois recouvert de 2 mètres de neige, mais que, dès après le col d'Assadâbâd, la route est libre jusqu'à la Mésopotamie; seule la plaine de Mahidécht, très boueuse, est d'une traversée difficile en hiver. Sur toute la route (dix à douze étapes d'Assadâbâd à Qasr-é-Chirin), une troupe d'un millier d'hommes tout au plus peut s'approvisionner chez l'habitant.

22 décembre 1915 (1).

« *A Hamadan, les autorités, le clergé, la population de la ville ont chaleureusement acclamé les couleurs et les troupes russes.* » Voilà une nouvelle qui certainement produit grand effet sur les gens qui croient que la Perse est comme les autres pays du monde, qu'elle possède une armée et une opinion publique.

Que ceux-là se détrompent. Le Roi des rois gouverne sans armée : aussi l'anarchie la plus édifiante règne-t-elle partout dans son Empire, et la population, indifférente aux choses de la politique, n'a de louanges que pour celui qui tient en main le bâton...

C'est que le peuple, travailleur et industrieux, ne cherche pas à voir au delà de ses cultures et de ses affaires, qu'habitué depuis bien des siècles à douter du lendemain, il cherche uniquement à sauver ce qu'il peut dans ce perpétuel naufrage.

La politique intérieure? Comment s'en ferait-il une idée, lui qui depuis des milliers d'années obéit au *sic jubeo*. On se souvient que lors de la création du Parlement persan, il y a eu pénurie de députés; les provinces n'en voulaient pas envoyer. Et, comme je demandais, vers cette époque, à un négociant hamadani les raisons pour lesquelles il ne voulait pas voter, il me répondit avec beaucoup de bon sens : « Envoyer à Téhé-

____

(1) *L'Éclair* de Montpellier.

ran quelqu'un pour me représenter? Mais il faudrait que j'eusse confiance en ce quelqu'un. Or, je n'ai confiance en personne qu'en moi-même pour traiter de mes affaires. » Cet homme était un philosophe, et tous les Persans de bonne foi sont de son avis.

Les Russes iront à Koum, à Kirmanchah, à Sulthanâbâd, à Ispahan, partout ils seront acclamés, et si les événements voulaient qu'ils cédassent la place aux Allemands, les Allemands seraient acclamés à leur tour.

Un seul peuple ne trouvera jamais grâce auprès des Persans : c'est le peuple turc (Sunnite), ennemi héréditaire de l'Iranien (Chiite), qui dernièrement a osé piller les trésors de la mosquée de Kerbalah, près de Bagdad, de cette Rome vénérée, respectée, où les Chiites font porter leur corps en terre sainte, quand ils sont morts.

C'est là le côté faible des Allemands alliés aux Turcs; mais il ne faudrait pas croire que cette aversion des Persans pour les Osmanlis soit de nature à soulever le peuple iranien. Non; parce que l'Iranien est incapable de se soulever. Seuls, les nomades kurdes, loures, bakthyaris, qui se disent des guerriers et ne sont en réalité que de lâches bandits, sont aptes à jeter un certain trouble. Ce sont, on s'en souvient, les Bakthyaris qui ont fait la révolution à Téhéran. Or, ils venaient de plus de 1.000 kilomètres au sud de la capitale, et personne ne s'est opposé à leur passage. Dans les villes de Perse, comme dans celles de tous les pays, il y a des politiciens; mais ils sont fort peu nombreux en Iran et, s'ils parviennent à gouverner, c'est que le Persan, homme d'un naturel très doux, a pris l'habitude de s'incliner devant l'ombre d'un pouvoir.

6 janvier 1916 (1).

Les troupes russes, après avoir occupé Hamadan et le col d'Assadâbâd, viennent de battre les rebelles à Sirkan, tandis qu'un autre groupe de leurs soldats s'est emparé de Kachân et marche sur Ispahan.

-----

(1) *L'Éclair* de Montpellier.

Le double village de Tòuï-Sirkan est situé sur le flanc méridional de l'Elwend auprès de la ville de Néhâwend, dans la vallée supérieure du Gamâs-âb. C'est là que le khalife Omar (634-644) a brisé définitivement la puissance des Perses et assuré dans l'Iran la prépondérance de Mahomet sur Zoroastre.

Vaincu à la bataille de Kerbalah, ayant perdu toutes ses possessions de Chaldée (Ctésiphon, Chouchter, Dizfoul, Suse), Yezdedjerd IV, le dernier des souverains Sassanides, s'était replié sur Néhâwend et là concentrait son armée pour aller défendre les portes du Zagros (Tagh-é-Ghirra), quand les Arabes, l'ayant prévenu, vinrent l'attaquer et anéantir l'armée perse en formation devant la ville de Néhâwend. Yezdedjerd s'enfuit à Merw, abandonnant tout son empire aux envahisseurs, et là mourut misérablement assassiné.

Ce qui était de bonne stratégie jadis, l'est encore aujourd'hui, et, profitant des leçons du passé, les troupes du Tsar, après avoir nettoyé le pays sur leurs derrières, vont marcher sur Kirmanchah et Tagh-é-Ghirra, occuperont fortement les passes du Zagros, descendront à Qasr-é-Chirin, entreront en Turquie par Khanéghin et ainsi menaceront Bagdad par l'est, tandis que les Anglais s'avancent en venant du sud. Ce mouvement combiné mettra l'armée turque en mauvaise posture, si nos alliés mettent en ligne des contingents suffisants. Quelques milliers d'hommes suffisent pour garder les passes du Zagros (Délahô-Kouh); mais dans la plaine entre Khanéghin et Bagdad des effectifs plus nombreux sont indispensables au succès de l'opération.

La marche des Russes vers Kachân et Ispahan a pour objet de refouler dans leurs montagnes les turbulents Bakthyaris, tribus nomades, presque indépendantes, vivant dans les grandes montagnes bordières du plateau persan vers la Chaldée et le Golfe Persique. Les Anglais tiennent à Chouchter la tête du sentier muletier qui, par Mal-Emir, traverse ce massif. Quand les Russes auront occupé son autre tête (Ispahan), ce qui se fera sans grand effort, la question des Bakthyaris sera réglée.

Kachân et Ispahan, de même que toutes ces villes persanes, ne peuvent présenter de difficultés que par suite de la concentration des révoltés dans leurs murs; car la population est des plus inoffensives. Kachân jouit même en Perse d'une réputation de poltronnerie bien méritée, depuis le jour où, sous Nassr-ed-Din chah, un régiment kachani, renvoyé dans ses foyers avec armes et bagages, demanda au Roi des cavaliers d'escorte, parce que les soldats, bien qu'ils fussent armés et au nombre de cinq ou six cents, avaient peur d'être attaqués en route par des brigands!

Ainsi les Russes n'auront plus à s'occuper, sous peu de temps, à l'ouest, que des Kurdes de la frontière turque d'Ourmiah, bandits qui mènent une sorte de guérilla et, au sud-ouest, de leur marche vers Badgad, par Khanéghin, d'accord avec les Anglais de Chaldée. Les deux armées alliées seront bien des semaines encore séparées, à moins de grands et rapides succès anglais, parce qu'Amara est à 250 kilomètres des portes du Zagros; mais de Khanéghin à Bagdad on ne compte que 150 kilomètres environ, et l'apparition des Cosaques sera pour la ville des khalifes une menace d'importance.

28 janvier 1916 (1).

En relevant, dans les communiqués russes, les noms des localités où se produisent les rencontres, il est aisé non seulement de marquer sur la carte la position de nos alliés en Perse, mais aussi de se rendre un compte exact des obstacles qu'ils surmontent, et, par suite, des causes de ces difficultés.

Après avoir échoué dans leurs entreprises diplomatiques à Téhéran, les Turco-Allemands ont dû se retirer vers le sud, devant la marche des troupes du Tsar. C'est là, en s'appuyant sur les nomades (Kurdes, Loures et Bakthyaris), qu'ils pouvaient créer des embarras à la Cour persane, en fomentant une révolte contre l'autorité royale. De plus, tous les défilés permettant de passer de Turquie en Perse se trouvant être dans les mains des nomades, les troupes osmanlies n'avaient qu'à les franchir pour prêter leur concours aux révoltés. C'est

---

(1) *L'Éclair* de Montpellier.

là ce qu'ont exploité nos ennemis. Aussi avons-nous vu les Russes contraints de s'emparer successivement de Hamadan, Dowletabad, Sulthanâbâd, de Kachân, dans leur double marche vers Ispahan et Kirmanchah. Ils entreront bientôt dans l'ancienne capitale persane : cela ne fait aucun doute ; mais, ce point conquis, et aussi Bouroudjird prise, ils se trouveront en face de la grande muraille formée par la chaîne bordière de l'Iran, patrimoine des nomades, citadelle presque inattaquable.

Les deux chemins qui permettent de franchir cette chaîne : l'un conduisant d'Ispahan à Chouchter, l'autre de Bouroudjird à Dizfoul, sont aux mains des Anglais et des Russes, en sorte que les nomades bakthyaris ne peuvent plus sortir de leurs montagnes. Il importe donc seulement de les surveiller, tant au nord qu'au sud.

Plus à l'ouest, sur la seule route stratégique vers Bagdad, celle de Kirmanchah, les Russes se sont avancés seulement jusqu'à Kenghâver et, si nous en croyons les télégrammes, les Turcs occupent toujours Kirmanchah.

Déloger l'ennemi de cette ville ne sera pas chose facile, car Kirmanchah se trouve dans la vallée du Quara-Sou, en plein pays de montagnes. Au delà, la tâche sera fort malaisée encore, pendant six ou sept étapes, jusqu'à la descente du Zagros, à Tagh-é-Ghirra ; mais l'importance de cette voie est telle que, bien certainement, les Russes feront le nécessaire pour s'en emparer. C'est par là seulement, en effet, qu'ils peuvent, de manière utile, donner la main aux Anglais devant Bagdad.

Au nord des passes du Zagros, le pays est kurde. Ce sont de grandes montagnes qui s'étendent, du sud au nord, jusqu'à l'Ararat, sur l'Araxe, et qui constituent la frontière politique entre la Perse et la Turquie. En fait, cette frontière n'est que fictive, car elle court au travers du Kurdistan, suivant la ligne de partage des eaux, alors que les tribus kurdes sont à cheval sur les deux versants. Il résulte de cette position des tribus que l'on se bat près d'Ourmiah et sur le Djagatou, près de Saoudj-Boulaq, capitale du Kurdistan persan de Moukri.

Ce soulèvement des nomades de la Perse n'a rien qui doive surprendre, car, de tout temps, ces gens ont été en révolte plus ou moins ouverte contre le chah de Perse. Ils ne se font aucune idée de ce que sont les Français,

Anglais, Russes ou Allemands, connaissent mieux les Turcs, mais ne marchent que dans l'espoir de piller villes et villages et de se soustraire à l'obligation de payer des impôts à leur roi. Les Turco-Allemands exploitent leurs instincts de brigandage.

Depuis bien des années, Kurdes, Loures et Bakthyaris sont armés de carabines à tir rapide. On compte certainement cinq ou six cent mille fusils chez ces gens; mais ces nomades ne possèdent aucune organisation militaire et ne sont guère susceptibles d'en recevoir une; toujours ils céderont devant une armée régulière. Seules les difficultés naturelles de leur pays les rendent dangereux; car, dès qu'ils sentent que la surveillance se relâche, ils partent en expédition, quitte à regagner leur repaire si le coup présente trop de risques.

Il faudra donc, pour les Russes, déblayer d'ennemis la route Kirmanchah-Kérind-Zagros-Bagdad, et tenir en observation Bakthyaris et Loures au sud, Kurdes au nord, jusqu'au jour où il sera possible de désarmer tous ces brigands. La dernière fois que je suis allé à Kirmanchah, le prince Farman-Farma, aujourd'hui premier ministre, en était gouverneur. Ce prince est notre ami et l'ami des Russes (ses enfants étaient élevés chez les Jésuites de Beyrouth). Mieux que personne il connaît les nomades, et son concours sera, bien certainement, fort utile à nos alliés.

Front d'Arménie. — 16 février 1916 (1).

Plusieurs fois, les journaux ont annoncé l'évacuation d'Erzeroum par l'armée turque et peut-être même qu'aujourd'hui nos amis les Russes sont entrés dans la capitale de l'Arménie. C'est là un fait d'armes fort important, par le fait des difficultés vaincues en pareil pays et en semblable saison, et aussi par les conséquences stratégiques qu'entraîne la prise de la grande ville forte de l'orient de la Turquie.

Les troupes russes venant de Batoum, par Artvin, de Kars par l'Olti-tchaï et d'Erivan par l'Araxe, se sont réunies en face d'Erzeroum pour attaquer l'armée

---

(1) *L'Éclair* de Montpellier.

turque dans un pays affreusement difficile, surtout en hiver. Il suffit d'ailleurs de jeter les yeux sur la carte pour s'en rendre compte, on y voit des altitudes supérieures à 3.000 mètres et aucune qui soit inférieure à 1.200 mètres, Erzeroum elle-même est à 1.880 mètres au-dessus de la mer. Et non seulement les hauteurs sont grandes, mais aussi les déchirures sont profondes et les montagnes souvent inaccessibles. Les Turcs avaient beau jeu, et il a fallu de la part dès Russes un courage et une endurance à toute épreuve pour venir à bout d'une armée nombreuse, bien équipée, fournie de munitions et s'appuyant sur une base comme Erzeroum.

Mais les Russes ne sont pas pour la première fois en Arménie, ils y sont déjà venus en 1878 et ont fait connaissance avec ces montagnes inhospitalières pour une armée en campagne. Les Turcs étaient alors commandés par le vieux maréchal Moukhtar pacha El Ghazi, le victorieux, ainsi nommé probablement parce qu'il a été battu. Cet aimable vieillard prenait plaisir à narrer ses faits de guerre, et je me souviens qu'un jour, au Caire, pour me faire mieux comprendre ses positions par rapport aux adversaires qui se trouvaient devant lui dans le Lazistan, il avait mis en ordre de bataille tous les fauteuils de son salon.

Le plateau d'Arménie, plus élevé de 600 mètres environ que celui de la Perse, est la citadelle de toute l'Asie Antérieure : de là, les Russes peuvent fondre sur Diarbékir et Mossoul par le Tigre, sur Ourfa par l'Euphrate; d'une part tendre la main aux Anglais dans la Mésopotamie, d'autre part couper les communications entre l'Asie Mineure et le reste de la Turquie. Trébizonde n'est plus défendable après la prise d'Erzeroum, et la route de l'Anatolie est ouverte aux vainqueurs.

Cet important fait d'armes n'a pas eu le retentissement qu'il comporte, parce qu'Erzeroum est très loin, qu'on ne trouve pas sur les cartes les noms estropiés que fournissent les journaux et aussi parce qu'on ne se rend aucun compte, en général, des prodiges de courage qu'il a fallu à nos amis pour déloger les Turcs de pareilles montagnes, par un froid qui souvent, en Arménie, dépasse 30°. Honneur aux braves troupes du grand-duc !

29 février 1916 (1).

Toute la presse, tant en France qu'à l'étranger, a mis en lumière les conséquences que peut et doit avoir sur les opérations en Orient la prise d'Erzeroum par l'armée du grand-duc, et les facilités qui s'offrent aujourd'hui aux Russes de marcher par trois voies différentes vers Mossoul et Bagdad par la vallée du Tigre, pour rencontrer les Anglais, vers Ourfa et Alep pour couper Constantinople de ses communications avec la Mésopotamie et la Syrie, enfin par Sivas et Angora pour attaquer la capitale turque. Comme c'est vite aller en besogne !

Dans le premier cas, nos alliés ne rencontreront devant eux que les restes de l'armée battue à Erzeroum et les renforts envoyés trop tard ; mais ils laisseront sur leur flanc gauche les montagnes kurdes toujours dangereuses, tant que leurs populations seront armées. Dans le second cas, les Osmanlis opposeront les effectifs concentrés en Syrie et qui étaient destinés à l'attaque de l'Égypte. Enfin, dans le troisième cas, le grand-duc trouvera devant lui des contingents tirés de Constantinople et, sur sa gauche, l'armée syrienne. Quelle que soit la tactique qu'ils adopteront, les Russes auront donc à mettre en ligne des effectifs considérables, et l'absence presque complète des voies de communication rendra fort difficile aussi bien la tâche de l'attaque que celle de la défense. Il ne faut donc pas s'attendre à une marche foudroyante dans un sens ou dans l'autre. Cependant, tant qu'une offensive russe ne se sera pas dessinée, les Turcs seront contraints de se garder sur un front qui chaque jour se développe et paraît être déjà supérieur aux forces qu'ils peuvent mettre en ligne.

Quant au canal de Suez, l'ennemi pour l'attaquer se trouvait être fort éloigné de sa base syrienne ; certes, les conditions seraient bien plus avantageuses pour une armée qui, partant de l'Égypte, s'avancerait vers la Syrie. Cette armée, rapprochée de son foyer de ravitail-

---

(1) *L'Éclair* de Montpellier.

lement, soutenue par les flottes alliées, gagnerait vite Jaffa et Saint-Jean-d'Acre, en suivant la route tracée jadis par Bonaparte. Une telle diversion, si elle se produisait rapidement, empêcherait les Turcs d'employer leur armée de Syrie et laisserait les coudées franches aux Russes en Arménie. Elle peut coïncider d'ailleurs avec une offensive de l'armée de Salonique, et les Turcs seraient mis en bien mauvaise posture; obligés de faire face sur tant de fronts à la fois, jamais ils ne disposeraient des hommes et du matériel suffisants pour tenir tête partout.

On peut se demander pourquoi les Russes, qui bientôt seront maîtres de Trébizonde, ne marcheraient pas sur Constantinople en suivant la côte d'Anatolie, sous la protection de leurs navires, et préféreraient la voie de terre Sivas-Angora. La raison en est bien simple, car la route de Sivas est la seule par laquelle l'ennemi puisse amener des troupes et sur laquelle il soit à même d'opposer de la résistance. Le littoral d'Anatolie, très montagneux, ne peut être suivi sans grand danger par une armée en marche qui ne resterait pas en accord avec le front de l'intérieur; elle serait menacée en flanc par les troupes ennemies opérant dans la montagne.

Il ne faut pas attacher une importance exagérée à la maîtrise des côtes méridionales de la Mer Noire, parce qu'il n'existe en Anatolie aucun port qui soit sûr par tous les temps. Alors que le littoral du nord abonde en bons abris (Novo-Rossisk, Féodosia, Sébastopol, Odessa, Akkerman, etc.), la côte du Caucase n'offre, sauf à Batoum, que des ancrages forains. Poti semblait devoir être appelé à jouer un rôle maritime important, et le Gouvernement russe y a fait effectuer des travaux considérables; mais ce port est aujourd'hui ensablé et hors d'usage. Batoum est un excellent port, mais d'un ancrage trop profond.

Au delà, sur la côte turque, Trébizonde, dont la situation commerciale est considérable, est loin de présenter aux vaisseaux les sécurités désirables. Par les vents du nord, nord-ouest et nord-est, sa petite baie, protégée seulement par la pointe rocheuse de Pharos, est souvent intenable, et les bateaux vont s'abriter à l'ouest, dans la baie de Platana qui ne souffre pas autant des mêmes vents. Sinope est mieux abritée contre les vents du nord et du nord-est; Bender-Erégli (Héraclée) l'est à peu près contre le nord et le nord-est, mais tous ces ports laissent fortement à désirer. Quant aux autres, dès que se lève l'aquilon, il faut s'empresser de lever l'ancre.

Ces villes de la côte d'Anatolie n'ont guère de relations entre elles et avec le reste du monde que par la mer. De mauvais chemins permettent de gagner l'intérieur, ou suivent à peu de chose près la plage, gravissant les montagnes, passant à gué les innombrables rivières, auprès des ponts antiques ruinés et, partout, de très hautes montagnes les dominent. Il n'y a donc pas à songer au passage d'une armée par la côte. D'ailleurs, depuis le début des hostilités, nous ne voyons pas les Russes progresser sérieusement sur le littoral vers Trébizonde, ville qui, par la plage, n'est pas à 200 kilomètres de la frontière du Tsar. C'est que, plus encore dans le Lazistan qu'en Anatolie, les chemins sont impraticables, et cela se conçoit, car les Alpes Pontiques offrent, à 40 kilomètres au plus du rivage, des hauteurs dépassant 3.800 mètres. C'est donc seulement par l'intérieur du pays que l'Anatolie est abordable. La route Erzeroum-Sivas-Angora se tient à une distance de la mer variant entre 100 et 300 kilomètres, et ce front devra être balayé par le gros de l'armée en même temps qu'avanceront les troupes du littoral.

Telles sont les suppositions que l'on peut faire, quant aux projets du grand-duc, mais nos amis les Russes nous ont accoutumés à de tels tours de force que nous pouvons tout attendre de leur courage et de leur endurance; les événements seront peut-être tout autres que nous ne pouvons le penser.

Front de Perse. — 6 mars 1916 (1).

Depuis que les Russes se sont emparés de Hamadan, les troupes du Tsar ont suivi la route que j'indiquais dans l'*Éclair* du 6 et du 28 janvier, s'emparant succes-

---

(1) *L'Éclair* de Montpellier.

sivement d'Assadâbâd (altitude 2.380 mètres), de Keng-hâver (altitude 1.560 mètres), de Sahna (altitude 1.420 mètres), dans la vallée du Gamâs-âb, de Bisou-toun (altitude 1.360 mètres), de la ville importante de Kirmanchah (altitude 1.470 mètres), ont franchi la plaine de Mahidecht, par Harounâbâd (altitude 1.300 mètres) et, d'après les derniers télégrammes, sont parvenus au bourg de Kérind (altitude 1.545 mètres), localité située à 18 kilomètres seulement du petit village de Sorkhadizeh (altitude 1.895 mètres), point culminant de la ligne de partage des eaux vers la Mésopotamie. C'est là de la part de nos alliés une véritable marche foudroyante, et l'on est en droit de s'étonner qu'ils aient pu l'accomplir en cette saison et dans un pays si difficile, sans routes et d'une défense très aisée. Les détails nous manquent; mais il n'est pas moins très certain que les troupes russes ont dû faire de très grands efforts, spécialement entre Kenghâver et Bisoutoun et entre Harounâbâd et Kérind, régions où elles ont été obligées d'avancer dans des vallées très encaissées.

Au moment où j'écris ces lignes, les Russes ont certainement dépassé Sorkhadizeh pour occuper la grande descente du Zagros (Tagh-é-Ghirra), peut-être même le pied de cette voie stratégique à Ser-i-Poul, après une descente de 1.200 à 1.300 mètres.

S'il en est ainsi, et il semble qu'il n'en puisse être autrement, la Mésopotamie s'ouvre devant le corps d'armée du Kurdistan, la frontière turque, située entre Qasr-é-Chirin (altitude 350 mètres) en Perse, et Kha-néghin (altitude 320 mètres) en Turquie, étant tout au plus à 50 kilomètres du pied du Zagros (Ser-i-Poul). Au delà s'étend la plaine du Tigre jusqu'à Bagdad (altitude 40 mètres).

De l'ancienne capitale des khalifes à Khanéghin, on compte 140 kilomètres par Kizil-Robât et Babouka sans rencontrer le moindre obstacle naturel. Cependant, il est à penser que les effectifs venus au travers du Kurdistan ne sont pas en ce moment assez nombreux pour autoriser une marche sur Bagdad. Les Russes attendront probablement à Ser-i-Poul et Qasr-é-Chirin un mouvement en avant des troupes anglaises; car pour qu'ils puissent donner la main à leurs alliés vers Kout-el-Amara, il leur faudrait franchir 250 kilomètres en suivant le pied des montagnes par Mendéli jusqu'à Zorbatiyeh, puis en marchant sur Kout-el-Amara, au travers de la plaine. Cette voie, privée de ressources, où les villages ne sont que des groupes de quelques paillotes, présente le grand défaut d'être complètement découverte sur la droite de l'armée qui la suivrait. Il est donc à penser que nos amis du Nord ne s'y aventureront pas, mais s'établiront très solidement vers Khanéghin, afin de menacer Bagdad et d'obliger les Osmanlis à leur opposer une partie de l'armée qui en ce moment fait face aux Anglais.

La prise de Kérind et des cols du Zagros par les Russes est, sans contredit, le fait le plus important de la campagne de Perse. Bien qu'ayant coûté beaucoup moins cher, cette conquête fait le pendant de la prise d'Erzeroum, car si elle est maintenue elle *interdit pour toujours aux Turcs l'accès de l'Iran*, redresse le front russe et l'amène à la frontière persane : les différends avec les tribus kurdes et bakthyaris se transforment, de ce fait, en une suite d'opérations de police, les nomades se trouvant coupés de leurs principales communications avec les Turcs.

Désormais l'insurrection persane se réduit à deux foyers : celui du Kurdistan, à l'ouest du lac d'Ourmiah, dont les Russes menacent le nord par Van, Bitlis et Mouch en Turquie, Khoï, Tabriz et Maragha en Perse, et celui du sud (Louristan et Bakthyaris), pressé au nord par les troupes du Tsar, à Néhâwend, Sulthanâbâd et Kachân, et maintenu au sud, à Chouchter et à Dizfoul, par les Anglais.

Le premier de ces groupes d'insurgés peut communiquer avec la Turquie par le col très difficile d'accès de Kel-i-Chin (en kurde, le pilier bleu), en face d'Ouchnouw, et celui d'Avroman, plus au sud ; quant au second, il est complètement coupé et, s'ils le désirent, les Russes peuvent se mettre en communication directe avec les Anglais par le pays des Kialhours, au sud de Mahidecht, le col de Mollah-Ghiavan et le Poucht-é-Kouh, région qui bien certainement ne sera pas défendue, car les tribus puissantes et dangereuses se trouvent à 250 kilomètres environ plus au sud-est, au delà de l'Ab-é-Diz.

Une autre route, non moins accidentée que la première, permet aussi à nos alliés du Nord de rejoindre les Anglo-Indiens sur le Tigre. Cette route, partant de Bouroudjird, passe par Néhâwend, au Louristan, et donne accès dans le Poucht-é-Kouh, donc dans la Mésopotamie.

Les graves événements de la Lorraine absorbant toutes les préoccupations, les journaux n'ont pas appelé l'attention publique sur le succès des Russes à Kérind; cependant ce succès de nos alliés est, par ses conséquences, d'*une importance de premier ordre* au point de vue du front oriental; on ne saurait trop le mettre en lumière.

Fronts asiatiques. — 16 mars 1916 (1).

Nous sommes bien peu renseignés au sujet des mouvements de nos alliés russes et anglais contre les Turcs. De temps en temps, une dépêche laconique fournit le nom plus ou moins écorché d'une ville nouvellement prise ou signale un effort vers un point; mais aucun correspondant de guerre ne vient nous renseigner sur les succès obtenus, et cependant ils sont grands.

D'après les renseignements hachés qui nous parviennent, voici quelle est, semble-t-il, la situation depuis la Mer Noire jusqu'au Golfe Persique.

Ne pouvant pas suivre la plage orientale du Lazistan, par suite des difficultés naturelles que je signalais le 29 février, les Russes ont débarqué près de Rizeh et ont occupé cette bourgade, située à 70 kilomètres de Trébizonde; et marchant vers cette place sous la protection de leurs vaisseaux, ils seraient aujourd'hui sur les rives du fleuve Qal'a-potamos, c'est-à-dire à 50 kilomètres par la côte de la capitale des Comnènes.

D'autre part, l'aile droite de l'armée d'Erzeroum, en route vers Erzingian, rejoignant les contingents du haut Tchorok, se serait emparée de Baïbourt, à 100 kilomètres environ de Trébizonde, et marcherait également vers le port turc évacué par l'armée ottomane, point qui tombera sûrement dans une ou deux semaines.

Quant à l'avance sur l'Euphrate occidental vers

____

(1) *L'Éclair* de Montpellier.

Erzingian, elle se fait certainement en accord avec celle sur l'Euphrate oriental, dont le haut cours, dans la région de Mouch, appartient à nos alliés.

Plus au sud, la prise de Bitlis, ville située sur un affluent important du Tigre, permet de descendre dans la vallée de ce fleuve, à 200 kilomètres environ de Mossoul, au sud, et 140 kilomètres de Diarbékir, à l'ouest. Ainsi se trouve ouverte la route de la Chaldée par la Haute-Mésopotamie.

Nous ne savons rien de ce qui se passe dans le Kurdistan turc, entre le Tigre et la frontière persane; mais il est fort à croire qu'après les succès de leurs ennemis, les tribus kurdes se sont « recueillies ». D'ailleurs, elles se sentent prises entre deux armées; car, en Perse, nos alliés viennent de s'emparer de Sineh, après avoir occupé Bidjar, refoulant ainsi les nomades dans leurs montagnes.

Dans les communiqués on ne parle pas du Kurdistan de Moukri, dont les tribus mâmèches et menghours sont plus énergiques que celles de Sineh. Depuis longtemps les Russes sont sur les rivières Djagatou et Tataou, peut-être même ont-ils pris Saoudj-Boulaq; quant aux Mâmèches et aux Menghours, lorsqu'ils se sentiront trop vivement pressés dans la vallée du Kialvi, ils gagneront la Turquie par les cols de Kel-i-Chin et de Serdècht et iront se joindre aux autres tribus qui habitent les montagnes à l'est de Mossoul.

Un télégramme privé de Rome annonce que les Russes sont près de Badgad. Ce ne peut être, et nos alliés n'ont certainement pas dépassé Khanéghin (140 kilomètres de Bagdad), si même ils ont atteint la frontière turque.

Ainsi tout le Kurdistan septentrional se trouve bien près d'être encerclé par l'occupation de Bitlis et des cols du Zagros. Il n'a plus avec les Turcs que des communications très précaires par les montagnes; quant au Louristan et au pays des Bakthyaris, cet autre foyer de révolte est absolument coupé de la Turquie. On conçoit aisément que ces tribus fassent, l'une après l'autre, leur soumission. En ce qui concerne les agitateurs turcs et allemands qui sont chez elles, elles les livreront bien certainement un jour ou l'autre.

Cette révolte des Kurdes était une grave atteinte

portée au pouvoir du roi de Perse. C'est donc aux Persans que reviendraient le droit et le devoir de punir ceux qui sont venus jeter le trouble chez eux. Malheureusement Téhéran ne dispose d'aucun moyen de retirer pour toujours aux Turco-Boches l'envie de recommencer à susciter des troubles.

En Chaldée (Londres, 10 mars, officiel), « la colonne du général Aylmer, qui opérait à 7 ou 8 milles de la rive droite du Tigre, a été contrainte, par le manque d'eau, de se replier vers le fleuve ». Ceci n'a rien qui doive surprendre; car entre le Tigre et l'Euphrate le pays est d'une sécheresse absolue. Il est bien fâcheux que le général Aylmer ne reçoive pas l'*Éclair*, car il aurait lu, dans le numéro du 13 décembre 1915, qu'une armée ne peut pas s'éloigner des rives du Tigre ou de l'Euphrate et que, seule, la rive gauche du Tigre est vraiment praticable pour des convois importants.

Mais voilà une information bien particulière : « Le général Aylmer bombarde Hilleh. » Or, Hilleh (Babylone) est à 100 kilomètres au sud de Bagdad, sur l'Euphrate. Ceci ne peut être, car aucun corps d'armée anglais n'a, semble-t-il, remonté l'Euphrate.

Ainsi, soit par les Anglais, soit surtout par les Russes, la Turquie d'Asie est envahie suivant un front qui s'étend de la Mer Noire au Golfe Persique. Dès lors, on comprend l'anxiété qui règne à Stamboul. *Tchok féna dir effendim* (c'est une bien mauvaise affaire). C'est ce qu'on se dit dans le bazar aussi bien qu'au Comité. Aussi Talaat bey a-t-il fait, officieusement, des propositions de paix; mais quelles propositions? « Que les Russes quittent l'Arménie, et les Anglais la Chaldée, qu'on nous rende le khédivat d'Égypte, et nous sommes tout disposés à donner à ce qui reste d'Arméniens la liberté sous la protection de la Russie. » Il faudrait vraiment que Molière revînt en ce monde pour nous montrer au théâtre ce Turc de comédie.

Front persan. — 31 mars 1916 (1).

L'occupation d'Ispahan par les troupes du Tsar est

-----

(1) *L'Éclair* de Montpellier.

un fait de haute importance, qui termine à peu de chose
près la lutte des Alliés contre les Turco-Allemands sur
le front persan. En effet, les tribus révoltées sont toutes
aujourd'hui refoulées dans leurs montagnes, et toutes
celles dont le domaine s'étend au sud de la ligne Ispahan—Hamadan, Kérind, Qasr-é-Chirin sont désormais
coupées de leurs communications avec les Turcs. Réduites à leurs propres ressources, maintenues au nord
par les Russes, au sud par les Anglais, elles n'ont plus
que la ressource de faire, l'une après l'autre, leur soumission.

Devant les progrès des Alliés, les agitateurs turcs et
germains se sont, dit-on, retirés à Kirman et dans la
province de Chirâz, c'est-à-dire presque aux confins
du Béloutchistan; ils seront, si le fait est vrai, fatalement amenés à se rendre aux Russes ou à tomber entre
les mains des troupes des Indes, s'ils descendent sur
Bender-Abbas, port du Golfe Persique, situé vers le
détroit d'Ormuz; remonter vers l'Afghanistan, au travers du Séistan, les livrerait à l'émir de Kaboul qui, on
le sait, se montre loyal envers l'Angleterre.

Depuis bien des années, les tribus qui habitent la
chaîne bordière méridionale de l'Iran étaient en rébel-
lion contre l'autorité du Chah, ne payaient que très
irrégulièrement les taxes et ne supportaient chez elles
aucun fonctionnaire de la couronne. Cet état de choses,
dont l'origine se perd dans la nuit des temps, s'était
singulièrement aggravé lorsque, sous Mozaffer-ed-Din
chah, le pouvoir fut retiré au gouverneur d'Ispahan, le
prince Zéllé-Sultan, et les troubles qui eurent lieu à
Téhéran, lors de l'établissement en Perse d'un semblant
de régime parlementaire, n'étaient pas faits pour rendre
à l'autorité royale son action d'antan sur les turbulentes
tribus du sud. Après la mort de Nassr-ed-Din chah, l'in-
soumission gagna rapidement chez les nomades, et la
révolution persane n'eut d'autre effet pratique que d'a-
néantir les derniers vestiges de la puissance royale, sans
la remplacer par une autre autorité. L'anarchie règne
en maîtresse dans tout le domaine des chahs, c'était
à prévoir.

Il s'ensuit que la moitié de la Perse est aujourd'hui
presque indépendante, que le gouvernement de Téhéran

n'est plus que l'ombre d'un pouvoir, et que la tâche de pacifier les tribus insoumises incombe aux Russes. Ces nomades sont tous armés; ils habitent des montagnes d'accès très difficile et considèrent leur droit au fusil, c'est-à-dire au pillage, comme le plus précieux de leurs biens. L'œuvre du désarmement sera donc très longue. Fort heureusement, ces gens ne se montrent braves que devant les faibles; ils sont foncièrement lâches, et la peur du canon produira sur eux les effets les plus salutaires.

Au nord-ouest de la Perse, les Russes, maîtres de Tabriz, de Khoï, de Bidjar et de Sineh, refoulent donc peu à peu vers la frontière osmanlie les tribus kurdes de Moukri. Or, cette frontière est formée par une chaîne de montagnes très élevée, par un chaos de pics et de ravins presque inaccessible qui, des limites de la Perse, descend vers la vallée du Tigre. Toute cette région est kurde, chaque vallon possède sa tribu gouvernée par ses aghas, indépendante de ses voisines, et chacune offrira de la résistance. Bien qu'il soit attaqué par Van et Bitlis, ainsi que par le plateau iranien, ce foyer sera long à réduire; mais, au nord-ouest comme au sud, les Russes se contenteront probablement de maintenir les nomades dans leurs montagnes, renvoyant à plus tard la pacification définitive.

Ainsi l'on peut, dès aujourd'hui, considérer les opérations russes en Perse comme terminées, et tout en conservant dans l'Iran les garnisons nécessaires au maintien de l'ordre, nos alliés sont à même de jeter toutes leurs forces asiatiques sur la Turquie. C'est là un point fort important acquis; car, depuis 1914, c'est pour la première fois que nous voyons un front complètement déblayé à l'avantage des Alliés.

L'origine de l'intervention des Russes en Perse est dans la révolte des Cosaques persans, de ce petit corps destiné à faire la police pour le compte du régime parlementaire. Mais ce corps, dont j'ai vu moi-même beaucoup de Cosaques indigènes, avait été recruté dans de bien fâcheuses conditions et renfermait bon nombre de ces gens de sac et de corde qu'en Perse on nomme *loutis* (apaches) et qui avaient fait la révolution persane : c'était donc la police confiée aux bandits, et les Turco-Allemands n'ont pas eu grand'peine à faire naître, chez ce ramassis, l'esprit d'insubordination. Cette révolte est explicable; mais ce qui est inexcusable, c'est l'attitude de ces officiers suédois qui, contrairement à la parole donnée, se sont levés contre le Gouvernement au service duquel ils sont entrés. Que doivent penser les Orientaux d'une semblable félonie de la part de militaires européens? Quel discrédit va jeter sur les « Farenghis » ce manquement à la foi du soldat que respectent tous les peuples? Stockholm a bien quelque responsabilité dans cette affaire.

Fronts asiatiques. — 2 mai 1916 (1).

Les journaux ont publié, au sujet de la prise de Trébizonde par les troupes russes, tout ce qu'il en pouvait être dit; quelques-uns mêmes en ont écrit plus qu'il ne convenait, bâtissant des châteaux en Espagne au sujet de la marche de nos vaillants alliés vers Constantinople. Certes, la chute de l'ancienne capitale des Comnènes est un fait de très haute importance, car elle assure le flanc droit des armées du grand-duc et les relie d'une manière effective au grand arsenal de Sébastopol; mais il ne faut pas en conclure que la marche de nos alliés vers Stamboul n'est plus qu'une affaire d'étapes : ce serait ignorer les difficultés énormes que rencontreront les Russes dans l'Asie Mineure, pays montagneux, de défense aisée et, comme bien on peut le penser, hérissée de canons et de baïonnettes.

La tâche accomplie en Arménie a été fort ardue, non seulement par suite de la topographie des lieux, mais aussi du fait que la guerre se faisait en hiver, par des altitudes souvent supérieures à 2.000 mètres. Ce n'est que par des prodiges de valeur et d'endurance que nos alliés sont parvenus à vaincre. Désormais, la campagne sera certainement moins pénible au cours de la saison chaude, mais les obstacles naturels ne sont pas moins grands.

Les Russes sont à Baïbourt, dans la haute vallée du Tchorok; ils marchent sur Erzingian, tenant ainsi un front nord-sud afin d'éviter les saillants toujours dan-

---

(1) *L'Éclair* de Montpellier.

gereux en pays montagneux. Mais ce front est encore, à vol d'oiseau, à 900 kilomètres de Constantinople, et, pour menacer réellement la capitale turque, il doit s'avancer parallèlement à lui-même, en se protégeant sur son aile gauche. C'est là une opération de très grande envergure, qui, si elle est tentée, réclamera bien des mois.

Vers le sud, l'offensive russe se heurte à cette muraille montagneuse qu'on nomme le Taurus arménien, massif très élevé, très difficile, qui sépare le bassin du lac de Van des rives du Tigre. Le Taurus arménien est habité par les plus énergiques populations kurdes, qui feront dans leur repaire une guérilla longue à réduire. Bien certainement les Russes triompheront de cette résistance; mais ce ne sera pas sans grands efforts de leur part. De ce côté, le ravitaillement d'une armée en campagne présente des difficultés qu'on a peine à concevoir quand on ne connaît le pays que par les cartes.

La marche des troupes du Tsar au travers de l'Arménie et du Lazistan est un admirable fait d'armes, l'un des épisodes les plus glorieux de cette guerre, et ses conséquences sont considérables, la position de l'armée du grand-duc devient de jour en jour plus écrasante pour l'ennemi; mais ne nous hâtons pas de mettre à mort l' « homme malade », son agonie sera longue encore, car une armée, quelque démoralisée et démembrée qu'elle soit, peut encore offrir dans des pays aussi difficiles une résistance capable de retarder les opérations.

Après la chute de Kirmanchah, les Russes qui se sont emparés des cols du Zagros menacent Bagdad; mais les Turcs se sont massés à Khanéghin pour leur disputer la route. Depuis ce temps, nos alliés sont restés sur leurs positions, attendant que les autres parties du front soient prêtes. Ils ne peuvent, en effet, marcher sur la capitale des khalifes, alors que l'armée anglaise de Chaldée est toujours au sud de Kout-el-Amara.

D'ailleurs, de ce côté, les nouvelles que nous recevons sont mauvaises. Le général Townshend, après cent quarante-trois jours de blocus, a été contraint de capituler avec toutes ses forces, 2.970 Anglais et 6.000 Indiens. C'est là un coup très sensible porté à notre amour-propre, un échec qui sera grossi par nos ennemis, exploité pour remonter le moral des Turcs. Mais ce n'est, somme toute, qu'un incident sans importance au point de vue militaire. 9.000 hommes ont été cernés et pris, cette perte est sans influence sur l'ensemble des opérations. En Champagne, nous avons dernièrement pris 30.000 hommes aux Allemands et cette capture n'a pas eu de graves conséquences pour la suite des mouvements.

Kout-el-Amara, où, en 1910, j'ai passé une quarantaine sanitaire de dix jours, est un gros bourg situé sur la rive gauche du Tigre, dans une immense plaine. Ce point ne présente par lui-même aucune importance stratégique, pas plus que Ctésiphon au nord ou qu'Amara au sud, pas plus qu'aucun point des rives du Tigre entre Kornah (confluent du Tigre et de l'Euphrate) et Bagdad. En Chaldée, il n'existe aucun point dont la possession soit de nature géographique à contraindre l'un ou l'autre des belligérants à modifier ses plans. Il n'y a donc lieu de voir dans la chute de Kout-el-Amara que ce qui s'y trouve en réalité, la perte de 9.000 hommes; et quoi qu'en puissent dire nos ennemis, ils ne transformeront pas cette déconvenue en un désastre.

10 mai 1916 (1).

Un jour, le prince de Bismarck, jeune encore, attaché à l'ambassade de Prusse à Pétrograd, se rendait en traîneau dans les environs de la capitale des Moscovites. Accrochant une borne cachée sous la neige, le traîneau chavira et le jeune comte prussien fut, avec son cocher, projeté dans les champs. L'on ne se fait aucun mal en tombant dans la neige; mais le traîneau était cassé et le diplomate se voyait exposé à passer la nuit dans de fâcheuses conditions. *Nitchévo* (cela ne fait rien), dit le cocher, qui, sortant avec un calme parfait des ficelles de sa poche (les poches des cochers russes sont sans fond), rajusta les morceaux de la voiture, pria son client d'y reprendre place, et s'adressant à ses chevaux leur dit d'une voix douce : « Allez, mes petits poulets. » Otto de Bismarck, enthousiasmé par le flegme de cet homme, par la puissance de ce *Nitchévo*, ramassant un morceau

---

(1) *L'Éclair* de Montpellier.

de fer du traîneau en fit faire une bague portant, écrit
en lettres russes, le mot *Nitchévo*. C'est en effet dans
le flegme et le fatalisme contenus dans cette expression
que réside la grande force de la Russie.

Le général Townshend a dû capituler à Kout-el-
Amara, alors qu'on espérait que bientôt il serait à
même de reprendre sa marche sur Bagdad. *Nitchévo*,
a-t-on dit au quartier général russe, et les troupes du
Tsar n'en ont pas moins continué leurs opérations dans
la direction de la capitale des khalifes.

Nos amis les Russes ne sont certes pas prodigues de
détails sur leurs opérations en Asie. D'ailleurs, n'ont-ils
pas raison? A quoi bon nous renseigner sur tous leurs
faits et gestes? Ils avancent; quant au reste, quant à
la méthode suivant laquelle ils battent aussi correcte-
ment les Turcs, *Nitchévo*. Seuls les résultats importent;
et pendant que nous les croyons encore occupés du
côté de Mouch et de Bitlis, voilà qu'ils sont déjà, dit-on,
tout près de Diarbékir, l'ancienne Amide, la célèbre
place forte des Romains contre les Perses. C'est là, si
cette nouvelle est exacte, une avance extraordinaire;
car chaque jour le front russe en Turquie d'Asie s'étend
dans des proportions fabuleuses, et il faut vraiment que
le difficile service des approvisionnements en toutes
choses soit admirablement organisé, pour que la marche
en avant puisse s'effectuer sans à-coups. Jamais, en
Europe, on ne comprendra combien la tâche est pénible
pour les services de l'arrière en pays aussi montagneux,
aussi dépourvu de voies de communication. Cette offensive des Russes tient du prodige.

Les troupes du grand-duc sont devant Erzingian et
devant Bitlis. Sur ces deux points elles semblent être
stationnaires depuis quelques semaines. La cause en
est que les principales forces des Turcs sont aux environs
de ces deux places et que Bitlis, bien qu'arrosée par un
affluent du Tigre, est séparée de la vallée de ce fleuve
par un massif montagneux d'un accès extrêmement
difficile, le Taurus arménien; les généraux russes auraient donc préféré tourner cet obstacle naturel et marcher sur Diarbékir, plutôt que de s'engager dans des
gorges rendues plus inhospitalières encore par la présence des Kurdes.

En Perse, on se bat à l'ouest du lac d'Ourmiah; les Russes continuent des opérations qui sont plutôt du ressort de la police que de celui de la guerre et refoulent dans leurs montagnes les turbulentes tribus kurdes. Ainsi le mouvement russe s'accentue, laissant des îlots aux mains non pas des Turcs, mais des barbares kurdes dont on n'a pas à redouter d'offensive dangereuse.

Telle est la situation en Turquie d'Asie. On ne peut la désirer meilleure et ce n'est pas la déconvenue de Kout-el-Amara qui peut influencer la suite des opérations. L'armée anglo-indienne est à quelques kilomètres seulement de la bourgade rentrée en possession des Turcs, et la mise en marche de nos alliés n'est plus qu'une question de jours. Alors les Ottomans auront à lutter partout à la fois, depuis les plages de la Mer Noire jusqu'au Golfe Persique, et, qui sait? peut-être aussi en Syrie, contre l'armée anglo-égyptienne appuyée par les flottes de l'Entente. N'oublions pas en outre que nous possédons à Salonique des forces considérables et que Salonique n'est loin ni de Sofia ni de Constantinople. Vraiment la Turquie est bien mal prise, et les *Hoch!* de Berlin en l'honneur de la grande victoire de Kout-el-Amara n'amélioreront pas la situation de l' « homme malade ».

Von der Goltz, dit-on, a été assassiné par un officier turc, et l'on se chamaillerait dans le cercle « Union et Progrès », le peuple turc gronderait. Ce sont là des indices de la gravité de la situation en Turquie; peut-être même verrons-nous bientôt le massacre de tous les Allemands et des Jeunes-Turcs, un gouvernement provisoire se créer et venir supplier les Alliés d'accorder la paix. Ne le souhaitons pas; car la Turquie coupable doit être punie avec la dernière des rigueurs, son nom doit être effacé des cartes et un revirement politique à Constantinople deviendrait un obstacle contre l'œuvre de haute justice que les Alliés ont le devoir d'accomplir.

16 mai 1916 (1).

Dès le 20 décembre 1915, alors que les Russes venaient

---

(1) *L'Éclair* de Montpellier.

de battre les rebelles persans soutenus par les Turcs, entre Téhéran et Hamadan, je montrais par quelle voie (Hamadan—Kirmanchah—Qasr-é-Chirin) nos alliés se préparaient à marcher sur Bagdad. Le 6 janvier 1916, les troupes du Tsar s'étant emparées du col d'Assadâbâd culbutaient les forces turco-kurdes à Sirkan, et j'exposais les difficultés qu'il leur restait encore à vaincre pour gagner la plaine de Mésopotamie. Le 18 du même mois, une nouvelle avance de nos alliés me faisait revenir sur la question et, le 4 février, les progrès russes me permettaient de parler du fiasco de la fameuse campagne turco-allemande contre les Indes Anglaises. Le 8 mars, je signalais la haute importance de la prise par nos alliés du village de Sorkhadizeh, au col du Zagros. Enfin le 16, le 31 mars et le 2 mai, je revenais sur les mouvements des troupes du Tsar vers Bagdad. De point en point les progrès s'étaient réalisés suivant mes prévisions du 20 décembre 1915, parce que la route que j'indiquais alors est la seule par laquelle une armée soit à même de franchir la chaîne bordière de l'Iran.

Voici qu'aujourd'hui les Russes sont à Qasr-é-Chirin (le château de la reine Chirin « la douce »), localité célèbre dans l'archéologie par les ruines du vaste palais du roi sassanide Khosroès II, l'auteur de tant de méfaits en Syrie et en Palestine, le contemporain de Justinien Ier.

Qasr-é-Chirin (altitude 500 mètres) est bourgade frontière de la Perse, dans la direction de Bagdad; elle est située à 30 kilomètres de Khanéghin (altitude 350 mètres), ville turque à 15 kilomètres des limites de l'empire du Chah. Les Turcs sont donc refoulés chez eux et menacés par un ennemi qui, descendant des hauteurs, est parfaitement garanti sur ses derrières. Ainsi, en cent cinquante jours environ, nos alliés ont exécuté leur programme sur un parcours de 600 kilomètres environ, en chassant successivement les Turco-Allemands de toutes leurs positions, en surmontant mille difficultés naturelles, en organisant leurs approvisionnements en pays très âpre et privé de routes. C'est là une opération remarquable, dont on ne saurait trop vanter le succès.

Le front russe se trouve donc actuellement à 180 kilomètres de la capitale des khalifes. Son aile droite, en franchissant la rivière Diyala, près de Chirvan, peut aisément menacer le cours du Tigre en amont de Bagdad, par le district de Kerkouk; mais son aile gauche peut jouer un rôle beaucoup plus important en venant prendre à revers l'armée turque opposée aux Anglais sur le bas Tigre.

Deux voies se présentent pour opérer cette diversion, l'une partant de Qasr-é-Chirin suit les derniers contreforts du Poucht-é-Kouh, jusqu'au lieu dit Baksayeh, et coupe en travers tous les ruisseaux d'eau douce qui descendent des montagnes. L'autre, partant de Mahidécht près de Kirmanchah, traverse le pays des Kialhours sans difficultés, franchit le Kébir-Kouh (Poucht-é-Kouh) au col de Mollah-Ghiavan, gagne les vallées parallèles de ce Jura persan, couvert de forêts et de pâturages, et atteint Baksayeh en s'appuyant sur les hauteurs. Ces deux voies sont d'égale longueur, une dizaine d'étapes permettent de les parcourir. La première présente l'avantage d'admettre le transport de l'artillerie de campagne, tandis que par la seconde on ne peut apporter que des pièces de montagne.

Ces pays sont peuplés de Loures, fort peu nombreux d'ailleurs, et qui très certainement ne feraient aucune opposition au passage des troupes alliées; mais bien que les Russes soient à même de tendre la main aux Anglais en Chaldée, il ne faut pas oublier que les troupes du Tsar sont à plus de 1.000 kilomètres de leur base (le Caucase) et que, par suite, elles ne sont peut-être pas à même de développer ainsi leur front vers le sud. Leurs récents succès de Bitlis, Mouch et Diarbékir les engageront vraisemblablement à reporter leur effort dans la direction de Mossoul, point important non par lui-même, mais parce que les Turco-Allemands en ont fait la base de leurs opérations vers le nord, comme vers le sud. La possession par nos alliés de tous les districts de la rive gauche du Tigre entraînerait l'abandon par les Turcs de la Chaldée et de Bagdad; car l'Euphrate ne peut être aux ennemis que d'un bien faible usage. Ce fleuve n'est navigable qu'à la descente et, depuis Meskéneh jusqu'à Féloudja, près de Bagdad, il traverse un désert.

Les Turco-Allemands parlent encore d'une expédition contre le canal de Suez. Peut-être feraient-ils mieux de songer à l'occupation de la Palestine et de la Syrie par l'armée anglo-égyptienne, aidée de nos escadres. Sans être dans les secrets des dieux, on voit clairement que la Turquie se trouve menacée de tous les côtés à la fois, en Chaldée, à Qasr-é-Chirin dans le Taurus arménien (Bitlis), à Mouch, Diarbékir, Erzingian, sur la côte pontique, en Syrie et enfin par Salonique. Du jour où se déclenchera cette formidable offensive d'ensemble, l'homme malade sera bien près d'être un homme mort.

Front du Kurdistan. — 22 mai 1916 (1).

Les troupes russes viennent d'occuper Revandouz. Telle est la grande nouvelle en ce qui regarde le front asiatique. Cette information nous parvient sans détails de Pétrograd; mais il n'est pas nécessaire d'être grand clerc pour savoir comment les choses se sont passées; il suffit de connaître le pays.

Nous avons vu les Russes progresser au Kurdistan persan, s'emparer de Mian-do-Ab, de Saoudj-Boulaq, de Sineh et, en conséquence, pacifier les tribus kurdes de la frontière turco-persane. Nous ne savons pas s'ils sont déjà venus à bout des Mâmèches, des Menghours et des autres tribus de la vallée de Kialvi (Zab inférieur) cantonnées en territoire persan; mais ils avaient pris la bourgade d'Ouchnouw, dans la vallée du Ghâder-tchaï, affluent du lac d'Ourmiah. Et l'occupation de ce point leur assurait la possession de la route, fort difficile d'ailleurs, un sentier muletier qui traverse les montagnes au col de Kel-i-Chin. Ce col est l'un de ceux par lesquels, jadis, les armées assyriennes et celles des rois d'Ourartbou allaient porter la guerre chez les Madai (Mèdes) et les Parsoua (Perses).

Il est à penser que les Turcs n'ont pas défendu ce passage, dont l'altitude dépasse 2.500 mètres, car il leur eût été facile de barrer le chemin de nos alliés.

Du col de Kel-i-Chin, la vue embrasse la majeure

----

(1) *L'Éclair* de Montpellier.

partie du district de Revandouz et de la haute vallée du Zab supérieur ou Grand Zab, pays très montagneux, couvert de forêts de chênes au feuillage persistant, dont les hauts sommets seuls sont dénudés. Dans ces vallées habitent des nomades kurdes, peu nombreux et très barbares. Le sentier qui conduit de Perse en Turquie passe à flanc de coteau d'une montagne frontière dite Tchiarach et gagne un vallon très encaissé qui descend vers Revandouz. On compte 10 farsaks (60 kilomètres) entre Kel-i-Chin et cette bourgade, pauvre agglomération de maisons construites en terre, où les Turcs avaient officiellement un Divan-Hané; mais, le plus souvent, ce « palais du Gouvernement » était occupé par un Kaïmakam kurde.

Revandouz est à 180 ou 200 kilomètres de Mossoul, suivant qu'on passe ou non par Arbèles, et le chemin, toujours un sentier muletier, suit à peu de chose près le cours du Zab et passe dans une vallée très encaissée, sur presque tout le parcours du Zab-el-Ala. Tous ces sentiers sont affreusement difficiles et ne comportaient, quand en 1890 j'ai relevé les cartes de ces pays, que des transports à dos de mulet. Il est donc à croire que les Russes ont fait occuper Revandouz par de la cavalerie munie de canons de montagne et des troupes caucasiennes.

C'est là un raid fort intéressant et très remarquable que ce coup de main. Il fait partie de l'avance générale de l'armée du Caucase; mais tout en inquiétant fortement les Osmanlis, ne présente pas les conséquences que certains journaux, et non des moindres, se plaisent à lui attribuer. C'est le mouvement d'ensemble par Diarbékir, Mouch, Bitlis, Revandouz et Qasr-é-Chirin qui est effrayant pour les Turcs, et non l'avance sur un point spécial; et ce mouvement s'opère avec une régularité et une méthode qui, en effet, doivent donner à réfléchir dans les bureaux de Stamboul.

Les Turcs s'étaient massés à Khanéghin pour défendre la route de Bagdad, alors que les Russes s'emparaient de Qasr-é-Chirin. C'était là une mesure bien inutile, car, je l'ai dit le 16 mai, Khanéghin est situé dans la plaine de Mésopotamie et peut être tourné aussi bien vers le nord que par le sud; ce n'est pas un point stratégique, et la preuve en est que depuis que j'écrivais ces lignes, les troupes du Tsar, tout en observant les Turcs de Khanéghin, se sont, dit-on, portées au nord et marchent vers le Tigre, dans la direction d'Eski-Bagdad (Vieux-Bagdad), après avoir traversé la rivière Diyala et en protégeant leur gauche par cette grande rivière.

Couper les transports turcs entre Mossoul et Bagdad est certainement l'objectif de l'armée de Qasr-é-Chirin; inquiéter Mossoul est celui des troupes actuellement cantonnées à Revandouz, et prendre Diarbékir est aussi le but du grand-duc, afin de ne laisser aux ennemis que la voie très précaire de l'Euphrate pour les approvisionnements de leur armée du Sud. Quant à couper ces dernières communications en occupant une rive du moyen Euphrate, il n'y faut pas songer pour une armée venant de l'est. Russes et Anglais seraient arrêtés par le désert. C'est par la Cœlé-Syrie seulement que cette opération peut être tentée avec des chances de succès. L'occupation d'Alexandrette, d'Alep et de Meskéneh seule peut donner ce résultat.

Quoi qu'il en soit des difficultés sans nombre que rencontreront encore nos alliés, nous pouvons dire que les affaires de l'Entente sont très remarquablement conduites en Turquie d'Asie, que les Russes ne laissent rien à l'imprévu et que, grâce à l'extraordinaire endurance de leurs troupes, ils rendent, chaque jour, la situation plus difficile pour les Turco-Allemands. Aujourd'hui, le front russe s'étend en Turquie d'Asie sur un développement de plus de *1.200 kilomètres :* c'est à ne pas croire ! Comment les Turcs seraient-ils en mesure de tenir tête à cette immense vague? Ils n'en ont pas les moyens, ni comme hommes ni comme matériel.

27 mai 1916 (1).

Dans un précédent article, je signalais l'importance de la prise de Qasr-é-Chirin par les Russes et j'indiquais les voies par lesquelles les troupes du Tsar étaient maintenant à même de donner la main aux colonnes anglaises de la Chaldée. Dans ces lignes, je préconisais

------

(1) *L'Éclair* de Montpellier.

surtout l'usage des chemins qui, partant de Kirman-chad (Mahidécht), traversent le pays des Kialhours, les montagnes de Poucht-é-Kouh et permettent de gagner la plaine du Tigre. Je signalais les difficultés naturelles de ces routes et l'impossibilité de s'en servir pour transporter des canons de campagne. Or, pendant que j'écrivais ces lignes, les Cosaques de l'Ukraine exécutaient, au pied de la lettre, le programme que je traçais et venaient rejoindre le général Gorrinje en aval de Kout-el-Amara; le *Daily Mail* du 22 mai nous annonce cet important fait d'armes.

Nous ne savons pas quelle est l'importance du corps de cavalerie moscovite qui a franchi les montagnes du Louristan; mais il m'est bien facile d'indiquer, presque étape par étape, la route suivie par nos alliés.

Le point de départ était obligatoirement Kirmanchah (altitude 1.470 mètres), principale ville du Kurdistan méridional, située à la frontière nord du Louristan. De Kirmanchah on passe, sans la moindre difficulté, dans la vallée de Mahidécht (la plaine des poissons), située à 25 kilomètres environ à l'ouest de la ville. Puis, marchant vers le sud, on franchit le groupe de collines parallèles et dénudées du pays des Kialhours, avec ses petites rivières qui toutes sont guéables. On arrive ainsi, après s'être avancé d'une cinquantaine de kilomètres, sur les rives d'un cours d'eau qui porte le nom d'Ab-é-Kérind et prend sa source près de la bourgade du même nom, Kérind (sur la route de Kirmanchah à Bagdad). En descendant l'Ab-é-Kérind, on parvient au district de Tchéhar-Dooul (les quatre domaines, altitude 890 mètres). Il faut alors passer une montagne assez abrupte nommée Tcharmin-Kouh. A partir de Tchéhar-Dooul jusqu'à la plaine de Mésopotamie, les montagnes se composent toutes de plis parallèles dirigés du nord-ouest au sud-est. C'est un véritable Jura.

En descendant de Tcharmin-Kouh, l'on se trouve à Chirvan, lieudit, situé dans la vallée de Seïn-Merrè, fleuve important qu'on laissera sur sa gauche et qui se rend au Tigre, en amont de Kornah, après avoir traversé la Susiane. A Suse, il porte le nom de Kerkha, alors que sur le plateau persan, à Bisoutoun, on le nomme Gamâs-âb.

Chirvan est au pied du Kébir-Kouh (la grande montagne), pli principal du Poucht-é-Kouh (le dos de la montagne), chaîne tout au plus large de 100 kilomètres qui, par des gradins successifs, permet d'atteindre la Chaldée.

Le seul col par lequel on puisse franchir le Kébir-Kouh est celui dit de Mollah-Ghiavan (altitude 1.880 mètres); ce col est d'une montée très rapide et difficile, le sentier très étroit oblige à n'avancer qu'en file indienne. Au delà sont les vallées d'Aftâb (le soleil) et de Méir-Ama, couvertes de pâturages, tandis que les hauteurs sont boisées de chênes verts. Le voyageur voit alors devant lui Endjir-Kouh (la montagne des figues), qu'il franchit aisément par des sentiers. Dès lors, il se trouve dans une région de collines basses et de vallons où croissent les dattiers, et n'a plus ensuite que le choix entre les divers cours d'eau pour gagner le Tigre. La rivière Keurreu-Siah (Djezddjezan dans la plaine) le conduit à Kout-el-Amara, tandis que celle d'Awaza (Tchenquoulâ dans la plaine) le mène plus au sud; mais il peut gagner le Tigre beaucoup plus en aval par les sentiers dits des Ghermasirs (pâturages chauds) qui longent les derniers plis du Poucht-é-Kouh, le Kouh-Hamrin (la montagne des ânes).

Cette nomenclature de noms baroques semblera bien certainement quelque peu ardue au lecteur, et cependant il est indispensable de la donner, afin de faire bien comprendre les difficultés que nos amis les Cosaques ont dû vaincre pour aller serrer la main de leurs compagnons sur les bords du Tigre. Je donne la traduction de la plupart des termes, de façon que le lecteur se rende compte de la simplicité de ces appellations qui nous parviennent le plus souvent défigurées par les télégrammes à tel point que moi-même, après avoir passé de longues années dans ces pays, après avoir suivi tous les sentiers de ces admirables montagnes, j'ai souvent peine à reconnaître les noms estropiés.

Le général Baratoff ne pouvait envoyer par le Poucht-é-Kouh que de la cavalerie, des mitrailleuses et des canons de montagne : c'est ce qu'il a fait; mais il est aujourd'hui le maître sur toute la frontière turco-persane; depuis Qasr-é-Chirin jusqu'à Béyat (au nord-est d'Amara), il dispose de toutes les vallées et les Turcs doivent être bien gênés par cette menace perpétuelle d'être attaqués à revers sur des points qu'ils ne peuvent prévoir. Ce raid de cavalerie se reproduira, sans nul doute, dès que les Anglais marcheront de l'avant sur le Tigre. Les Cosaques inquiéteront les communications de l'armée turque avec Bagdad, impressionneront les soldats ennemis toujours menacés d'enveloppement. C'est là vraiment un admirable résultat.

Pendant ce temps, malgré les renforts envoyés par les Allemands (4.000 hommes) et les Autrichiens (une division), en dépit des 120.000 hommes (sur le papier) que les Turcs lui opposent en Chaldée, le général Gorrinje avance lui-même, il est à 15 ou 20 kilomètres de Kout-el-Amara. Cette ville sera bientôt en son pouvoir et la marche vers Bagdad se poursuivra, appuyée sur sa gauche par le Tigre, sur sa droite par les Cosaques. Depuis le commencement des opérations de Chaldée, je me suis toujours demandé pourquoi l'armée anglo-indienne n'avait pas opéré une diversion sur sa droite par le Poucht-é-Kouh, en partant de Suse, en passant la Kerkha à Eivan-i-Kerkha, traversant la plaine de Tépéh-Moussian et suivant cette route antique des Ghermasirs qui conduisait jadis de Persépolis à Ctésiphon, et dont on retrouve encore les traces sur les confins de la Chaldée. Bien certainement, des raisons que j'ignore, n'étant pas dans les secrets des dieux, ont empêché cette diversion qui, à mon sens, eût fort probablement sauvé Townshend et ses 9.000 hommes. Le raid des Cosaques de l'Ukraine comble aujourd'hui cette importante lacune, ou tout au moins prouve qu'il était aisé aux Anglais de soutenir sur la droite leur marche suivant le Tigre.

28 mai 1916 (1).

On lit dans le *Matin :* (*Petrograd, 23 mai.*) — *En Perse, dans la direction de Mossoul, nos troupes ont occupé Serdocht.* (Lisez Serdècht, la tête de la plaine.)

Serdècht (altitude 1.520 mètres) est une bourgade

---

(1) *L'Éclair* de Montpellier.

de peu d'importance au point de vue de la population. Elle est située dans la vallée du Kialvi, rivière qui, en Turquie, prend le nom de Zab-el-Asfal (Zab inférieur) et qui, en kurde, se nomme Zèrb. Cette rivière prend sa source en territoire persan, dans le district de Lahidjân, chez les Kurdes mâmèches, elle traverse le pays des Menghours, des Ghowrouks, des Bask-i-Kolossa et des Kialouw, tribus très remuantes, et franchit la frontière osmanlie aux passes d'Alan, défilés fort difficiles. Au delà, le Zab descend en torrent dans un pays extrêmement accidenté et boisé. Serdècht, par les sentiers muletiers, est à 200 kilomètres environ d'Altoun-Keupru (le Pont d'Or), l'une des résidences des autorités turques dans le Kurdistan, et Altoun-Keupru est à 100 kilomètres du Tigre. Le confluent du Zab inférieur et du Tigre est lui-même à 150 kilomètres au sud de Mossoul.

L'occupation de Serdècht par les Russes complète donc la pacification du Kurdistan persan; mais au point de vue de la marche vers Mossoul, elle ne présente pas de conséquences très graves pour les Turcs. La prise de Revandouz et les opérations dans le Taurus arménien (Bitlis), l'avance sur Diarbékir ainsi que le raid des Cosaques de l'Ukraine au travers du Louristan (Poucht-é-Kouh) sont autrement sérieux.

De Serdècht, la cavalerie du Tsar peut s'emparer d'Altoun-Keupru et, de ce fait, calmer la turbulence des nombreuses tribus kurdes, Pichders et autres, qui habitent les vallées de ce massif montagneux. Khoï-Sandjak (en kurde, Ko) est une autre résidence du Gouvernement turc dans ce pays. Ko se trouve à 100 kilomètres de Serdècht et à la même distance environ d'Arbèles qui, elle-même, est à 100 kilomètres de Mossoul. Tout ce pays est peuplé de Kurdes fort dangereux, et les sentiers entre Serdècht et Mossoul par Ko et Arbèles sont presque impraticables.

On ne doit donc voir dans l'occupation de Serdècht qu'un redressement de l'immense front qui s'étend de Trébizonde à la Chaldée. Le vaste mouvement des Russes en Turquie se caractérise tous les jours de plus en plus et, nulle part aujourd'hui, l'on ne voit sur cette longue ligne de bataille de saillants ou de rentrants dangereux. L'opération, bien qu'elle soit d'une envergure inouïe, est menée avec une méthode qu'on ne saurait trop admirer.

Sur leur route vers Serdècht, nos alliés ont bien certainement rencontré de la résistance, car les tribus de la vallée du Kialvi sont très barbares et toujours ont montré des sympathies pour la Turquie. Ce sont elles qui, soulevées il y a trente ans environ, sont venues menacer Ourmiah, Tabriz même, et ont brûlé Mian-do-Ab, ainsi que les villages situés au sud de Maragha.

Quand, en 1890, j'ai pour la première fois visité Serdècht, j'ai rencontré là un ancien saint-cyrien, Ferroukh khân, qui en était alors vice-gouverneur. Ce malheureux ne pouvait que rarement sortir de sa maison, parce que les Kurdes venaient sans cesse l'y assiéger. C'étaient les Pichders de Turquie qui se permettaient ces méfaits, et Ferroukh khân, ne disposant que d'une quarantaine de mauvais soldats, faisait contre mauvaise fortune bon cœur. Il charmait ses loisirs en lisant et relisant Hâfiz, Firdouzi, un million de faits et de vieux numéros du *Figaro*. Nassr-ed-Din chah l'avait envoyé dans cette prison par mesure générale à l'égard de tous les jeunes Persans qui, instruits en Europe, comprenaient trop de choses et étaient capables, à son avis, de répandre dans l'Iran des idées subversives. Si j'ai bon souvenir, Ferroukh khân avait fait à nos côtés la campagne de 1870 : c'était une raison de plus pour ne pas lui confier un poste important. Qu'aurait dit le ministre d'Allemagne ?

Arabie. — 23 juin 1916 (1).

Un mouvement d'hostilité envers les Jeunes-Turcs se produit en ce moment dans tous les pays arabes de l'Empire osmanli : et ceci n'a rien qui doive surprendre ; car, même en temps de paix, l'élément sémitique mahométan de l'Asie Antérieure ne se soumettait aux maîtres turcs que bien à contre-cœur. En Syrie, dans le Hedjaz, en Chaldée, l'autorité du Sultan, toujours discutée, donnait lieu très souvent à des protestations qui, presque toujours, se terminaient par des conflits armés.

---

(1) *L'Éclair* de Montpellier.

De tous les musulmans, l'Arabe est celui qui possède au plus haut degré le respect de lui-même, l'amour pour les traditions, le sentiment de l'importance et de la force de l'Islam. C'est un grand seigneur, réfléchi, conscient de sa noblesse et respectueux de celle des autres ; c'est le moins barbare de tous les barbares. On se souvient des relations chevaleresques des émirs avec les princes croisés, des égards qu'ils avaient pour leurs prisonniers de qualité. Ces sentiments élevés ne sont pas morts chez les Arabes, et les descendants des khalifes souffrent profondément de la servitude honteuse qui leur est imposée par le Turc. Ils ont conservé dans leur cœur le souvenir des temps où ils étaient les maîtres et déplorent le régime actuel ; car le Sultan, qui bien qu'il n'appartînt pas à leur race représentait pour eux un principe, est aujourd'hui le serviteur d'une bande d'ambitieux sans scrupules qui mène l'Islam à sa perte. Tout homme sensé le voit chez les fidèles du Prophète.

Pour l'Arabe, pendant longtemps, le sentiment religieux a tenu place du patriotisme. Musulman fanatique, plaçant tout au-dessous de ses croyances, il confondait volontiers tous les mahométans, qu'ils fussent turcs ou autres, dans une même nation ; mais les exactions des Turcs et les derniers événements ont ravivé chez ce peuple les sentiments traditionnels sémitiques, et il ambitionne sa reconstitution politique.

Toutefois, si parmi la nation arabe se trouvent des hommes instruits et fort distingués, capables de comprendre les nécessités de la vie politique moderne, il n'en est pas de même de la population et de la majeure partie du clergé musulman. Le peuple des villes, entre les mains des mollahs, est capable de tous les délires, de toutes les crises de fanatisme. Quant aux tribus nomades, leur rudesse d'antan ne s'est pas corrigée et l'on ne peut pas compter sur leur amélioration par développement sur elles-mêmes. L'élément arabe de l'Empire ottoman, à quelques exceptions près, constitue un foyer purement mahométan et dont les tendances sont uniquement religieuses. Or, l'on sait combien le Koran est intransigeant et opposé à tout progrès en dehors de lui-même. Favoriser outre mesure le mouvement national des Arabes, remplacer en Turquie les Touraniens par les Sémites serait vouloir revenir de plusieurs siècles en arrière et créer un État aux mœurs surannées, dangereux en ce qui regarde l'évolution générale et la paix mondiale.

Des musulmans fort distingués écrivent dans nos revues et dans nos journaux des articles très habiles, s'efforçant de démontrer et de faire croire que la civilisation gagnerait à la reconstitution d'un grand État arabe; ils sont dans leur rôle et nous ne saurions les en blâmer; mais il ne faut pas nous laisser prendre à ces discours insinuants; car jamais l'Arabe ne renoncera aux enseignements de son prophète et, du jour où il aura acquis l'autorité, nous le verrons revenir à ses pratiques asiatiques, en dépit de son élite qui fait montre peut-être de plus de tolérance qu'elle n'en a réellement.

Certes, chaque peuple a droit à la conservation de ses traditions et de son culte, et il serait profondément injuste de priver les Arabes, comme les autres, de leurs libertés intimes; mais il serait aussi très dangereux pour le salut public de permettre que la foi musulmane soit constituée en État important, qu'elle ait le droit de jouer un rôle politique. L'histoire est là pour réduire à néant les théories des enthousiastes, si nombreux dans notre pays, qui nous montrent la religion musulmane sous un jour par trop européen.

De tous les anciens royaumes musulmans, seuls l'Afghanistan, la Perse et la Turquie subsistent encore, et je n'ai pas besoin de rappeler les innombrables complications internationales dont les pays de l'Islam ont été la cause. L'Algérie des deys, le Maroc avec ses sultans, l'Inde, l'Égypte et tous les autres États musulmans ont été incapables d'entrer dans le mouvement général vers le progrès; force a été de les priver de leurs droits politiques. L'Afghanistan est aujourd'hui sous le contrôle britannique, la Perse est soumise à l'influence anglo-russe et le monde civilisé a tout intérêt à faire disparaître la Turquie criminelle. Ce n'est donc certes pas le moment de créer un nouvel empire puissant où le non-musulman soit l'objet de mépris, soit traité de façon humiliante et barbare.

Les mahométans sujets français, anglais ou russes sont loin de se plaindre de leur sort. Dans cette guerre, ils ont fait preuve d'un loyalisme admirable; leurs affaires sont prospères, leur culte est respecté, leurs lois leur sont restées, seule la possibilité de nuire leur a été enlevée, pour leur plus grand bien et celui de l'humanité. Aujourd'hui, dans les pays islamiques soumis aux puissances européennes, chrétiens, juifs, musulmans, païens, vivent sur le pied d'égalité, sans froissement pour leurs consciences et pour leur amour-propre. C'est un résultat qui jamais n'eût été obtenu si les musulmans avaient conservé leur autorité politique. Chassons donc de notre esprit les utopies au sujet de ces peuples et, tout en assurant leur bien, ne faisons pas notre mal. Nos neveux nous reprocheraient un jour notre excès de sensiblerie.

30 juin 1916 (1).

L'heure est plus grave encore pour l'Empire ottoman qu'on ne le pensait il y a quelques semaines; car Allah lui-même, irrité contre la barbarie turque, se dresse menaçant. Voici que le grand chérif de La Mecque, le Koran d'une main, l'épée dans l'autre, prêche la guerre sainte contre la race maudite qui, pendant des siècles, a tenu sous son joug les descendants des khalifes. Le mouvement est d'importance, parce que, répondant aux aspirations du peuple arabe tout entier, il s'est en un instant répandu dans toute la péninsule et, sous peu, gagnera la Syrie et la Mésopotamie. C'en sera fait de la domination touranienne dans tout le sud de l'Asie Antérieure, jusqu'à Alep et Mossoul, alors que toute l'Arménie, de la Mer Noire à Diarbékir, est déjà conquise par les Russes.

En Mésopotamie, les populations chiites se sont aussi soulevées, dans leur indignation d'avoir vu profaner les mosquées d'Ali et d'Hussein à Kerbalah et Nédjef, et les musulmans de Perse réclament la libération de leurs lieux saints. Bagdad, encore occupée par les Turcs, barre la route aux pèlerins persans, tandis que la prise de Djedda par le Chérif ouvre à tous les mahométans, sauf aux Turcs, le chemin de La Mecque.

---

(1) *L'Éclair* de Montpellier.

Les Arabes, comptant sur l'impuissance des soldats turcs sous le soleil de l'Arabie, ont adroitement choisi la saison chaude pour faire éclater la révolte. Leur mouvement s'achèvera tandis que les troupes anglaises et russes de la Chaldée, immobilisées par la chaleur, tiennent en respect l'armée dont la Turquie eût pu disposer contre l'Arabie soulevée. Seuls les Arabes sont capables d'affronter la fournaise mésopotamienne.

Le soulèvement arabe, sans aucun doute, a été fortement encouragé par l'Angleterre, qui fournit à nos nouveaux alliés les armes et les munitions et, quand le moment sera venu, quand le climat permettra aux troupes européennes ou indiennes d'entrer en action, la face des choses aura bien changé en Orient. Pressés par les Anglais au sud, par les Russes à l'est, par les Arabes au sud-ouest, les Turcs devront abandonner la Chaldée et se replier vers Mossoul, Mardin et Ourfa. En Syrie, le mouvement libérateur gagnera peut-être Antioche, Alep, la rive droite de l'Euphrate, car tous les pays au sud d'Alexandrette sont peuplés par l'élément sémitique. L'armée anglo-indienne de l'Égypte, complètement dégagée, deviendrait dans ce cas disponible et son appoint pourrait être de grande utilité dans l'attaque de la citadelle turque de l'Asie Mineure.

Les communications de l'Europe et des Indes avec les Arabes sont aujourd'hui libres, tant sur les côtes de la Mer Rouge que sur celles du Golfe Persique; elles le seront, espérons-le, sous peu sur le littoral syrien, et la Syrie est un merveilleux point de débarquement et de concentration pour une armée chargée de menacer l'Asie Mineure et de donner le coup de grâce à l'Empire ottoman.

Le mouvement des musulmans de l'Arabie doit être considéré tout d'abord comme né de la haine d'un peuple opprimé contre ses maîtres; mais aussi, et pour une bonne part, il est inspiré par la reconnaissance des musulmans envers l'Angleterre et la France, si respectueuses toutes deux des usages et des croyances de leurs nombreux sujets mahométans. Accoutumés à la brutale injustice des Turcs, les Arabes, depuis longtemps, tournent les yeux vers nous, et si l'Angleterre est populaire dans la péninsule, si son renom de tolérance et d'équité s'est répandu de l'Oman à la vallée du Nil, de la côte brûlée d'Aden aux rives verdoyantes du Chatt-el-Arab, la réputation de la France n'est pas moins grande dans la Syrie. Sans jamais y avoir été contraints par des moyens violents, les Sémites de l'Asie Antérieure sont nos amis, nos clients, dans le sens que les Romains attachaient à ce mot ; et l'Arabe est un homme loyal, dévoué à ses amis : la superbe conduite de nos troupes algériennes et marocaines en est bien la preuve.

Ainsi, malgré les intrigues allemandes, en dépit des discours ronflants de Guillaume II, de ses combinaisons savantes, l'étendard vert du Prophète est venu se ranger aux côtés des Alliés. C'est là un fait considérable appelé à un immense retentissement dans tout le monde musulman et dont on ne saura trop propager la nouvelle du haut des minarets de toutes nos mosquées.

Quelles seront les conséquences du soulèvement arabe au point de vue des Arabes eux-mêmes ? Il serait prématuré de conclure ; mais l'indépendance des lieux saints musulmans apparaît comme certaine. La Mecque, Médine jouiront sans nul doute d'une autonomie absolue ; quant au peuple arabe lui-même, son sort dépend du Gouvernement britannique, et l'on sait combien l'Angleterre se montre large et tolérante vis-à-vis de ses protégés. Pour nous, seule la Syrie nous intéresse et, depuis le temps des Croisades, les peuples de ces montagnes réclament notre intervention, nous appellent à grands cris.

En Perse, pays chiite, où la haine contre le Sunnite est féroce, la déconvenue des Turcs aura grande portée, et les populations qui, il y a quelques mois encore, se montraient hésitantes, prendront nettement parti pour les Alliés ; cependant, il ne faut voir dans cette réaction iranienne qu'une garantie pacifique ; car les Persans ne sont pas à même de rendre le moindre service au point de vue militaire. La sécurité de leur côté est un grand point déjà.

Au Kurdistan, chez les aghas, les avis seront partagés, d'autant que certaines tribus ont largement profité du pillage des Arméniens et que les Turcs n'ont jamais osé imposer leur joug aux Kurdes. Ces populations sont pour la plupart sunnites, et leurs tendances seraient plutôt pour les Turcs que pour les Persans; mais l'armée russe occupe la majeure partie du Kurdistan, il n'y a pas à craindre de ce côté de réels dangers.

La situation en Orient se dessine donc d'une manière très favorable pour les Alliés. La lutte n'est certes pas terminée; mais on peut entrevoir dès aujourd'hui quel sera le développement des faits, si des événements imprévus ne viennent pas troubler ces vastes plans d'ensemble.

[*Fronts asiatiques.* — 15 juillet 1916 (1).

On ne parle guère, en ce moment, des opérations russo-anglaises dans la Turquie d'Asie, et cela pour deux causes : la première est que toutes les préoccupations se reportent vers les fronts européens de l'Occident et de l'Orient, où les troupes alliées accomplissent des miracles; la seconde provient de la saison qui n'est pas favorable à l'évolution des troupes dans la Mésopotamie et la Chaldée. A partir de Mossoul et d'Alep, jusqu'aux plages du Golfe Persique, le pays est une véritable fournaise pendant ces mois d'été, et les points d'eau deviennent de plus en plus rares. Ce temps d'arrêt forcé dans les opérations anglo-indiennes a fort probablement permis aux Turcs de détacher de leur front de Chaldée des hommes et du matériel, afin d'opposer aux Russes, dans le Kurdistan, des forces plus importantes et de faire croire, par là, que leur armée se réorganise.

Les nouvelles venues de Pétrograd parlaient dernièrement d'engagements vers Kérind et Kirmanchah, c'est-à-dire sur la route d'Hamadan à Bagdad, conquise par les armées du Tsar depuis plusieurs mois. Ce renouveau de la guerre dans les montagnes kurdes est dû, fort probablement, à un raid des Turcs dans le but de couper les communications des contingents du général Baratoff qui occupent Qasr-é-Chirin, et ce raid n'a pu venir que de Soleimaniyeh, par Chêhrizor et la vallée du Zemkânroud, affluent de gauche de la haute Diyala. Les Russes, en effet, occupent Sineh,

---

(1) *L'Éclair* de Montpellier.

c'est par la seule voie qui passe entre les monts Chahô et Délahô (Zagros) que les Turcs ont été à même de pénétrer en territoire persan. Cette diversion, d'ailleurs, n'a, semble-t-il, rien qui puisse inquiéter, car les difficultés des lieux ne permettent pas aux Osmanlis d'amener le matériel nécessaire pour une action d'importance.

Pour attaquer Kérind, l'ennemi a dû traverser par Gavarra les montagnes les plus rudes du massif du Zágros, tandis que dans sa marche vers Kirmanchah, après avoir passé la Diyála, cours d'eau frontière, et remonté la vallée du Zemkânroud, il atteignait les sources du Quara-Sou, rivière de Kirmanchah. Mais, à partir du lieu dit Ser-âb-é-Niloufar (la source des nénuphars), il s'est trouvé dans une large vallée, hors de la protection des montagnes. Il y a donc tout lieu de penser que son action contre l'arsenal temporaire des Russes n'a pas été bien sérieuse.

Vers Revandouz, dans la direction de Diarbékir, sur les deux Euphrate et devant Baïbourt, la lutte se continue, sans que les Russes fassent de grands progrès, la résistance des Turcs semble être de ce côté plus opiniâtre que par le passé. Cette vigueur est certainement due à l'arrivée de troupes fraîches et à la réorganisation de l'armée d'Erzeroum, dont les débris s'étaient enfuis en désordre.

Près de Trébizonde, on se bat à Platana, bourgade de quelque importance, située sur le rivage, à l'ouest de l'ancienne capitale des Comnènes. Platana (en turc Akdjéâbâd) était jadis l'un des grands entrepôts de la Régie ottomane des tabacs; car cette partie de la côte d'Anatolie fournit des cigarettes très justement appréciées. Platana est munie d'une rade très sûre, où les navires vont s'abriter contre les vents du nord-ouest, alors qu'ils chasseraient sur leurs ancres dans la baie de Trébizonde. J'ai souvenir qu'un jour, en 1887, étant allé de Trébizonde à Platana en barque à voile, j'ai dû rentrer à la ville à cheval, parce que le norois s'était levé et, pendant que je chevauchais parmi les champs de tabac, dans des sentiers ombragés de jujubiers, sous un beau ciel bleu, les vaisseaux appareillaient de Trébizonde, pour venir s'abriter dans la baie de Platana.

Cette rade, au point de vue de la sécurité, est donc le complément nécessaire de Trébizonde. Russes et Turcs ne l'ignorent pas; aussi les uns l'attaquent, les autres la défendent avec acharnement.

Cependant sur tout le front asiatique les opérations se sont quelque peu ralenties.

Il ne faut pas être surpris de cet arrêt momentané des Russes. Nos alliés ont mené les affaires avec une vigueur incroyable pendant quelques mois; mais leurs succès eux-mêmes ont accru leurs charges; car le front de Turquie s'est étendu, triplé, quadruplé, et il a fallu organiser les immenses pays conquis en vue d'une nouvelle offensive; de plus, tout danger étant écarté de ce côté, nos alliés n'ont certainement pas consacré au front asiatique un matériel qui devait leur rendre de si grands services contre les Austro-Allemands sur le front principal de la mer Baltique aux frontières de la Roumanie. Les dispositions prises par les généraux du Tsar sont on ne peut plus judicieuses, le temps pendant lequel les Alliés se recueillaient en vue de l'offensive générale a été mis à profit pour porter à la Turquie un coup dont elle ne se relèvera jamais. Ne soyons pas impatients. Tout marche à souhait.

Front d'Arménie. — 26 juillet 1916 (1).

Gumuch, en turc, signifie argent (métal) et Hané, de Khané, en persan (demeure du khân) veut dire maison. Gumuch-Hané est donc la « maison de l'argent », autrement dit les « mines d'argent ». Or, ce district, très riche en gisements minéraux, ne contient pas seulement des filons de galène argentifère, il renferme aussi des amas considérables de pyrite cuivreuse, dont l'exploitation constitue la principale richesse du pays.

Avant la guerre, Gumuch-Hané était une jolie petite ville d'une vingtaine de milliers d'habitants, pour la plupart des chrétiens, Grecs et Arméniens; car dans toute l'Asie Antérieure, ce sont des Grecs qui exploitent les mines. Ces gens sont fort bons ouvriers mineurs et habiles carriers et maçons. Comme mineurs, ils em-

____

(1) *L'Éclair* de Montpellier.

ploient des méthodes archaïques, gâchent beaucoup de minerai et, cherchant les bénéfices immédiats, n'organisent pas leurs travaux en vue de l'avenir; comme métallurgistes, ils en sont encore aux procédés des Thoubal et des Meschechs de la Bible, travaillent au bois, laissent des scories très riches, mais font de très bon métal, très malléable. Dans ces dernières années, quelques améliorations de style européen ont bien été apportées dans l'exploitation des gisements de Gumuch-Hané; mais, somme toute, les méthodes sont encore archaïques et ne fournissent pas 10 % de ce que ces districts miniers devraient produire s'ils étaient bien administrés.

Toutes les montagnes de la chaîne Pontique sont riches en métaux. Le Lazistan, entre autres, abonde en plomb argentifère, en chalcopyrite, en minerai de fer, on dit même en quartz aurifères. Il y manque, il est vrai, le combustible minéral; mais le bois est très abondant, sur ces montagnes couvertes de forêts très épaisses. Cependant, ces richesses ont été jusqu'ici négligées parce qu'elles étaient placées sous le régime turc et que les fonctionnaires ottomans, en gens pratiques, voient surtout, dans la mise en valeur des mines, une bonne occasion d'exploiter les sociétés ou les particuliers qui ont la fâcheuse pensée (pour eux-mêmes) de tirer parti des trésors enfouis dans le sol par la nature. Seuls, les exploitants grecs de Gumuch-Hané ont pu survivre aux exactions des beys et des effendis, parce qu'ils descendent des mineurs qui, dès le temps de la colonie grecque de Trapézonte, c'est-à-dire au septième siècle avant notre ère, travaillaient ces gisements. Le régime vexatoire des Byzantins, aussi bien que celui non moins injuste du Sultan, ne sont pas parvenus à les déraciner.

Mais à côté de sa valeur industrielle, surtout future, Gumuch-Hané présente des qualités qui font que sa possession est très importante pour la Russie. Située à 1.300 mètres d'altitude, aux sources du Tchorok, cette ville est placée sur la meilleure route entre Trébizonde et Erzeroum, c'est-à-dire sur la grande voie commerciale qui permet aux caravanes de se rendre des côtes du Pont-Euxin en Perse, par Khoï et le sud de l'Ararat.

Jusqu'en ces dernières années, cette route était très fréquentée, parce que la Russie, ne permettant pas le transit par le Caucase des marchandises destinées à la Perse, et les Turcs l'autorisant via Erzeroum, les convois passaient au travers de l'Arménie. Aujourd'hui que les Russes sont les maîtres de cette voie sur toute sa longueur, il en résultera que, seuls, les produits russes entreront désormais dans la Perse du Nord; c'est un résultat économique qui a son importance pour Pétrograd, mais qui est moins favorable au commerce des peuples occidentaux.

Au point de vue stratégique, la prise de Gumuch-Hané n'est pas non plus de mince valeur, car les deux routes d'Erzeroum à la mer se trouvant aux mains de nos alliés, le ravitaillement des troupes d'Arménie se fera plus facilement par voie de terre comme par voie de mer. De plus, tout ce qui reste d'ennemis dans la vallée du Tchorok, réguliers et nomades indigènes, devra peu à peu mettre bas les armes. Enfin, Erzingian, déjà menacée par la vallée de l'Euphrate supérieur, à l'est, l'est aujourd'hui par le nord.

Cette place turque tombera fatalement un jour aux mains des Moscovites; dès lors, cette partie du front, dirigée du nord au sud, menacera très sérieusement Quara-Hissar, c'est-à-dire Sivas et le centre de l'Asie Mineure.

Les pays situés à l'ouest de la ligne passant par Trébizonde, Gumuch-Hané et Erzingian sont très montagneux; les altitudes de 2.500 mètres n'y sont pas rares, les vallées y sont profondes et souvent très encaissées; mais ce ne sont pas là difficultés capables d'arrêter nos amis les Cosaques; ils ont vu pire que cela dans leur campagne d'hiver de la Haute-Arménie.

La prise de Gumuch-Hané est un fait important, très gros de conséquences, et les officiers allemands qui commandent les troupes turques le savaient si bien qu'ils ont fait de grands efforts pour conserver ce point stratégique. Quant aux engagements devant Revandoúz (Kurdistan) et aux attaques des Turco-Kurdes dans la région de Kérind et de Kirmanchah, ils ne sont d'aucun poids. Ces révoltes d'indigènes, appuyés par des réguliers osmanlis, ces soulèvements de Kurdes, gens ignorants dans l'art de la guerre, ne peuvent influencer la marche d'ensemble des armées du Tsar. Il faut bien s'attendre à voir des tribus se révolter dès que les troupes russes quitteront leur pays; car on n'est jamais certain d'avoir soumis un agha kurde; mais ces escarmouches sont de peu d'intérêt.

Plus au sud, en Chaldée, il fait encore trop chaud pour qu'on puisse se battre. Les Anglais en profitent pour apporter des Indes et de l'Europe un matériel formidable. Là aussi, les tribus arabes se soulèvent de temps à autre; mais ces mouvements ne sont pas inquiétants.

Front du Kurdistan. — 10 août 1916 (1):

Dès l'époque où la Turquie s'est mise en campagne contre les Alliés (novembre 1914), il se forma dans tout le Caucase des corps francs, des bandes qui, sans réclamer de la Russie d'autres ressources que des armes et des munitions, prirent part à la lutte. Ces bandes, composées d'Arméniens de Transcaucasie et de Turquie, connaissant toutes les routes, tous les sentiers, tous les cols des pays qui devaient être le théâtre de la guerre, rendirent à l'état-major de grands services et se battirent avec acharnement contre l'ennemi séculaire.

Parmi ces corps francs, il en est un qui, plus particulièrement, s'est montré d'une intrépidité chevaleresque. Il était commandé par l'Arménien Archak Kafafian, surnommé par ses compatriotes Kéri, l'« oncle ».

Kéri avait, en 1880, pris part à la première manifestation d'Erzeroum; en 1903-1904, il fut, avec Andranic, le chef principal, le promoteur de la révolte de Sassoun. En Perse, il avait secondé Ephrem khân, le remplaçant après sa mort, comme commandant des troupes qui luttaient contre Salar-el-Dowlet et, pour les services qu'il venait de rendre au Gouvernement du Chah, reçut en même temps le titre de khân et une rente viagère.

La guerre contre la Turquie ne pouvait laisser indifférent un aussi bon patriote. Après avoir, dans le Caucase, prêché la guerre sainte contre les Osmanlis détestés,

______

(1) *L'Éclair* de Montpellier.

obtenu l'enrôlement de milliers et de milliers de jeunes Arméniens, il entra lui-même en campagne. La mort vient de mettre un terme à cette existence de brave. Kéri est tombé au champ d'honneur, devant Revandouz.

Voici en quels termes son compagnon de guerre, Ghévork d'Akhatskha, intendant du corps des volontaires commandés par Kéri, rend compte de la mort de son ami :

« L'ennemi occupait de fortes positions sur la montagne; le 12/25 mai, une armée de 12.000 hommes, venue de Gallipoli, fit une attaque violente contre les forces russo-arméniennes qui se trouvaient dans la ville de Revandouz. Le lendemain, nos communications furent coupées et, durant deux jours, les Turcs nous ont canonnés violemment et sans relâche. Nous nous trouvions dans une situation difficile. Kéri décida alors de briser la chaîne qui nous encerclait et, le 15/28 mai, prenant la tête de l'un de ses bataillons, se faisant appuyer par une cinquantaine de cavaliers, il chargea les lignes turques. L'ennemi enfoncé s'enfuit dans une vallée profonde. A peine ce succès était-il obtenu que Kéri tomba, frappé d'une balle au front; il avait cinquante-huit ans.

« Mais les Turcs, revenant à la charge, continuèrent le combat jusqu'au 18 mai, puis abandonnèrent le terrain en laissant 5.000 morts et blessés. La bande de Kéri avait perdu dans l'assaut 23 morts et 94 blessés. Celle d'Ischkhan, un autre volontaire arménien, comptait 67 hommes hors de combat, ceci sans compter les pertes éprouvées par les Russes. »

La lutte, on le voit par ces détails inédits, est tout aussi rude sur le front turc qu'en Europe; mais les conditions de combat ne sont pas les mêmes. Alors que dans nos pays les champs de bataille sont sillonnés de voies ferrées et de routes, la Turquie d'Asie, surtout au Kurdistan, est dépourvue de moyens de communication. A peine chaque vallée importante a-t-elle son sentier muletier qui gravit les montagnes et les rochers, suit des pentes abruptes, croise à gué les cours d'eau et traverse d'immenses forêts. Qu'on se figure ce que serait la guerre dans les Pyrénées, si ces montagnes étaient presque inhabitées et sans routes, et l'on se fera une idée de ce qui se passe en ce moment dans le Kurdistan. Que de difficultés pour les transports de l'artillerie, pour celui des ravitaillements ! Que de fatigues pour les soldats ! Là, bien certainement, dans ce chaos, les montagnards de l'Arménie et du Caucase rendent les plus grands services à nos alliés, car ils sont endurcis et vigoureux. Kéri, à cinquante-huit ans, partageait les fatigues et les privations de ses hommes. C'était un chef intrépide dont la mort a été pleurée par ses compatriotes. Son corps, transporté à Téhéran, a été l'objet d'un service dans l'église arménienne de cette ville, cérémonie à laquelle assistaient les représentants de la France, de l'Angleterre et de la Russie ; puis, les camarades de Kéri ont transféré à Tiflis les restes de leur chef pour leur donner une sépulture digne du patriotisme et du courage dont il avait toujours fait preuve.

Front asiatique. — 25 août 1916 (1).

Depuis plusieurs mois qu'en Europe toutes les préoccupations se portent sur le front russe, de la mer Baltique à la frontière roumaine, sur l'offensive heureuse des Anglo-Français dans la Somme, des Italiens à Goritza, l'attention s'est détournée du front asiatique et, cependant la situation s'est modifiée d'une manière très importante dans l'Arménie Méridionale, comme dans le Kurdistan turc et persan.

Profitant de l'inaction à laquelle les troupes anglaises de Chaldée sont contraintes par les grandes chaleurs de l'été, les Osmanlis n'ont conservé dans le sud qu'un rideau sur le Tigre, vers Kout-el-Amara, et, reportant leurs effectifs dans la direction des Russes, ont fait un nouvel effort en Perse et dans la région du Taurus arménien, au sud du lac de Van. Le but de cette action est de protéger les vallées du Tigre et de l'Euphrate, voies principales des transports à la descente de ces fleuves, et de garantir le tracé du chemin de fer de Bagdad qui, comme on le sait, passe par Diarbékir et Mossoul, et pour lequel l'occupation de Mouch et de Bitlis par les armées du Tsar constituait un grand danger.

____

(1) *L'Éclair* de Montpellier.

Plus au sud, la présence des Russes à Qasr-é-Chirin menaçait directement Bagdad; il importait donc aux Turco-Allemands d'agir sur le Kurdistan méridional et dans la direction de Van, tandis que l'armée du grand-duc était occupée sur le littoral de l'Anatolie et devant Erzingian.

La marche rapide des Russes vers la Chaldée par Hamadan, Kirmanchah, Kérind et Qasr-é-Chirin avait son importance au moment où le général Townshend s'avançait sur Bagdad; mais, la retraite de Ctésiphon et la capitulation de Kout-el-Amara rendant inutile ce grand effort, les Russes ont abandonné leur front de Perse, et, devant la poussée des Turcs, se sont retirés sur Hamadan, se rapprochant ainsi de 300 kilomètres de leurs bases du nord, le Caucase.

Il ne faut pas oublier que ces opérations se passent en territoire persan, c'est-à-dire dans une région où la Russie ne peut, en aucun cas, faire d'annexions, que la paix rendra forcément au Chah, et que la présence de troupes turques dans ces provinces n'a pas d'importance pour la conduite générale des opérations, parce que menacées par les Russes dans le sud de l'Arménie, par les Anglais dans la Chaldée, elles peuvent être coupées d'un jour à l'autre de leurs bases, Bagdad et Mossoul.

Quelles doivent être les conséquences de ce recul de nos alliés? le soulèvement de quelques tribus kurdes et loures, et le pillage des villes et des villages chiites par les Sunnites. Il n'existe pas un seul chrétien dans la province de Kirmanchah, et il est à croire que la nombreuse colonie arménienne d'Hamadan s'est déjà retirée dans les provinces septentrionales de l'empire du Chah. Tout le préjudice sera pour le roi de Perse et pour ses sujets musulmans.

Vers le Taurus arménien, l'armée turque est parvenue à reprendre aux Russes les villes de Mouch et de Bitlis, c'est-à-dire à s'établir de nouveau sur le bord du plateau d'Erzeroum, et l'on se bat en ce moment près du lac de Van. Cette contre-attaque des Osmanlis dégage Diarbékir qui se trouvait être menacé. Il est à croire que le grand-duc ne restera pas sur cet échec local et que nous apprendrons sous peu que, les affaires étant rétablies, les généraux du Tsar poursuivent leur marche vers le Tigre.

Diarbékir, l'ancienne Amide, célèbre par les siège qu'elle eut à soutenir jadis, lors des guerres entre les Romains byzantins et les Perses Sassanides, est un point stratégique de première importance. Les Turcs font l'impossible pour sauver cette place, les Russes feront le nécessaire pour s'en emparer, cela ne fait aucun doute, car elle est la clé de la Mésopotamie.

La région de Mouch-Bitlis est un pays arménien; malgré les massacres, la population chrétienne y est encore fort nombreuse et, depuis l'occupation russe, beaucoup d'Arméniens étaient rentrés dans leurs villages. Que sont devenus ces gens? Les Russes les ont-ils évacués? Il faut l'espérer, car tous ceux qui n'auront pas pris la fuite seront exterminés. Si en prévision de l'avance des troupes du Tsar sur les côtes de l'Anatolie, le Gouvernement turc massacre ou déporte les Grecs de toutes les villes et de tous les villages du littoral, quelles horreurs n'ordonne-t-il pas dans les districts de l'Arménie reconquis par ses Askaris!

Ainsi, dans les opérations asiatiques, les vues de chacun des belligérants se dessinent très nettement. Les Turcs font tous les efforts pour garantir le tracé du « Bagdadbahn », si cher à Guillaume II, et les Russes s'attachent surtout à conquérir les provinces qu'ils comptent plus tard annexer à leur empire, négligeant pour l'instant les régions méridionales et les territoires persans du sud. C'est d'une très bonne politique; car l'avance en Anatolie et vers Sivas est une terrible menace pour Constantinople et pour le chemin de fer de Bagdad dans sa traversée du moyen Euphrate. Quant aux affaires dans le Sud, elles seront vite rétablies quand la saison permettra aux Anglais de reprendre l'offensive; les Turcs seront alors obligés de se retirer des provinces persanes.

Plus au sud encore, en Arabie, les Arabes chassent peu à peu les Osmanlis de leurs territoires et la révolte contre le Gouvernement de Stamboul gagne chaque jour du terrain. Cette guerre du Yémen et du Hedjaz est une guerre de libération et non pas de conquête, le grand Chérif l'a formellement déclaré; mais la libération de l'élément sémitique de la Turquie est, de fait, le démembrement de l'Empire des sultans.

Dans le Sinaï, les Turcs sont battus par les Anglo-Égyptiens, et leur rêve, quant à la vallée du Nil, est condamné à rester dans le pays des songes.

Ainsi, malgré ses progrès apparents et passagers dans la Perse et dans le sud de l'Arménie, la Turquie se trouve de plus en plus menacée de tous les côtés à la fois. Les journaux allemands et ceux de Stamboul font grand état du recul des troupes du Tsar en Perse, sans d'ailleurs en expliquer les causes. Laissons brûler ce feu de paille (1).

1er septembre 1916 (2).

Parmi les nouvelles qui nous parviennent du front oriental, il en est trois qui méritent très sérieuse considération. La première, celle de l'envoi de troupes italiennes à Salonique, en réalité, au secours de la Serbie, fait espérer qu'un accord est survenu entre le Gouvernement de Rome et les Yougoslaves (3), au sujet des futures frontières des deux États; ceci est un fait très important, car les divergences de vues entre Serbes et Italiens causaient un véritable malaise. La seconde est la marche des Russes vers Diarbékir, et la troisième, l'annonce d'un prochain débarquement de troupes britanniques dans le golfe d'Alexandrette. Ces deux dernières informations ouvrent de très vastes horizons sur la conduite des opérations de l'Entente contre la Turquie.

En ce moment, Constantinople ne communique plus avec la Mésopotamie que par deux grandes voies, celle

---

(1) Cet article de notre éminent collaborateur M. de Morgan nous était parvenu il y a quatre ou cinq jours. On a vu dans les dernières dépêches et on peut voir mieux encore dans celles que nous publions aujourd'hui, que le retour victorieux des Russes sur cette partie de leur front, prévu par M. de Morgan, s'est réalisé.   (*La Rédaction de l'« Éclair ».*)

(2) *L'Éclair* de Montpellier.

(3) Dans une analyse critique de mes « Essais sur les Nationalités » M. Meillet s'élève contre l'emploi du terme *Yougoslaves*. Ce mot est fort critiquable au point de vue linguistique, mais il est passé dans l'usage; d'ailleurs il est employé par les Slaves de l'Autriche Méridionale eux-mêmes : c'est pourquoi je l'ai conservé.

de Kaisarieh-Malatia-Diarbékir et Mossoul, et celle de Konia-Adana-Ourfa-Ras-el-Aïn-Mossoul, suivant le tracé du chemin de fer Scutari-Bagdad. La première de ces deux routes, dépourvue de voie ferrée, est longue et difficile; elle exige un matériel de transports considérable; la seconde est plus aisée; car depuis Scutari jusqu'à Ras-el-Aïn, près de Mardin, le chemin de fer est terminé, sauf dans sa traversée du Taurus où les tunnels ne sont pas achevés. Un embranchement de cette grande artère, parallèle à la côte syrienne, permet les transports vers Alep, Homs, Damas, le Sinaï et l'Arabie Occidentale.

Occuper Alexandrette, et par suite Adana, qui n'est distante de ce port que de 120 kilomètres par la côte, serait couper la voie ferrée et supprimer toutes communications pratiques entre Constantinople, la Syrie et la Mésopotamie. Ce serait enrayer toute tentative des Turcs contre le canal de Suez. Alexandrette est, sans contredit, le meilleur port de tout ce littoral; aussi l'Entente semble-t-elle l'avoir choisi comme point de débarquement, au cas où les Alliés feraient une descente en Asie. Les opérations se passeraient alors dans la plaine cilicienne, vers Issus, là même où, en 333 av. J.-C., Darius Codoman fut défait par Alexandre le Grand. L'occupation des portes ciliciennes, dans le Taurus et l'Amanus, a toujours été considérée comme de la plus haute importance stratégique et, plus encore aujourd'hui que par le passé, elle est capitale, par suite de l'existence d'une voie ferrée les traversant. On voit par là combien est judicieux le projet de descente des troupes britanniques dans le golfe d'Alexandrette (1).

D'autre part, les Russes, après avoir repris aux Turcs Mouch et Bitlis, marchent sur Diarbékir, afin de couper la route du nord. Fort probablement l'armée du grand-duc ne poussera pas, pour l'instant du moins, plus loin que le Taurus arménien dans la direction de Mossoul, et concentrera ses efforts sur la route qui mène à l'Euphrate. Il ne restera plus alors aux Turcs, à la suite de ces opérations des Anglais et des Russes, qu'un seul

____

(1) Cette nouvelle a été démentie quelques jours après.

chemin pour gagner la Mésopotamie, et cette route, très longue, très mauvaise, sans tracé régulier, sans travaux d'art sur les cours d'eau, passe par Kaisarieh, Marasch, Birédjik, Ourfa (Edesse), Nzêbîn (Nisibe), pour gagner Mossoul; les Turcs disposeront aussi de l'Euphrate, utilisable seulement à sa descente, à partir de Meskéneh. Les communications de l'armée ottomane seront bien précaires vers la Chaldée et impossibles ou à peu près vers la Syrie. Pour les supprimer complètement, il faudrait que Russes et Anglais puissent se donner la main sur l'Euphrate, vers Birédjik; pour ce faire, les Russes auraient à franchir environ 350 kilomètres à partir de Diarbékir, et les Anglais environ 200 kilomètres, en passant par Killiz et Aïntab. Des deux côtés, de tels progrès exigeraient bien des mois; car, certainement, les Osmanlis concentreront toutes les ressources dont ils peuvent encore disposer sur la défense de leurs communications.

Il ne faudrait pas croire, cependant, que ce projet ne soit pas réalisable, car, attaqués sur le front de Salonique, pressés en Anatolie, sur l'Euphrate supérieur (Arménie), sur le Tigre, à Revandouz et dans le Kurdistan, ainsi qu'en Chaldée et au Sinaï, les Turcs ne disposeront jamais des contingents et du matériel nécessaires pour faire face au danger du côté d'Alexandrette, Adana et Birédjik. Leurs ravitaillements deviendront de jour en jour plus difficiles et, forcément, la débâcle surviendra sur un point ou sur un autre, si ce n'est sur tous à la fois. Quant à leur expédition vers Kirmanchah et Hamadan, elle risque fort, dans ces conditions, non seulement d'échouer piteusement, mais de se terminer par la capitulation de tous les contingents envoyés en Perse.

Front du Kurdistan. — 19 septembre 1916 (1).

On se bat dans le sud du Kurdistan de Moukri, vers Bahneh et Sakkiz. Telles sont les nouvelles que nous recevons de Tabriz, chef-lieu de la province persane de l'Azerbaïdjan, dont fait partie le Kurdistan de Moukri.

____

(1) *L'Éclair* de Montpellier.

Ce ne sont pas là certainement des opérations de grande envergure, car la possession du massif kurde de Perse n'est pas d'importance primordiale; mais il est intéressant, pour le grand-duc, de nettoyer cette région, afin de garantir son flanc gauche et ses derrières, dans sa marche vers Mossoul, par Revandouz. Maître de Serdècht et d'Ouchnouw depuis plusieurs mois, il occupe les passages principaux des montagnes; toutefois, les tribus kurdes, très turbulentes, du district de Saoudj-Boulaq pouvant lui causer des ennuis, il fait le nécessaire pour les maîtriser.

Pour les lecteurs qui ne sont pas au courant de la géographie du Kurdistan (ceux qui se font une idée de ce pays sont très rares), tout ce que je viens de dire est de l'hébreu. Aussi me semble-t-il nécessaire d'exposer, en quelques mots, la situation de cette région, tant au point de vue de sa nature physique qu'à celui de sa population.

Le Kurdistan de Moukri est situé au sud du lac d'Ourmiah. Il est limité, à l'est, par un grand cours d'eau, la rivière Djagatou; à l'ouest, par la chaîne frontière entre la Turquie et la Perse; au sud, par un infléchissement vers l'orient de la même chaîne et de la même frontière, jusqu'au Tchéhèl-Tchechma-Kouh (la montagne des quarantes sources). Au nord, le Ghâder-tchaï, affluent du lac d'Ourmiah, le sépare du district d'Ourmiah.

Parmi les rivières qui arrosent le Moukri, il en est une, la Tchôm-é-Kialvi (Petit Zab) qui, franchissant la chaîne bordière près de Serdècht (la tête de la plaine), va porter ses eaux au Tigre, en aval de Mossoul. Sa vallée, de même que celles de tous ses affluents persans, est boisée, alors que le reste du Moukri est dépourvu de forêts. C'est dans le bassin méridional du Kialvi, dans les bois, que se trouve Bahneh, petit bourg sans importance, alors que Sakkiz (le térébinthe) est en pays dénudé, sur un affluent de la rivière Djagatou.

Au nord, la vallée du Ghâder-tchaï permet de gagner les passes de Kel-i-Chin, alors qu'au sud sont les défilés d'Alan, près de Serdècht, par lesquels on peut également pénétrer en Turquie. Ouchnouw commande la route du Ghâder-tchaï, Serdècht, et Bahneh celle d'Alan.

Le Moukri est en entier habité par des Kurdes divi-

sés en tribus, parmi lesquelles les Mâmèchès, les Meng-
ghours et lés Bask-i-Kolossa sont les plus importantes.
Le dialecte qui se parle dans cette région est l'un des
plus remarquables par sa syntaxe, ainsi que par son
lexique. Il fournit l'un des types les moins atrophiés des
plus anciens parlers iraniens. Ces tribus, officiellement
chiites, mais, en fait, sunnites, sont portées vers la
Turquie plutôt que vers le Gouvernement persan. Aussi,
presque toujours, ont-elles été en révolte contre l'autorité du Chah. L'une de ces rébellions même, il y a de
cela trente ans environ, prit une telle importance que
les villes de Maragha et d'Ourmiah furent très sérieusement menacées. Elle ne prit fin qu'après l'assassinat des
chefs, attirés dans un guet-apens par le gouverneur
général de l'Azerbaidjan, l'émir Nizam. Il est donc très
naturel de voir les Kurdes de Moukri se ranger du côté
des Osmanlis contre les Russes, et, par suite, les Persans.

Les gars de Moukri sont des guerriers ou, mieux, d'habiles assassins, car ils attaquent toujours par derrière.
Ce sont des bandits, des pillards, qui, dans leurs montagnes, vivent sous la tente, abris fait de toile de crin
noir. Ils cultivent juste ce qui leur est nécessaire, et leur
grande richesse consiste en troupeaux. Leur langue
sonore, faite pour s'entendre à distance, leur permet de
converser d'un bord à l'autre d'une même vallée, de se
renseigner sur les dangers, sur les bons coups à faire
contre les caravanes de passage, contre les bergers de
leurs voisins. Que de fois j'ai entendu leurs appels :
Kwerraka wara héra! (Gars, venez ici!), quand ils me
voyaient arriver, alors que je relevais les cartes de cette
région. Ils se réunissaient dans l'espoir de me rançonner;
puis, voyant que j'étais accompagné par un de leurs
aghas, ils reprenaient leurs paisibles occupations.

De l'autre côté de la frontière turque, ce sont les
mêmes populations qu'au Moukri; chaque vallée possède
sa tribu, plus ou moins importante, et les communications entre les divers clans kurdes se font, soit à pied,
soit à cheval, par d'invraisemblables sentiers, tracés par
les chèvres sauvages ou les ours, au milieu des forêts,
au bord d'effrayants précipices. Ces intrépides marcheurs
n'ignorent aucun de ces chemins par lesquels on peut
se rendre d'une vallée dans une autre, de Turquie en

Perse. Ils ont servi de guides aux Russes et, le lendemain, ont conduit les Turcs; car la trahison, chez eux, est dans les habitudes. Ce sont les plus indésirables des habitants de l'Orient, et l'on conçoit sans peine que les généraux russes les pourchassent jusque dans leurs forêts. Il importe, en effet, de ne pas laisser derrière soi de pareils bandits.

Dans leur descente vers Revandouz, les Russes ont rencontré les mêmes adversaires, aidés par des réguliers turcs, par des troupes d'autant mieux fournies d'armes et de munitions qu'on se rapproche plus de la rive du Tigre. Revandouz, pour nos alliés, constitue un saillant, une flèche, qui menace Mossoul, mais qui ne peut être prolongée qu'après nettoyage de ses flancs. Or, cette opération de police n'est pas facile, dans un pays aussi accidenté, aussi couvert et où l'ami d'aujourd'hui est l'ennemi de demain. Toute la région comprise entre la plaine de Van et Soleimaniyeh (au nord-est de Bagdad) est un repaire de ces fauves kurdes et, vraiment, la tâche d'Ivan Ivanovitch n'est pas facile. La Turquie sera vaincue, écrasée, que le Kurdistan résistera encore. N'a-t-il pas toujours conservé son indépendance, en dépit de ses maîtres officiels de Téhéran et de Stamboul? N'imposait-il pas, jadis, les plus grands rois de la terre, les Achéménides, quand ces princes le voulaient traverser? C'est dans cette partie du Kurdistan qu'après la bataille d'Arbèles (Gaugaméla), Darius Codoman, vaincu par Alexandre, fut assassiné dans son char, alors qu'il fuyait devant les Macédoniens.

Front Asiatique. — 10 janvier 1917 (1).

On nous annonce qu'une grande offensive anglo-russe se prépare contre les Turcs en Asie. Cette nouvelle ne saurait surprendre; car depuis plusieurs mois nos alliés ne bougent plus sur ce front et leur immobilité n'était pas sans causes. Il faut se souvenir que toutes les manœuvres, même celles exécutées sur les fronts les plus lointains, sont le résultat d'une entente entre les états-majors alliés et que, par suite, toute avance, toute

_____

(1) *L'Éclair* de Montpellier.

expectative et toute retraite est en relations avec l'ensemble des opérations sur tous les fronts. Si les Anglais doivent prochainement marcher sur Bagdad et les Russes sur Sinope, c'est que l'intérêt général le veut.

Après la fâcheuse affaire de Kout-el-Amara, le Gouvernement anglo-indien, jugeant que sa préparation n'était pas suffisante pour affronter avec succès les énormes difficultés naturelles que son armée avait à vaincre en Mésopotamie, a donné l'ordre de rester sur les positions acquises. On était alors au commencement du mois de mai 1916. Et les Russes, dont la présence à Qasr-é-Chirin, sur la route de Bagdad, devenait inutile, ont retiré leurs troupes afin de rétrécir leur front, laissant ainsi les Turcs revenir à Kérind, Kirmanchah et Hamadan. L'entretien d'une armée aussi éloignée de sa base, le Caucase, était un tour de force disproportionné avec les avantages qu'on pouvait attendre d'une telle opération, tant que les Anglais ne seraient pas à même de poursuivre leur marche vers Bagdad.

La Russie, dès lors, s'est contentée de conserver le Kurdistan (Moukri, Sineh, Gherrous, Bidjar) et de couvrir Téhéran, laissant ainsi entre ses frontières caucasiennes et l'ennemi une bande de protection large de plusieurs centaines de kilomètres. D'autre part, les Turcs, en rentrant dans les domaines du Chah, allongeaient considérablement leur front, ce qui était un avantage pour la Russie comme pour l'Angleterre.

En Arménie, les troupes du Tsar se sont arrêtées au sud devant la grande barrière du Taurus arménien, conservant les districts de Mouch, de Van, de Bitlis et de Sassoun, sans chercher à atteindre le Tigre supérieur et, par conséquent, Diarbékir, mais en occupant Revandouz, au Kurdistan turc, prise depuis le 12/25 mai 1916 et d'où ils menacent Mossoul et les communications des Turcs vers Bagdad.

Vers l'est, l'armée du Caucase stationne entre Mouch et Kharpout, afin de ne pas créer de saillant dangereux, alors qu'au nord elle occupe Erzeroum (fin de février 1916), Baïbourt, Gumuch-Hané (juillet 1916) et enfin Trébizonde, formant ainsi, devant la frontière du Caucase, une zone conquise, large d'environ 200 kilomètres à vol d'oiseau.

On annonce également la prochaine marche des Russes dans la direction de Sinope. Or, Sinope est, par terre, à 500 kilomètres de Trébizonde pour le moins. Kérasunde, Ordou, Unié, Samsoun sont sur la route, et la flotte de Sébastopol aura toutes les facilités pour soutenir et protéger l'armée qui suivra la côte. Toutefois, cette armée ne saurait progresser en sécurité, si une autre armée ne la couvrait vers l'intérieur. Il sera donc de toute nécessité de faire marcher les deux corps parallèlement et de relier le nouveau front au front actuel d'Arménie par une aile gauche appuyée sur l'Euphrate et Erzingian. C'est donc une opération de très grande envergure, comprenant le mouvement de trois armées, mais dont le succès serait désastreux pour l'Empire turc. Quara-Hissar, Niksar (Néo-Césarée), Sivas, Amasia doivent forcément tomber aux mains du centre des Moscovites, avant que l'aile droite soit en mesure d'attaquer Sinope, alors que l'aile gauche devra occuper Diarbékir et Kharpout.

Ce plan est celui de la conquête de tout le nord de la Turquie d'Asie, c'est la réalisation du projet de Nicolas II, car la « ville impériale » (Tsaregrad), Constantinople, à laquelle, j'espère bien, on n'enlèvera pas son glorieux nom, se trouvera directement menacée. Pendant ce temps, l'armée indienne, poursuivant ses opérations par le Tigre, s'emparera de la capitale des khalifes, et les Turcs n'auront rien de plus pressé que d'évacuer en hâte toute la partie de la Perse où ils sont entrés.

Mais une semblable opération ne serait pas complète, si l'armée d'Égypte, très nombreuse et bien approvisionnée d'ailleurs, demeurait les bras croisés. Elle fait parler d'elle depuis quelques semaines. Toute la presqu'île du Sinaï lui appartient; elle occupe El-Arich, la célèbre étape de l'armée de Bonaparte, et est prête à fondre sur la Syrie. Que feront les Turcs devant ces trois offensives formidables? Où trouveront-ils les contingents et le matériel nécessaires pour tenir tête partout à la fois? Et si, de plus, ils sont encore attaqués par l'armée de Salonique? 1917 verra fort probablement la ruine de ce repaire de bandits qu'est l'Empire osmanli. Malheureusement, de longs mois ont été nécessaires pour organiser et coordonner un aussi grand mouvement et, pendant ce temps, les assassins ont fait leur œuvre. Que restera-t-il, en Syrie, en Arménie, en Chaldée, de ces colonies chrétiennes, jadis si florissantes, et quel châtiment infligera-t-on à ces misérables qui ont fait le désert? Les priver de leur nationalité n'est pas assez.

Au grand coup porté en Asie correspondra un immense effort en Europe. Mais taisons-nous au sujet de celui-là, et contentons-nous de dire que si deux millions de soldats anglais sont venus sur le sol de la France s'ajouter à nos légions déjà si nombreuses, ils sont venus pour quelque chose.

Front de Palestine. — 27 janvier 1917 (1).

Il n'y a que quelques jours, je publiais (10 janvier) mon opinion quant aux opérations anglo-russes en Turquie d'Asie, et voilà que la veille même du jour où j'écrivais ces lignes (9 janvier), les avant-gardes de l'armée d'Égypte pénétraient sur le sol de la Palestine. Une dépêche de Londres, datée du 11, l'annonçait aux journaux de Paris. C'est l'offensive du Sud qui se déclenche, alors que celle de Chaldée donne déjà d'heureux résultats et que l'avance russe vers Sinope se prépare; mais cette dernière marche en avant demande plus de préparation que les deux autres, parce que, nous l'avons vu, la progression d'une offensive, en suivant la côte de l'Anatolie, exige le déploiement de trois armées en même temps, une vers Sivas et une autre plus au sud, vers Diarbékir. Peut-être même nos alliés de la Néva, prenant Revandouz comme base, attaqueront-ils aussi Mossoul.

Les Anglo-Égyptiens sont parvenus à Rafa et y ont battu les Turcs. Or, Rafa est à peu de chose près à mi-chemin entre Qal'a'at-el-Arich et Gaza, sur la route qui longe la côte, la seule que puisse suivre une armée. A droite de cette route sont les montagnes dites le Djebel-el-Makhra, dont l'altitude dépasse 1.000 mètres, chaos désertique, sans eau, qui relie le massif du Sinaï aux monts de la Palestine. Au delà est le Wadi-el-Arab,

____

(1) *L'Éclair* de Montpellier.

ou ancien lit du Jourdain, aujourd'hui desséché par suite de la surélévation du sol.

El-Rafa est un point d'eau où l'on voit les ruines d'une bourgade antique, qui jadis servait d'étape aux armées des Pharaons et aux caravanes commerciales circulant entre la Phénicie et la vallée du Nil. Cette localité est située à 45 kilomètres d'El-Arich et à 30 kilomètres de Gaza qui, elle-même, n'est qu'à 90 kilomètres de Jérusalem. Or, Jérusalem est, ainsi que Damas, l'une des bases militaires les plus importantes des Turcs en Syrie. Cette ville, située à 760 mètres d'altitude, commande à l'est le bassin de la Mer Morte et la vallée du Jourdain, et à l'ouest la route de Jafa-Saint-Jean-d'Acre (Akra)-Sour (Tyr)-Saïda (Sidon) et Beyrouth. Un peu plus au nord, toujours dans la montagne, Naplouse (Nâblous) joue le même rôle stratégique que Jérusalem.

Je ne m'étendrai pas sur la direction que prendra l'armée anglo-égyptienne après la prise de Jérusalem — ne vendons pas la peau de l'ours — mais il est certain que si la progression est lente en ce moment, à cause des difficultés naturelles que rencontrent les généraux anglais dans ces sables brûlants et sans eau, elle sera bien plus rapide dès que les avant-gardes auront atteint Gaza ; car cette région, sans être très fertile, est cependant habitable pour une armée.

Bien certainement le corps anglo-égyptien ne manque ni de munitions, ni de matériel, ni de vivres; car l'escadre anglaise peut, en quelques heures, apporter de Port-Saïd ou d'Alexandrie des ravitaillements en tout genre. Les seuls obstacles sont donc la soif et la marche dans les sables; mais ces difficultés ne sont vraiment sérieuses qu'entre Port-Saïd et Gaza.

Le 8 ou le 9, les Alliés remettaient au président Wilson leur réponse à sa note du 19 décembre 1916. Le 6 ou le 7, les Anglais commençaient leur offensive en Chaldée et, le 9, ils entraient en territoire palestinien. Ces faits viennent à l'appui de la volonté exprimée depuis longtemps déjà par les dix nations de l'Entente, *d'affranchir les populations soumises à la sanglante tyrannie des Turcs, de rejeter hors d'Europe l'Empire ottoman, décidément étranger à la civilisation occidentale.* Or, les peuples actuellement soumis au joug turc sont les Arméniens, les Syriens, les Juifs, les Grecs d'Asie Mineure, les Chaldéens, tous non musulmans, et les Arabes mahométans.

Affranchir signifie rendre libre soit en proclamant l'autonomie d'un groupe, soit en le réunissant à un autre peuple libre. Les Arabes ont déjà proclamé leur autonomie et, dans la partie de l'Arménie conquise par les Russes, les Arméniens sont devenus pour l'instant sujets du Tsar. Il en est de même également pour les Grecs de Trébizonde, de Gumuch-Hané et les autres localités du Lazistan. Respectant le principe des nationalités, les Alliés auront donc à émanciper les Arméniens de la Cilicie, qui souhaitent et méritent l'indépendance, les Syriens, les Chaldéens; mais il restera, dans la Turquie d'Asie, deux éléments ethniques très dangereux pour le progrès et la sécurité dans cette partie du monde : le Turc et le Kurde.

Les Turcs, qui sont environ 7 ou 8 millions, forment la grande majorité de la population dans le centre de l'Asie Mineure (Cappadoce, Lycaonie, Phrygie, Galatie, Bithynie, Paphlagonie des Anciens). C'est là qu'au Moyen Age s'était fondé le sultanat seldjoukide d'Ikonium. Concentrera-t-on les Turcs dans le plateau? Tout porte à le croire. Mais *rejeter hors d'Europe l'Empire ottoman* implique que cet empire ne sera pas détruit en tant qu'être politique. Et, à mon sens, cette mansuétude à l'égard des assassins sera une faute, car le Turc, souffrant dans son orgueil, n'oubliera jamais qu'il a été grand et puissant. Il demeurera Turc au milieu des peuples qui, rendus à la liberté, progresseront à grands pas. Des millions de Tartares et de Turkomans, de Kirghiz sont sujets russes. Pourquoi ne pas faire des Osmanlis des sujets européens? Peu à peu ils se fondraient dans la masse des nations civilisées et, avec le temps, renonceraient à leurs instincts barbares. N'est-il pas de l'intérêt de l'Europe et, en général, du monde civilisé de conserver la haute main sur les peuples musulmans en leur accordant toutes les libertés qui ne peuvent porter préjudice à la sécurité générale ?

Quant aux Kurdes, divisés en une multitude de tribus, le plus souvent hostiles entre elles, ils n'ont aucune cohésion nationale et il faut bien se garder de leur en donner une. Déjà beaucoup de Kurdes sont sujets russes ou soumis au roi de Perse. Ceux qui sont sur le territoire osmanli changeront simplement de maître. Mais, avant tout, il faut les désarmer, et cette opération ne sera pas sans présenter de grandes difficultés. Les Russes ont mis cent ans à pacifier le Caucase. Il faudra peut-être un siècle pour apaiser les instincts de pillage dans le Kurdistan. Quant à chercher à civiliser en quelques années ces montagnards, il n'y faut pas songer : ce serait peine inutile. Aucune autonomie politique pour les grands coupables turcs et kurdes. Si l'Europe ne prend pas cette énergique décision, elle s'en repentira bien certainement un jour. Il ne faut pas juger des Orientaux à l'européenne.

Front Asiatique. — 24 février 1917 (1).

Nous ne sommes que très rarement et fort mal renseignés sur ce qui se passe actuellement en Turquie; le manque d'argent, de vivres et d'hommes ressort de toutes les informations qui, de temps à autre, nous parviennent, et il s'ensuit qu'à Constantinople l'inquiétude est grande au sujet de la manière dont on fera face à l'offensive des Anglais et des Russes, mouvement qui n'attend que le retour des beaux jours pour se produire en Anatolie, en Arménie, sur le Tigre et vers la Syrie. Battus par les Anglais à Kout-el-Amara, les Turcs réclament le retour de leurs régiments actuellement occupés, soit en Roumanie, soit à faire la police dans les villes allemandes trop turbulentes; ils sentent que leurs effectifs de Mésopotamie sont insuffisants et craignent pour Bagdad. Que ne redouteront-ils pas, quand ils seront attaqués sur tous les fronts à la fois !

De l'argent, l'Allemagne leur en donne, en papier, bien entendu, et leur en promet plus encore après la guerre. O ironie ! « Pour aider au développement économique de l'Empire ottoman. » Mais que feront les Turcs avec un milliard de papier imprimé en lettres gothiques ? Ils n'ont plus de flotte commerciale, leurs communica-

---

(1) L'Éclair de Montpellier.

tions avec les neutres sont interceptées et dans l'intérieur du pays les transports sont, on peut dire, nuls. C'est d'Allemagne et d'Autriche seulement qu'ils peuvent recevoir matériel, munitions, produits industriels, charbon, pétrole, explosifs, vêtements pour l'armée; or, nous savons que dans les Empires centraux l'abondance de ces sortes de choses ne règne pas précisément et qu'Allemands et Autrichiens commencent par se servir eux-mêmes en prévision de la lutte définitive qui semble devoir débuter dans quelques semaines.

Pendant ce temps, les Anglais et les Russes s'organisent pour frapper la Turquie du coup mortel. Délivrés du souci que leur causaient les Sénoussis du côté de l'oasis de Siwah, les Anglo-Égyptiens peuvent reporter aujourd'hui tous leurs efforts vers El-Arich et la Palestine, alors que, des Indes, ils ont envoyé sur le Tigre une armée considérable et d'immenses approvisionnements. Des deux côtés, nos alliés britanniques sont admirablement préparés; mais ils procèdent avec sagesse et ne veulent agir qu'à coup sûr. Ils ont raison.

Au nord de la Turquie d'Asie, les Russes non plus n'ont pas perdu leur temps. Après avoir conquis d'immenses territoires, il leur fallait les organiser provisoirement, tout au moins, afin de reporter à Van, à Erzeroum, à Trébizonde leurs bases stratégiques qui se trouvaient auparavant à Erivan, à Kars, à Batoum, voire même à Tiflis. Cette mesure était non seulement sage, mais indispensable et, comme de juste, les intérêts militaires passent avant ceux de la population civile. Il faut aller au plus pressé d'abord. D'ailleurs, il serait imprudent d'encourager les émigrés à rentrer dans leur pays tant que les précautions nécessaires n'ont pas été prises pour leur assurer la sécurité.

Le correspondant du *Novoie Vremia* vient d'avoir à Tiflis une interview avec le général Peschkoff, gouverneur général des territoires de l'Arménie turque occupée par les troupes russes, et l'a questionné au sujet de certains bruits qui avaient alarmé les milieux arméniens, et d'après lesquels des difficultés auraient été soulevées au retour des réfugiés se trouvant en ce moment encore en grand nombre dans la Transcaucasie.

Le journal russe publie les explications données par le

général Peschkoff en réponse aux questions qui lui ont été posées.

Après avoir parlé de son projet de réorganisation administrative, qu'il a commencé à réaliser dans une partie de ces régions, le général donne les renseignements suivants sur le retour dans leurs foyers des réfugiés arméniens :

« La rentrée de la population qui, fuyant les atrocités turques, s'est réfugiée au Caucase, dépend non seulement de l'achèvement de la réorganisation administrative de ces régions, surtout du règlement de la question de ravitaillement, mais encore des mouvements stratégiques de notre front ; le retour prématuré des réfugiés a produit souvent de funestes paniques et occasionné des pertes superflues en hommes et en biens, comme cela est arrivé lors de la dernière rentrée en masse des Arméniens à Van. Le général a exprimé l'espoir que le moment n'est pas loin où, par un règlement spécial, tous les réfugiés seront autorisés à retourner dans leurs pays et à reprendre leurs paisibles travaux. Soyez assurés, a-t-il ajouté, qu'en tout cas, les Arméniens ne seront nullement lésés dans mon administration ; on prépare la liste de tous les villages arméniens et non arméniens et lorsque les conditions générales permettront le retour des émigrés, je demanderai à toutes les organisations américaines de bienfaisance de me dire combien de réfugiés il existe de chaque localité ; alors on donnera à chacun d'entre eux la possibilité de rentrer dans son village. Quant à ceux de ces gens qui se sont enfuis des régions que nous n'avons pas encore occupées, je les répartirai dans ces mêmes villages arméniens, leur donnant les maisons ou les terres de ceux qui ont été massacrés, cela, après entente avec les habitants locaux, et à condition de partager les terres par parts égales.

« Je connais la Turquie de près, au point de vue politique comme au point de vue ethnographique et religieux, et je connais les Arméniens comme un élément très intelligent, laborieux et avant tout agriculteur, lequel, lorsqu'il aura une bonne administration et de bons tribunaux, non seulement reconstituera sa situation économique, mais parviendra, je l'espère, à une grande prospérité. »

Il se trouve déjà, du reste, d'après les divers journaux du Caucase, un certain nombre d'Arméniens qui sont rentrés dans les territoires occupés : à Trébizonde, on en compte plus d'un millier, dans la ville même d'Erzeroum, 2.000, dans la campagne de cette ville, 5.000; avant le dernier exode, il s'en trouvait, dans la région de Van, 18.000; avant la réoccupation de Mouch par les Turcs, il y avait 4.000 Arméniens dans la ville et 5.000 dans les villages environnants.

Quant au nombre de réfugiés se trouvant actuellement sur le territoire russe, il augmente de jour en jour, grossi par de nouveaux venus, hommes cachés ou retranchés dans les montagnes, qui parviennent à gagner la frontière ou les districts conquis, femmes s'échappant des harems et un certain nombre qui, retenues comme esclaves chez les Kurdes, sont peu à peu rachetées par les comités de secours.

Comme on peut le voir par ces déclarations, le Gouvernement impérial, malgré ses préoccupations militaires, tant en Europe qu'en Asie, ne néglige pas l'avenir de ses nouvelles provinces, et il est à penser que les Anglais se préoccupent également d'organiser la Basse-Chaldée. De part et d'autre, l'Administration civile suit l'armée, et quand la Turquie sera conquise, nos alliés l'auront déjà, presque en entier, organisée à l'européenne.

Front de Chaldée. — 6 mars 1917 (1).

La retraite absolument volontaire des Russes qui, au cours de l'année dernière, en rendant aux Turcs la liberté dans toute la partie méridionale du Kurdistan (Qasré-Chirin, Kirmanchah, Hamadan), donnait à penser que l'armée anglo-indienne de Mésopotamie pouvait se passer du concours de ses alliés du Nord et, qu'en temps opportun, elle reprendrait sa marche vers Bagdad. La bataille de Ctésiphon et la déconvenue de Kout-el-Amara avaient appris à l'état-major britannique quels étaient les moyens qu'il devait mettre en œuvre, dans cette région fertile en difficultés imprévues, pour vaincre la défense turque. Ces moyens ont été accumulés avec

____

(1) *L'Éclair* de Montpellier.

patience, et le général Maude a commencé en janvier dernier le mouvement qui, bientôt, le rendra maître de la vieille capitale des khalifes.

Les deux armées en présence se trouvent dans des conditions très différentes au point de vue des approvisionnements. Alors que les Turcs doivent tirer de l'Europe Centrale leur matériel et leurs munitions, que leurs transports exigent des mois, les Anglais reçoivent en cinq à sept jours, de Kouratchi et de Bombay par Bassorah, tout ce qui est nécessaire pour leur armée. De ce côté, les mers sont absolument libres, et les usines de guerre de l'Hindoustan et du Japon se trouvent à même de répondre aux commandes aussi régulièrement que si l'on était en temps de paix. Mais il a fallu organiser ces services et ne rien laisser à l'imprévu; c'est pourquoi bien des mois se sont écoulés entre la capitulation du général Townshend et la dernière bataille au cours de laquelle les Anglais ont repris Kout-el-Amara, malgré les imposantes fortifications dont elle avait été entourée par l'ennemi, et nos alliés, qui se sont encore avancés sur le Tigre, ne sont plus qu'à 100 kilomètres de Bagdad, ville qui, sans nul doute, tombera bientôt entre leurs mains.

Entre Bassorah et Bagdad, deux points seulement ont une valeur, Kornah, confluent des deux fleuves, et Kout-el-Amara, qui commande l'embouchure du Chatt-el-Haï, canal reliant l'Euphrate au Tigre. Quant à Bagdad elle-même, sa position dans la partie la plus étranglée du Djéziret (35 kilomètres entre les deux fleuves) et sa situation de capitale de la Chaldée la rendent importante bien plus que son site lui-même; mais c'est principalement le côté moral de cette conquête qui portera un grand coup aux Turcs. Bagdad jouit jusqu'au Hedjaz d'un très grand renom dans les tribus arabes, sa capture sera pour toute l'Arabie synonyme de l'écroulement définitif de la Turquie détestée. A vrai dire, ce n'en sera que le prélude, mais un prélude bien grave.

13 mars 1917 (1).

Si la saison ne permet pas encore aux fronts alliés

---

(1) L'article du 13 mars 1917 qu'on va lire nous est parvenu hier matin.

de l'Europe de manifester leur vitalité d'une manière funeste à l'ennemi, il n'en est pas de même dans cette immense plaine où fut, dit-on, jadis, le Paradis terrestre : mars est la bonne saison de la Chaldée. A cette époque, l'air est doux, le soleil chaud, et de fréquents orages transforment en parterres fleuris de toutes couleurs ces immensités qui bientôt ne seront plus qu'un désert brûlé par les ardeurs de l'été. Les Anglais ont choisi le bon moment pour marcher sur Bagdad et, très fortement organisés, ils avancent vite. Après avoir culbuté les Turcs à Kout-el-Amara, nos alliés sont arrivés aux ruines de Ctésiphon, sur ce champ de bataille d'octobre 1915 où la fortune leur avait été contraire ; ils ont dépassé les restes de cette vieille capitale que, jadis, Julien II, le philosophe, n'avait point osé assiéger, et les voici, d'après les dernières nouvelles, au confluent de la rivière Diyala et du Tigre, c'est-à-dire à quelques kilomètres seulement de la cité d'Hâroun-al-Raschid.

Ce n'est pas un petit cours d'eau que la Diyala, c'est une grosse rivière, surtout en cette saison ; descendant du Zagros (sud du Kurdistan), elle traverse toute la plaine, depuis la frontière persane jusqu'au Tigre, sur un parcours de 200 kilomètres environ, et crée devant Bagdad une sorte de fossé profond et encaissé. Mais les Anglais qui, par le Tigre, remontent tout le matériel de leur armée, n'éprouveront aucune difficulté de ce côté. Le seul obstacle qu'ils puissent rencontrer est celui de l'armée turque, qui ne peut vraiment pas abandonner Bagdad sans combattre, et il est à penser que cette armée en retraite s'est concentrée dans la presqu'île que forment le fleuve et son affluent et que ce sera là qu'aura lieu son dernier effort.

Entre Bagdad et la rive droite de la Diyala, on rencontre d'immenses jardins, des palmeraies sans fin ; là se récoltent des dattes, des grenades excellentes, des oranges, des fruits de toute nature, et l'on voit des champs entiers plantés de melons et de pastèques qui, en la saison (août-octobre), sont bien les cucurbitacées les plus savoureuses qu'on puisse rencontrer en ce monde.

Notre éminent collaborateur M. J. de Morgan l'avait donc écrit avant que la prise de Bagdad fût un fait accompli. (*La Direction de l'« Éclair ».*)

Ces jardins sont, pour la plupart, enclos de murailles de terre battue hautes de deux mètres au plus.

Au delà des jardins commencent les maisons de la ville, non pas des maisons dans le sens qu'en Europe nous attachons à ce mot, mais des sortes de gourbis en terre crue, couverts d'une terrasse, sans étage, d'abord disséminés dans les enclos, puis se groupant de plus en plus au fur et à mesure qu'on avance vers la ville. Plus loin s'élèvent les vraies maisons bâties à la mode turque; et, au milieu d'un dédale de petites rues, sont les bazars, les mosquées, les églises, les bâtiments officiels, réunion de constructions disparates, mal tenues, sans intérêt artistique; car il n'existe plus rien de la somptueuse Bagdad des khalifes, sauf un khân (caravansérail) et quelques pans de murs tombés dans le fleuve, seuls restes du palais du fameux Hâroun-al-Raschid. Nous sommes, on le voit, bien loin de la féerie des mille et une nuits.

Bagdad est une ville de 150.000 habitants; elle compte de vastes quartiers chrétiens proprement construits; elle était, avant la guerre, la résidence du légat pontifical, archevêque de Babylone, et celle d'un patriarche chaldéen (catholique). Des religieux et des religieuses y enseignaient notre langue dans des écoles remarquablement organisées et tenues. C'est là que réside le gouverneur général de la province, là qu'est concentré, en temps ordinaire, le XIIIe corps de l'armée turque; l'Angleterre et l'Allemagne y entretenaient des consuls généraux et nous simplement un vice-consulat, probablement parce que la colonie catholique étant très nombreuse, avait son archevêque, légat apostolique, toujours Français, pour prendre soin de ses intérêts.

Bagdad est la tête de la navigation du Tigre; les vapeurs ne remontent pas en amont, bien que le fleuve puisse les porter encore jusqu'à 100 kilomètres plus haut. Au delà l'on ne voit plus que des kéleks (radeaux d'outres) qui ne sont en usage que pour la descente du fleuve.

De même que Le Caire s'est construit à quelques lieues de Memphis, de même Bagdad s'élève à 25 ou 30 kilomètres des sites de Ctésiphon, Séleucie et Madaïn, anciennes capitales de la Chaldée; mais, pas plus que pour Le Caire, la situation géographique de Bagdad n'est imposée par les lieux. C'est un point quelconque sur la rive gauche du Tigre, qui n'a pris d'importance que par suite de la résidence des khalifes, cause de son développement. Dès lors, les routes sont de Mossoul et du haut Tigre venues aboutir à la grande ville. En vingt-sept jours de caravane, Bagdad communique avec Damas.

En amont de la ville, le pays est d'une extrême pauvreté; sur la rive droite du Tigre, c'est le désert, et sur la rive gauche on ne trouve que fort peu de ressources, en sorte que l'armée turque, si elle abandonne Bagdad, sera contrainte de se retirer très loin, soit en suivant le Tigre, soit en côtoyant la rive de l'Euphrate et, dans les deux cas, sa retraite aura tout l'aspect d'un désastre. Mais la débâcle serait plus complète encore, si les Russes avaient le temps de descendre du Zagros pour venir occuper la rive gauche du Tigre. Il ne resterait plus aux Osmanlis que la ressource de mettre bas les armes ou de parcourir sans ravitaillement possible et dans un désert brûlé par le soleil 400 kilomètres pour gagner Mossoul, 600 pour se rendre à Deïr-el-Zor et de là en Syrie.

Les Russes marchent à pas de géant sur cette route Hamadan—Kirmanchah—Bagdad qu'ils ont déjà parcourue en 1916 jusqu'à Qasr-é-Chirin, et ne rencontrent plus, de la part des Turcs, la même résistance que par le passé. Ils se trouvent encore à Kenghâver, c'est-à-dire à 500 kilomètres environ de la frontière turque (Khanéghin), à 650 kilomètres de Bagdad. Un mois leur est nécessaire pour atteindre le Tigre.

A n'en pas douter nos alliés russes et anglais s'étaient entendus pour se rencontrer en face de Bagdad et il avait été tenu compte de la saison qui, jusqu'à la fin de février, était défavorable aux troupes du Tsar; mais les Anglais, de leur côté, s'attendaient à rencontrer de la part des Turcs une résistance plus tenace. Ils ont marché plus vite que bien certainement ils ne l'avaient prévu.

Ce manque d'ensemble, indépendant de la volonté des états-majors, est bien regrettable, car le coup de filet eût été superbe; mais consolons-nous. Quoique la rive gauche du Tigre soit libre, il ne restera pas grand'chose de l'armée turque de Bagdad quand elle arrivera à Mossoul si nos alliés peuvent la poursuivre jusque-là.

16 mars 1917 (1).

Bagdad est tombée. C'est là un coup mortel porté à la Turquie. La joie est grande chez les Alliés, car le général Maude vient de remporter un succès dont les conséquences sont plus considérables encore qu'on ne le pense généralement. Sans nul doute, on ne pavoise pas à Berlin, et le Gouvernement allemand doit être fort inquiet quant à la tournure que vont prendre les affaires asiatiques.

Sous peu de jours, n'en doutons pas, les troupes anglo-indiennes occuperont Féloudja, sur l'Euphrate, village situé à 35 kilomètres de la capitale des khalifes, relié à Bagdad par une voie ferrée étroite, construite au cours de la guerre. De Bagdad à Féloudja, c'est la plaine, horizontale comme est un billard, découverte, nue, où l'armée turque ne peut pas opposer de résistance.

Féloudja est le port, bien modeste, où s'arrêtent les bateaux plats qui, venant de Meskéneh par Deïr-el-Zor, apportent de temps à autre en Chaldée, par l'Euphrate, des marchandises de Syrie. Le fleuve ne pouvant être navigué à la montée, ces bateaux sont démolis et leur bois est porté à la ville et vendu.

L'occupation de Féloudja est d'une valeur considérable; car ce point commande la vallée de l'Euphrate, large en ce lieu de 2 kilomètres au plus. Au delà, vers l'ouest, est le désert caillouteux et sableux, complètement dépourvu d'eau. Qal'a'at-Féloudja étant aux mains des Alliés, toute la région fertile du bas Euphrate, où sont les centres de Hilleh (Babylone), Kerbalah et Nédjef (les villes saintes des Persans chiites), Divaniyeh, etc., est coupée de ses communications, et les troupes turques qui s'y trouvent seront obligées de mettre bas les armes ou de s'enfuir par le désert, pour retrouver l'Euphrate, sur sa rive droite en amont de Féloudja, opération désastreuse, qui oblige à l'abandon de tout le matériel et des approvisionnements.

Pour se retirer, je l'ai dit dans mon article de l'*Éclair* du 13 mars, l'armée turque n'a que trois voies : celle de

---

(1) *L'Éclair* de Montpellier.

la rive droite du Tigre, pourvue d'une voie ferrée
jusqu'à Samara seulement (120 kilomètres environ),
complètement insuffisante pour la retraite d'une armée
importante; celle de la rive gauche du Tigre; enfin celle
de l'Euphrate. La seconde de ces routes, qui traverse
des pays pauvres, est menacée par les Russes qui avancent à grands pas. Si l'armée turque s'y aventurait,
elle serait sous peu de temps prise de front par les
Anglais et en flanc par les troupes du Tsar, qui, d'autre
part, peuvent aussi, de Revandouz (Kurdistan), couper
les communications avec Mossoul.

La rive droite du Tigre est un immense désert sans
eau, à peine praticable pour de petites caravanes. C'est
là que se trouvent les ruines de la vieille ville parthe de
Hâtra, l'un des restes les plus curieux des guerres d'antan. Mais Hâtra et tout le pays, absolument privés d'eau
depuis que les canalisations antiques ont été abandonnées ou détruites, ne possèdent pas un seul habitant.

D'après les nouvelles sommaires qui nous parviennent, l'État-major turc aurait, pour la retraite de son
armée, choisi l'Euphrate. Cette solution, la moins mauvaise au point de vue stratégique, n'est pas moins déplo-
rable que les autres en ce qui concerne les ravitaillements et les transports.

J'ai remonté jadis (1900) l'Euphrate à cheval, depuis
Féloudja jusqu'à Deïr-el-Zor, me rendant à Damas (vingt-
sept jours de voyage) et, dans ce long trajet, j'ai eu tout
loisir d'étudier le grand fleuve mésopotamien. Le lit
de l'Euphrate est large comme celui du Rhône en aval
d'Avignon, assez rapide, encaissé entre deux petites
falaises, découpées par ses propres eaux dans les alluvions caillouteuses du désert. Ces falaises sont, en général, hautes de 4 ou 5 mètres tout au plus, et la largeur
de la vallée varie entre 1 et 2 kilomètres seulement. A
droite et à gauche du fleuve sont parfois des bandes
très étroites de terrain cultivable, d'humus noir très
riche, arrosé par des sakiehs, grandes roues garnies de
pots qui tournent toutes seules. C'est dans ces horribles
solitudes que les Jeunes-Turcs ont déporté les Arméniens, certains qu'ils y périraient tous.

En raison du peu de surface des terres arables, la
population est très clairsemée dans ce long ruban qui

se déroule sur plus de 600 kilomètres, de Meskéneh à Féloudja, et les villages, très rares, sont extrêmement pauvres. La seule bourgade de tout ce trajet est Hît (à 100 kilomètres de Féloudja), petite agglomération due à l'existence en ce point de gisements très riches de bitume. Puis on ne voit plus que de misérables hameaux jusqu'à Deïr-el-Zor, sur 400 à 500 kilomètres de parcours. Aucun ravitaillement n'est possible sur le fleuve, aucun pâturage ne se rencontre, pour empêcher les chevaux de mourir de faim.

Presque toutes les expéditions des Romains contre les Perses ont suivi l'Euphrate à la descente; aucune n'a tenté de remonter le fleuve au retour. C'est par la rive gauche du Tigre et le sud de l'Arménie que les légions sont toujours rentrées dans les provinces de l'Empire; et encore, pour la descente, l'armée se faisait-elle accompagner d'une flotte nombreuse, portant le matériel de guerre et les subsistances. Julien II a brûlé ses vaisseaux dès son arrivée en Chaldée, parce qu'il savait n'en plus pouvoir faire usage pour le retour de ses légions.

Ainsi, voilà donc l'armée turque de Mésopotamie en bien mauvaise posture. Il est à croire que le général Maude ne la poursuivra pas, à moins qu'une offensive anglo-égyptienne en Syrie ne permette d'en détruire les débris. Mais il y a encore des contingents turcs en Perse et ces troupes dans leur repli pourraient être un danger pour Bagdad. Donc, il y a lieu de penser que l'État-major anglais va consolider et affermir ses positions, nettoyer de Turcs la région de Hilleh-Kerbalah-Nédjef, et se préparer pour le moment, très prochain d'ailleurs, où les Russes occuperont la rive gauche du Tigre. Dans trois mois, au plus tard, commenceront les grandes chaleurs; la campagne de Mésopotamie approche donc d'un temps d'arrêt.

Attaqués en Anatolie, en Arménie, vers Mossoul par Revandouz, sur le Tigre par Qasr-é-Chirin, en Syrie, ayant perdu toute l'Arménie et toute la Chaldée, pressés du côté de Salonique, les Turcs sont vraiment mal pris, et l'on ne saurait trop accorder d'éloges à cette vaillante armée anglo-indienne dont les succès hâteront, à coup sûr, la fin de la guerre; car le découragement est un mal très contagieux. Depuis 1914, on endort le peuple allemand dans la pensée que ses alliés et lui sont victorieux partout : la prise de Bagdad va porter un terrible coup à ses illusions.

21 mars 1917 (1).

En lisant les journaux, je rencontre à chaque instant des inexactitudes dans les comptes rendus des opérations de Chaldée et du Kurdistan, et ces erreurs, très naturelles puisqu'il s'agit de pays fort peu connus, même du public instruit, conduisent souvent à émettre sur la situation des armées des avis qui ne correspondent pas à la réalité des choses. Ces erreurs sont dues à la rareté des cartes de cette région ou, du moins, à ce que la plupart des gens en ignorent l'existence. J'espère que les personnes désireuses d'étudier de près les questions orientales me sauront gré de les renseigner quant aux sources dans lesquelles elles peuvent puiser des indications exactes.

Les cartes les moins imparfaites sont : *Nouvelle Carte générale des Provinces asiatiques de l'Empire ottoman*, par Henri Kiepert (Berlin, 1883), Dietrich Reimer, éditeur (Berlin, 1883, révisée en 1891. Échelle au 1/1500000e), qui donne toute la partie asiatique de l'Empire ottoman, la moitié occidentale de la Perse et presque toute la Transcaucasie. Puis mes propres cartes : *Le Kurdistan central (persan)*, au 1/250000e, et l'*Elam*, c'est-à-dire tout le Kurdistan méridional, le Louristan, l'Arabistan et une partie de la Chaldée, à l'échelle du 1/750000e, le tout édité pour le compte de l'État (Mission scientifique), par Ernest Leroux, 28, rue Bonaparte, à Paris.

La carte allemande (Kiepert) permet de suivre les opérations d'ensemble sur tous les fronts asiatiques, Syrie, Caucase, Arménie, Anatolie, Kurdistan central et méridional, Mésopotamie. Quant à mes propres relevés, beaucoup plus détaillés que ceux des Allemands, ils permettent de suivre, pas à pas et en détail, les mouvements des Russes à Revandouz, Kirmanchah, Qasr-é-Chirin et dans le sud du Kurdistan. Il y a bien, en plus,

____

(1) *L'Éclair* de Montpellier.

les cartes confidentielles des Gouvernements russe et anglais : je les connais, mais n'en puis parler.

En examinant ces cartes, on verra que l'appellation de *front du Caucase* ne répond à aucune réalité. Autant vaut et mieux vaut dire *front russe d'Asie*; car ce front se décompose en : n° 1, front d'Anatolie (marche de Trébizonde vers Sinope); n° 2, front d'Arménie (s'étendant d'Erzingian à Bitlis et Van); n° 3, front du Kurdistan central (Revandouz); et n° 4, front du Kurdistan méridional (route de Hamadan à Bagdad, par Kirmanchah et Khanéghin). Ces quatre fronts, bien que faisant partie d'une même opération militaire d'ensemble, sont très distincts et séparés entre eux par des massifs montagneux qui les isolent très nettement les uns des autres.

En ce moment, les Russes semblent ne pas bouger sur les trois premiers de ces fronts, la saison n'étant pas favorable. Ils n'avancent que sur le front n° 4 et sont invités à le faire par l'avance des Anglais en Mésopotamie. Mais il ne faudrait pas croire que, sur ce front, le plus méridional, on sente déjà les effets du printemps. Quelques altitudes montreront que les troupes russes opèrent encore dans la neige : Hamadan, 1.900 mètres; Kenghâver, 1.560 mètres; Bisoutoun, 1.360 mètres; Kirmanchah, 1.470 mètres.

Puis, entre cette dernière ville, que les Russes viennent d'occuper, et les confins de la Chaldée, dans la direction de Bagdad, Harounâbâd (à 50 kilomètres de Kirmanchah), altitude 1.300 mètres, Kérind (30 kilomètres plus loin), altitude 1.545 mètres, Sorkhadizeh, altitude 1.895 mètres (à 20 kilomètres de Kérind), qui est situé à la tête du col de Tagh-é-Ghirra, par lequel on descend en Chaldée, jusqu'à Qasr-é-Chirin (à 50 kilomètres de Sorkhadizeh), dont l'altitude est de 515 mètres. Qasr-é-Chirin, ville frontière persane, est à 20 kilomètres de Khanéghin, douane turque (altitude 320 mètres), alors que Bagdad n'est qu'à 40 mètres au-dessus du niveau de la mer, bien que cette ville soit distante de 800 kilomètres environ du Golfe Persique.

Dans leur marche vers Bagdad, ville dont ils sont encore à 350 kilomètres, les Russes chassent devant eux les Turcs; mais le corps d'armée osmanli ne sera probablement pas pris, car, sachant les Anglais à Bagdad, il se retire vers Mossoul, par les montagnes situées au nord de Zagros, par Soleimaniyeh et Altoun-Keupru Il est peu croyable que les troupes du général Maude s'avancent, en aussi peu de temps, jusqu'à Altoun-Keupru, localité située à 300 kilomètres de la capitale des khalifes, sur la gauche du Tigre, à 100 kilomètres environ (sur le Zab inférieur). Mais, pour atteindre Soleimaniyeh, les Turcs de Perse seront obligés d'abandonner tout leur matériel, car le pays de Chêhrizor est extrêmement montagneux, difficile et dépourvu de routes.

Ces troupes en déroute se joindront donc aux restes de l'armée turque de Bagdad, qui, dit-on, ont gagné le haut Tigre, et la concentration se fera à Mossoul, déjà menacée par Revandouz. Mais, dès lors, l'armée russe n° 4 du Kurdistan méridional, devenant libre, se joindra aux Anglo-Indiens qui n'auront plus à craindre pour Bagdad, et les deux armées combinées, après avoir balayé la vallée moyenne du Tigre (rive droite), arriveront devant Mossoul en même temps que les Russes de Bitlis et de Van marcheront soit sur Mossoul, soit sur Diarbékir.

Actuellement, en Chaldée et en Basse-Mésopotamie, la saison est favorable; dans deux mois elle ne le sera plus; il faut espérer que les Anglo-Russes auront gagné des pays moins chauds (Mossoul, altitude 250 mètres, Diarbékir, 650 mètres) et que rien n'empêchera les opérations de se continuer. Il n'y aura d'ailleurs pas à craindre de soulèvement dans les pays conquis par nos alliés.

L'armée turque est en pleine débâcle et elle a devant elle d'énormes contingents anglo-russes, très bien fournis de toutes choses. Cette inégalité des forces en présence permet à nos alliés de faire vite et bien. Aucune contre-offensive sérieuse ne peut venir par l'Euphrate ou par la rive droite du Tigre. La partie est gagnée de ce côté, si l'on agit avec célérité.

31 mars 1917 (1).

Les derniers communiqués russes (23 mars) annoncent un sérieux engagement qui aurait duré seize heures,

____

(1) *L'Éclair* de Montpellier.

entre les troupes du nouvel empereur Michel Ier et une division turque, devant Kérind, entre Kirmanchah et Khanéghin, et les Osmanlis, battus, auraient abandonné le village d'Aliâbâd. Ce hameau est situé sur la rivière de Kérind, ruisseau qui, au travers du Louristan septentrional, va rejoindre le fleuve de Suse, le Seïn-Merrè ou Kerkha.

Deux chemins conduisent de Harounâbâd (bâti par Haroun), avant-dernière position occupée par les Russes, à Kérind, l'un passe par les villages de Firouzâbâd et Khosrâbâd (bâtis par Firouz et par Khosroès), et l'autre par Aliâbâd et Sertchiam. Ces deux routes suivent des vallées étroites, entourées de montagnes boisées, où la défense trouvait des conditions topographiques favorables ce qui, d'ailleurs, n'a pas empêché nos alliés de culbuter les Turcs.

A Kérind (altitude 1.545 mètres), la vallée s'élargit en une petite plaine, où s'élèvent les villages de Hârir et de Halété. La bourgade elle-même est construite en amphithéâtre au nord de cette plaine, au pied de la montagne, contrefort du Délahô-Kouh (Zagros). Elle ne constitue pas une position favorable. C'est donc plus à l'ouest, près du hameau de Sorkhadizeh (altitude 1.895 mètres), que les Osmanlis peuvent une dernière fois résister aux Russes, avant de leur céder la descente de Tagh-é-Ghirra sur la Mésopotamie (Ser-i-Poul-Qasr-é-Chirin).

Battue à Aliâbâd, la division turque est obligée de se retirer par la route de Bagdad (Sorkhadizeh—Ser-i-Poul), car elle ne peut s'engager dans les chemins de chèvres du Délahô-Kouh, qui conduisent à Bivanidj et Gavarra, routes sans issue pratique, et, chassée de Sorkhadizeh, elle se trouvera en fort mauvaise posture, par ce fait que toute la descente de Tagh-é-Ghirra et toute la plaine de Ser-i-Poul sont sous le feu de batteries de montagne, placées sur les hauteurs voisines de Sorkhadizeh.

Les Turcs peuvent, il est vrai, suivre le pied de Kouh-Béboul, montagne située à l'ouest de Délahô-Kouh et, par Ridjâb, Iarân et Zerda, gagner le district de Zohâb et, de là, la rivière Diyala, Kerkouk et Altoun-Keupru. Mais entre Sorkhadizeh et Zohâb, ce ne sont que sentiers muletiers très étroits, serpentant à flanc de coteau, où la division en retraite devrait marcher en file indienne, après avoir abandonné tous ses transports sur roues.

Il est donc à penser que les Turcs ne défendront pas Sorkhadizeh, mais que, profitant des quelques heures qu'ils peuvent gagner en laissant un rideau de fantassins à la garde de cette localité, ils feront descendre leur artillerie et leurs fourgons par Tagh-é-Ghirra (la descente est de trois heures) jusqu'au village de Zéich et de là, pendant la nuit, gagneront Zohâb, afin de se mettre hors d'atteinte de l'artillerie russe.

Les Anglais, ces jours derniers, avaient atteint Bakoubeh, au nord-est de Bagdad, dans la direction de Qasr-é-Chirin. Si, comme on est en droit de le supposer, ils sont aujourd'hui près de Khanéghin, les Turcs de Perse ne peuvent se replier sur Qasr-é-Chirin sous peine d'être pris entre deux feux, très inutilement d'ailleurs. Il leur faut donc obliquer vers le nord pour gagner Altoun-Keupru par Kerkouk (à 200 kilomètres de Tagh-é-Ghirra), où sont probablement d'ailleurs déjà arrivés des restes de l'armée de Bagdad.

La jonction des Russes et des Anglais se fera bien certainement sur les bords de la rivière Diyala, ou mieux, vers Khanéghin, et ensuite les deux armées marcheront en commun vers le nord. Car les Anglo-Indiens ne peuvent s'aventurer en suivant la rive gauche du Tigre beaucoup au delà de Samara, sans que leur droite soit couverte. Ce serait commettre une imprudence analogue à celle qui a causé le désastre du général Townshend. Kout-el-Amara n'aurait pas, en effet, été contrainte à se rendre, si l'État-major britannique avait soutenu le corps du Tigre par une marche parallèle en territoire persan (Poucht-é-Kouh), au long du Kouh-Hamrîn.

Entre Bagdad et Mossoul, les conditions géographiques sont les mêmes qu'en aval de la capitale des khalifes, et les conditions stratégiques sont moins favorables pour nos alliés ; car Kerkouk et Altoun-Keupru (Brdi-Sour, en kurde) sont des centres relativement importants, favorables à la concentration de l'armée ottomane qui, certainement, s'y reforme en ce moment, conservant Mossoul comme dernière base de repli sur le Tigre moyen. Plus à l'est, au pied des montagnes, se trouve Soleimaniyeh, que les Turcs devront forcément évacuer si Kerkouk tombe aux mains des Européens.

Dans cette marche vers le nord, nos alliés remonteront d'abord le Zab inférieur (Zab-el-Asfal), puis le Zab supérieur (Zab-el-Ala) et ce dernier jouera, par rapport à Mossoul, le rôle qu'a rempli la rivière Diyala vis-à-vis de Bagdad. Peut-être donc assisterons-nous à une seconde bataille de Gaugaméla (Arbèles). Mais les situations seront interverties et les vainqueurs viendront, cette fois, du sud et de l'est, et non plus du nord-ouest, comme du temps d'Alexandre le Grand.

Les communiqués nous apprennent que les troupes russes reprennent successivement Sineh, Sakkiz, Bahneh, dans le Kurdistan persan, bourgades qui leur avaient échappé lors de leur retraite. De ce côté, le cercle, un instant élargi après la perte de Kout-el-Amara par les Anglais, se rétrécit donc chaque jour. Le moment est proche où l'armée du Kurdistan central sera en liaison avec celle du Kurdistan méridional (Kirmanchah) et celle de l'Arménie méridionale (Van, Bitlis), ainsi qu'avec les Anglo-Indiens de Bagdad. Ce front, très étendu, cessera de serpenter dans les grandes montagnes et convergera vers Mossoul et les pays relativement ouverts. C'est une magnifique opération d'ensemble, dont les diverses phases se déroulent en ce moment. Il en résultera une concentration des ressources militaires des Alliés, par suite de la réduction de la ligne de combat et de la sécurité sur les derrières. Le front actuel (Samara, Kérind, Bahneh, Sakkiz, Revandouz, Van, Bitlis) est d'environ 800 kilomètres. Quand les Anglo-Russes seront arrivés en face de Kerkouk, il ne sera plus que de 400 kilomètres au maximum et, par ce seul fait, la puissance offensive de nos alliés sera pour le moins doublée.

Durant tout le cours de ces opérations, il n'y a pas à craindre une sérieuse contre-attaque des Turcs soit par l'Euphrate, soit par le Sindjar. Seules, les routes de Diarbékir et d'Ourfa (Edesse-Mardin) peuvent être mises à profit par les Osmanlis pour approvisionner et secourir leur armée de Mossoul. A la rigueur, la voie de Diarbékir pourrait être rendue difficile par les Russes, descendant de Van et de Bitlis dans la vallée du Tigre; mais celle d'Ourfa-Mardin (550 kilomètres) restera ouverte. Mossoul prise, nous verrons reparaître deux noms historiques célèbres, ceux des villes de Nisibe (Nzêbîn) et d'Amide (Diarbékir), illustres par des sièges mémorables, alors qu'elles étaient le boulevard de l'Empire romain contre les Perses. Leur capture permettait alors à l'ennemi d'envahir la Syrie et de s'avancer jusqu'au cœur de l'Asie Mineure. Nisibe, aujourd'hui, a perdu toute son importance; elle est remplacée stratégiquement par Mossoul. Mais Diarbékir demeure la grande gardienne de Constantinople vers la Mésopotamie.

18 mai 1917 (1).

Depuis bien des mois, nos alliés russes ne font plus parler d'eux sur les fronts de l'Arménie et du Kurdistan. La cause en est, bien certainement, dans la température qui, cette année, a été d'une rigueur extrême, et dont les effets se sont fait sentir plus durement encore dans les montagnes du Kurdistan et sur les plateaux d'Arménie, pays de climat continental, que sur nos fronts de l'Occident, soumis au régime marin.

Au sud, après avoir rejoint les Anglais, les Russes se sont concentrés sur les bords de la rivière Diyala, formant ainsi la droite de l'armée alliée, alors que les Anglo-Indiens, parvenus à Samara, composent la gauche qui s'appuie sur le Tigre. Les grandes chaleurs qui ont débuté dans ces régions dès le mois d'avril arrêtent les opérations et, pendant ce temps, les Turcs, reformés et renforcés de troupes et de matériel, tiennent tête à nos alliés sur la route de Mossoul.

On pouvait espérer qu'après la prise de Bagdad et l'évacuation par les Turcs du Kurdistan persan méridional, les deux armées alliées poursuivraient, sans délai, leur effort vers le nord, dans la direction de

______

(1) *L'Éclair* de Montpellier.

Soleimaniyeh et de Kerkouk, et que les Russes de Revandouz descendraient vers Arbèles, ce qui eût amené les Osmanlis à être pris entre deux feux; mais il faut croire que cette opération ne présentait pas toutes les sécurités nécessaires, puisque les vainqueurs laissent à l'ennemi le temps de se refaire.

La ville de Samara est la tête de ligne, vers le nord, de la voie ferrée dernièrement construite par les Turcs, sur la rive droite du Tigre, pour la défense de Bagdad : cette ligne devait être continuée jusqu'à Mossoul et se relier aux tronçons de la voie de Constantinople. Le temps et surtout le matériel ont fait défaut pour l'achever, elle était donc de peu d'importance pour les Osmanlis qui l'ont utilisée pour leur retraite; mais elle est, au contraire, d'une très grande valeur pour l'armée anglo-indienne, car elle met directement et rapidement le front de combat en relation avec sa nouvelle base, Bagdad. D'ailleurs, la navigation fluviale sur le Tigre peut se poursuivre en amont de la capitale des khalifes et venir en aide au chemin de fer, dont le matériel roulant est insuffisant pour de grands transports. Les Russes de la Diyala, distants de 100 kilomètres seulement du Tigre, reçoivent bien certainement par ces deux voies leurs approvisionnements des Indes, alors que les munitions leur parviennent du Japon par le Golfe Persique.

Ce raid d'une armée importante, au travers de toute la Perse jusqu'en Chaldée, dans des pays ne fournissant pas d'approvisionnements, au milieu de tribus hostiles et chassant devant elle l'ennemi turc, est réellement un tour de force qu'on ne peut se lasser d'admirer. Depuis des mois et des mois, ces hommes marchent et combattent; nous serions bien ingrats si nous demandions à leur endurance un nouvel effort vers Mossoul. Donnons-leur le temps de se refaire, car la lutte qu'ils auront à soutenir sur les rives du Zab sera chaude, et portons nos regards vers l'Anatolie et l'Arménie, que les neiges vont bientôt abandonner.

S'il ne s'agissait que de suivre la côte de la Mer Noire, la saison n'importerait guère, car le climat du littoral de l'Anatolie est fort doux; mais, toute avance sur la plage devant être soutenue par un mouvement parallèle

dans l'intérieur, devient de ce fait un mouvement général de l'armée, et l'on sait combien la région de Tokat
et d'Amasia est montagneuse, combien la vallée de

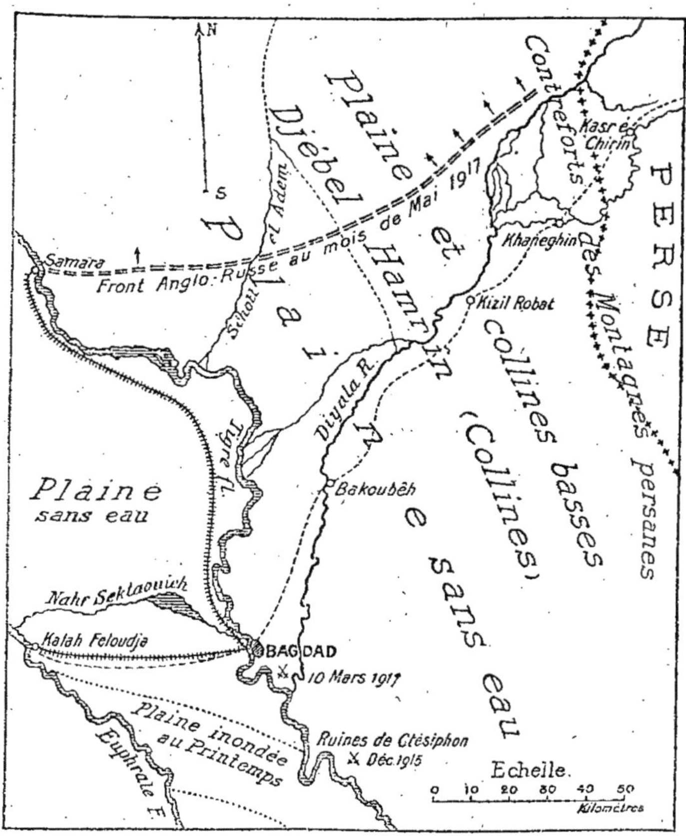

ENVIRONS DE BAGDAD

l'Euphrate en aval d'Erzingian est difficile. Faisons
crédit à nos alliés de quelques semaines encore, car
jusqu'au mois de juin, l'offensive serait vraiment par
trop pénible pour les troupes.

M. Milioukoff a tout dernièrement déclaré, au nom

du Gouvernement provisoire russe, que la nouvelle Russie tiendra tous les engagements de l'ancienne vis-à-vis de ses alliés, et ces assurances, dont nous ne pouvons mettre en doute la sincérité, sont conformes à la droiture de la conscience russe. Nous devons donc nous attendre à voir sous peu les corps d'armée du Caucase poursuivre leur œuvre dans le nord de la Turquie d'Asie et combattre, en même temps que les grands adversaires de l'Entente, l'ennemi séculaire des Slaves. La Russie renonce aux conquêtes impérialistes et proclame hautement qu'elle luttera pour la délivrance des peuples opprimés. Il lui faut donc achever la libération de l'Arménie, c'est-à-dire pousser jusqu'à Diarbékir et Marasch, jusqu'à la rive gauche du haut Euphrate, pour le moins.

Sur le front de Palestine, l'armée anglo-égyptienne ne peut, en cette saison, avancer que lentement, car, tout comme en Mésopotamie, les chaleurs sont venues entraver les approvisionnements par le désert. Cependant, les soldats égyptiens et indiens, accoutumés à ce climat, sont aptes à supporter les fatigues et les privations d'une campagne estivale ; aussi devons-nous nous attendre à des nouvelles venant de ce côté.

Toutefois, au delà de Gaza, nos alliés entreront dans le massif montagneux de la Palestine, sorte d'enfer brûlé, sans eau, sans végétation, aride et rocheux, où jadis les Croisés ont souffert toutes les tortures. La marche sur Jérusalem, si l'État-major anglais l'ordonne avant le prochain mois de novembre, sera terriblement pénible, et l'on comprend aisément qu'il prenne toutes les dispositions nécessaires pour faire de Gaza une nouvelle base, approvisionnée par terre et par mer, avant de se lancer en avant.

Ainsi, en dehors de la Péninsule arabique soulevée, la Turquie d'Asie est aujourd'hui pour un bon tiers conquise et elle est menacée de tous les côtés à la fois. Mais les opérations alternent forcément : elles ont lieu dans le nord en été, dans le sud en hiver ; c'est donc par bonds successifs, indépendants les uns des autres, que nos alliés viennent à bout de la résistance de l'ennemi et des difficultés naturelles du pays.

Malheureusement, ces opérations exigent de longs mois

pendant lesquels les Turcs massacrent le peu de chrétiens qui restent encore dans leur empire. Nous ne savons plus ce qui se passe en Syrie, en Cilicie, dans les camps de déportés de l'Euphrate. Il est à penser que, partout, la mort a fait son œuvre. Quelles horreurs n'apprendra-t-on pas, au jour où nous en aurons fini avec ces barbares !

V

A L'INTÉRIEUR DE LA TURQUIE (1915-1917)

Les nouvelles de ce qui se passe dans l'intérieur de l'Empire ottoman ont été très rares depuis que la Turquie nous a déclaré la guerre; car les Jeunes-Turcs cachent avec le plus grand soin les crimes dont ils se rendent journellement coupables. C'est accidentellement seulement que les renseignements nous parviennent et, le plus souvent, ils sont fort incomplets.

Pour se rendre compte de ce que devait forcément être l'attitude des Turcs, du jour où la surveillance européenne cesserait de tempérer les instincts barbares de ce peuple, il faut connaître l'histoire de la Turquie, suivre pas à pas les faits et gestes de ses maîtres, depuis l'irruption de ces hordes incultes dans le monde civilisé, et je ne saurais trop recommander à mes lecteurs un livre nouvellement paru, *Les Turcs*, par M. Bertrand Bareilles, ouvrage dans lequel ils trouveront tous les documents nécessaires pour se faire une opinion sur l'âme des Osmanlis.

Dissimulés, perfides, cruels, d'un égoïsme sans frein, méprisant les intérêts et la vie d'autrui, cupides et paresseux, les Turcs, sous des apparences raffinées, sont encore de nos jours les pillards et les assassins qu'ils étaient il y a neuf cents ans. Livrés à eux-mêmes, ils sont capables de toutes les trahisons, de toutes les horreurs : aussi dans le conflit mondial ont-ils pris parti pour l'Allemagne, attirés par la puissance militaire de Berlin et aussi, plus encore même, par la similitude de l'amoralité. Guillaume II était l'ami du Sultan sanguinaire; or, Abdul-Hamid, Turc jusqu'à la moelle des os, incarnait tous les vices de sa race. Sa déposition ne fut qu'un fait sans importance, car les Jeunes-Turcs, continuant ses traditions, demeurèrent grands admirateurs de la culture allemande. Pouvait-il en être autrement d'ailleurs, quand l'Empereur teuton encourageait les sentiments criminels de la Turquie, quand il lui livrait les chrétiens, quand il envoyait à Constantinople ses officiers et ses fonctionnaires pour aider de leurs savants conseils l'organisation des massacres, l'extermination de tout ce qui, dans l'empire du Sultan, n'était pas de race turque ou assimilé par la conversion à l'Islam. On comprend aisément que les Turcs se soient jetés dans les bras de l'Allemagne; mais on comprend plus difficilement que les Empires centraux, se disant civilisés, que le vieux François-Joseph, si pieux en apparence, se soient faits les mentors de pareils criminels, aient payé l'alliance turque des concessions les plus abjectes.

Quoi qu'il en soit, des flots de sang ont coulé et coulent encore en Turquie, et des tortures sans nom ont été imposées à des malheureux sans défense, à des femmes, à des enfants par centaines de mille, parce qu'ils avaient eu le malheur de naître sujets du Sultan. Des volumes ont été écrits sur ces atrocités sans nom, et je citerai en particulier celui du vicomte Bryce, *The treatment of Armenians in the Ottoman Empire, 1915-1916*, ouvrage rempli de documents dont la lecture donne le frisson, évoque les plus tristes souvenirs des invasions du monde civilisé par les vagues barbares.

Tous les chrétiens de la Turquie ont été et sont encore les victimes de la brutalité de leurs ignobles maîtres;

mais c'est surtout vis-à-vis des Arméniens que les sévices ont été les plus horribles. Dans un livre dernièrement paru, *Essai sur les Nationalités*, j'ai dépeint les horreurs commises par les Turcs contre cette infortunée nation chrétienne. Encore n'ai-je dû citer que quelques exemples, tant est considérable le dossier des criminels.

3 août 1916 (1).

Dans le monde arménien lui-même, on est fort mal renseigné sur les résultats des massacres, aucune estimation sérieuse ne pouvant encore être faite du nombre des malheureux qui ont succombé, de ceux à qui la fuite a été possible, ainsi que de ceux de ces infortunés qui, par force et provisoirement, ont embrassé l'Islam pour se soustraire à la férocité des Turcs et des Kurdes, voire même des Allemands; car ces protecteurs des musulmans ne dédaignent pas, chaque fois qu'ils en ont l'occasion, de diriger personnellement les exécutions en masse. Leur concours, d'ailleurs, était nécessaire pour qu'une méthode sûre présidât à cette opération, à laquelle l'incohérence de l'esprit turc eût enlevé ce caractère de continuité dont dépendait le succès.

Cette méthode élaborée dans les bureaux de Talaat et d'Enver, avec le concours des maîtres allemands dans cette spécialité, a été mise en pratique dans tout le territoire ottoman et se compose de quatre phases distinctes :

1º Mobilisation de la jeunesse, afin de retirer des centres chrétiens tous les éléments de résistance, emploi de ces hommes à des travaux de route ou de fortifications, puis exécution en masse de cette jeunesse;

2º Mise à sac des centres chrétiens et massacre d'une partie de la population, distribution ou vente des femmes ou des jeunes filles sur les marchés publics (à raison, le plus souvent, d'un medjidieh [5 francs] par tête), pillage des biens meubles et immeubles des infidèles;

____

(1) *L'Éclair* de Montpellier.

3º Déportation du reste de la population, avec massacres, tout au long de la route, extermination des vieillards et des enfants mâles, distribution de ce qui se trouve encore de femmes et de jeunes filles aux habitants musulmans des pays traversés par les misérables colonnes;

4º Concentration des êtres qui n'ont pas encore péri dans les camps de Mésopotamie, c'est-à-dire abominable esclavage dans des conditions et sous un climat tels que la plus grande partie des déportés doive mourir.

On compte environ 60 % de morts dans les colonnes (maladie, épuisement, assassinats), entre le moment du départ et celui de l'arrivée dans les camps de concentration; mais il faut ajouter à cette proportion la jeunesse exécutée et les gens très nombreux qui ont été massacrés avant le départ des colonnes.

Une méthode aussi rigoureuse, aussi savante, ne pouvait être née dans l'esprit brouillon des Turcs; et les Allemands ne se sont pas contentés d'inspirer ces barbares, ils ont souvent aussi présidé aux exécutions et pris pour leur part quelques souvenirs, objets ou jeunes filles grecques, arméniennes ou syriennes. Ce sont là, aujourd'hui, des faits certains. D'ailleurs, l'opinion allemande approuve les horreurs commises par les Turcs. Le pasteur Fr. Naumann, résumant l'état d'esprit de ses compatriotes, a dit : « C'est un acte horrible, une ignominie dans les détails, mais cependant un morceau de politique à la façon asiatique. » (*Ein entsetzlicher Akt, eine Schande, in den grausamen Einzelheiten, aber eben doch ein Stück politischer Geschichte in asiatischen Art.*) L'Allemagne, je ne dis pas seulement le Gouvernement allemand, je dis l'Allemagne, est donc aussi coupable, si ce n'est plus encore, que le massacreur musulman; mais cela n'a rien qui doive surprendre, car le terrorisme fait partie des moyens préconisés à Vienne et à Berlin. On sait comment se comportent les Prussiens en Belgique, en Pologne, et les Autrichiens vis-à-vis de leurs propres sujets roumains et slaves, ainsi que dans la malheureuse Serbie.

Pourvus d'une organisation aussi savante, les massacreurs ont bien certainement obtenu des résultats satisfaisants pour Talaat bey, et il est à craindre que les comités arméniens, en admettant le nombre de 500.000 morts, se fassent des illusions. L'*Éclair* publiait, le 20 juillet, une information de Bucarest, provenant de source officielle russe, qui n'est certes pas faite pour donner des espérances. A Trébizonde et dans sa banlieue, on comptait avant la guerre 18.343 habitants arméniens, répartis entre la ville et 45 villages. Or, les troupes russes n'ont plus trouvé que 367 de ces gens dans les villages et 92 dans la ville, soit en tout 459 personnes. 17.884 manquent donc. Si nous comptons 5.000 êtres massacrés sur place et 60 % du reste mort en route, nous voyons que 7.000 ou 8.000 Arméniens de Trébizonde seulement peuvent être aujourd'hui dans les camps de concentration de la Mésopotamie, où la maladie décime encore tous les jours ce troupeau sans ressources.

Mais à Trébizonde, il était moins malaisé de fuir que dans les localités de l'intérieur de la Turquie; les pertes ont donc dû être plus grandes encore dans les districts plus éloignés de la mer et de la Russie.

En 1882, d'après les statistiques du Patriarcat grégorien, le nombre des Arméniens vivant dans l'Empire ottoman était de 2.660.000, dont 1.630.000 dans les six vilayets de l'Arménie et 1.030.000 dans les diverses villes de la Turquie (Constantinople, Smyrne, Trébizonde, la Cilicie, etc.). Puis une nouvelle statistique du Patriarche établie en 1912, c'est-à-dire après les massacres hamidiens de 1894-1896, n'indique plus que 1.018.000 Arméniens pour les six vilayets. Il y a donc eu perte de 612.000 âmes par la mort, l'émigration et l'apostasie. Quant aux 1.030.000 Arméniens vivant à l'état sporadique dans les diverses régions de l'Empire turc, ils avaient perdu, pour les mêmes causes, environ 200.000 des leurs. Il restait donc en Turquie, en 1914, à peu de chose près, 1.850.000 Arméniens. Si nous appliquons à ce nombre la règle qui semble être juste de 30 % massacrés et 60 % du reste disparus au cours de la déportation, nous voyons que, sur les 1.850.000 Arméniens de 1914, les camps de Mésopotamie ne renferment probablement, aujourd'hui, pas plus de 500.000 à 600.000 de ces malheureux. Le déficit serait donc de 1.300.000.

Assurément, de ces 1.800.000 êtres, beaucoup se sont

évadés ou convertis à l'Islam; mais le chiffre des morts reste encore énorme et ne fera que s'accroître encore, car peu à peu les Kurdes et les Turcs retrouveront les Arméniens qui se sont cachés dans les montagnes, et la mort continuera son œuvre dans les camps de concentration.

Le comte Viélépolsky a tout dernièrement obtenu de S. M. Nicolas II, l'assurance que sous peu de temps un acte officiel viendrait sanctionner les promesses faites au nom du Tsar par le grand-duc Nicolas, en ce qui regarde « une large autonomie nationale de la Pologne » : pourquoi le grand et généreux Empereur ne serait-il pas sollicité d'en agir de même pour les pays arméniens que la vaillance de ses troupes vient de placer sous son égide? Les Arméniens ont montré un héroïque dévouement à la cause de la Russie, ils versent généreusement leur sang sur tous les fronts, même en France, tandis que les plus épouvantables malheurs frappent leurs frères de Turquie. Ils ont mérité des Alliés.

Ces atrocités se poursuivaient encore à l'époque où j'écrivais ces lignes.

23 mars 1916 (1).

Le 10 mars, on télégraphiait de Pétrograd que les massacres se continuent en Arménie, et que, sur une population de 1.200.000 Arméniens de Turquie, 200.000 ont pu passer en Russie (Transcaucasie), 700.000 ont été mis à mort et 300.000 environ demeurent dans leur pays exposés aux fureurs turques.

Ces nombres ne peuvent être que fort approximatifs, car les Turcs ne tiennent naturellement pas registres de leurs victimes. D'ailleurs, sur les 700.000 Arméniens comptés comme morts, il en est beaucoup qui se sont provisoirement convertis à l'islamisme en attendant des jours moins malheureux.

Quoi qu'il en soit, le massacre a été effroyable, et l'armée turque, en se repliant devant les Russes, met à mort

____

(1) *L'Éclair* de Montpellier.

bien certainement tous les chrétiens avant de quitter le pays. Malgré la rapidité de leur marche, nos alliés ne sauveront qu'un bien petit nombre de ces malheureux. En entrant à Erzeroum, les troupes du Tsar n'ont plus trouvé que seize hommes arméniens et quelques femmes, toute la population avait été, quelques jours avant la prise de la ville, chassée par les gendarmes vers l'ouest, vers Erzingian et les fameux défilés de Kémagh-Boghaz, sur l'Euphrate, où, depuis 1915, se passent les principales exécutions de femmes et d'enfants. Là, les Kurdes attendaient ces infortunés pour les massacrer.

Les Belges et les Serbes, dans leur malheur, ont eu du moins la consolation de pouvoir lutter contre les bourreaux de leur pays. Mais les Arméniens, désarmés par ordre, longtemps avant les massacres, vivant le plus souvent par petites colonies, au milieu de populations hostiles, ne pouvaient tenter qu'une bien faible résistance. D'ailleurs, les Turcs n'avaient-ils pas pris la précaution de mobiliser tous les hommes de vingt à cinquante ans, de les emmener loin de leurs foyers pour les faire périr à part? Il ne restait donc dans les villes et les villages que les femmes, les enfants et les vieillards, troupeau facile à mener à la boucherie.

Quand on lit avec attention les documents relatifs aux massacres des Arméniens, on est frappé de la prévoyance et de l'habileté avec lesquelles le Gouvernement jeune-turc a organisé ces horreurs. Tout est prévu, le désarmement des victimes, l'enlèvement de l'élément jeune, qui pouvait tenter de résister, l'exode et les souffrances sur les routes, le massacre des hommes en chemin, le choix des musulmans parmi les femmes et les jeunes filles, enfin l'extermination de ce qui restait des colonnes à Kémagh-Boghaz par les Kurdes et les gendarmes d'escorte. Par précaution, des chars à bœufs attendaient dans ce lieu maudit pour porter les cadavres à l'Euphrate. Ces horreurs font souvenir des exécutions en masse de Nantes, de Lyon et de tant d'autres villes françaises, aux temps les plus noirs de notre histoire. « Si Dieu n'a pas pitié, disait un *hodja* (un vieux prêtre turc) à deux Européennes, pourquoi voulez-vous avoir pitié? Les Arméniens ont commis des cruautés à Van (ce qui était faux d'ailleurs). Cela est arrivé parce que leur religion est *ekzik* (inférieure). »

Et ce sont ces bandits, ces massacreurs d'enfants, ces bourreaux de tout un peuple, qui osent, en ce moment, faire courir le bruit qu'ils *consentiraient* peut-être à traiter si la Russie et l'Angleterre rentraient chez elles, si le khédivat d'Égypte était reconstitué. Ils daigneraient alors accorder des libertés au peu qui reste d'Arméniens.

On ne connaît pas assez en Europe l'histoire de l'Orient, les haines implacables des musulmans contre les chrétiens; on est trop porté à juger des Turcs d'après quelques-uns très civilisés, qui vivaient à Paris et toujours étaient sur nos boulevards. Qu'on lise les rapports des consuls neutres, les lettres des médecins et des infirmiers européens !

28 août 1916 (1).

Il ne reste plus aujourd'hui en Turquie que des Européens appartenant aux puissances neutres, Suisses, Hollandais, Espagnols et Scandinaves, très rares d'ailleurs, des Autrichiens et des Allemands et quelques Américains du Nord, missionnaires protestants disséminés de-ci de-là dans l'Empire ottoman, mais que les Turcs tiennent à distance des lieux où se passent des événements qu'ils jugent devoir se produire sans témoins. Seuls, les Allemands, pasteurs, infirmiers, médecins, maîtres d'école et voyageurs de commerce, faisant partie de la police berlinoise, peuvent impunément circuler dans certains vilayets, alors que tous sont ouverts à ces officiers de Guillaume II, qui dirigent non seulement les opérations militaires, mais aussi ce qu'on nomme à Stamboul les « mesures de sécurité », telles que déportations, massacres, arrestations, pendaisons, etc. Les tribunaux, les conseils de guerre, l'administration intérieure demeurent turcs pour la forme, mais obéissent aux ordres des délégués du Gouvernement de Berlin. Rien ne se fait sans avoir reçu l'approbation des maîtres allemands, en sorte que la population de l'Empire ottoman, elle-même,

---

(1) *L'Éclair* de Montpellier.

attribue aux Germains, à très juste titre d'ailleurs, tout ce qui se passe dans le pays.

Parmi les Allemands qui résident en Turquie, il en est, des civils, qui, très au courant des choses et de l'opinion publiques, s'offusquent, *dans l'intérêt de l'Allemagne seulement,* des brutalités auxquelles se livrent les autorités turco-allemandes. Ils voient, dans les affreux crimes qui se commettent journellement, un grand danger pour le prestige germanique et s'en plaignent amèrement à l'Office des Affaires étrangères de Berlin. Les professeurs de l'école allemande d'Alep ont écrit officiellement une lettre que reproduisent les *Basler Nachrichten,* lettre qui vraiment mérite d'être citée, ne serait-ce que dans ses passages principaux :

« Il nous paraît être de notre devoir, disent-ils, d'attirer l'attention de l'Office des Affaires étrangères sur le fait *que notre œuvre scolaire manquera désormais de base morale* et perdra toute autorité aux yeux des indigènes... En présence des scènes d'horreur qui se déroulent chaque jour sous nos yeux, à côté de notre école, notre travail d'instituteurs devient un défi à l'humanité. Comment pouvons-nous faire lire à nos élèves arméniens les contes des *Sept Nains?* comment pouvons-nous leur apprendre à conjuguer et à décliner, quand, dans les cours voisines de notre école, la mort fauche leurs compatriotes mourant de faim; quand des jeunes filles, des femmes, des enfants, presque nus, les uns gisant sur le sol, les autres couchés entre des mourants ou des cercueils déjà préparés, exhalent leur dernier soupir? »

Ce n'est pas par la pitié que sont émus ces magisters, c'est parce que *l'écusson allemand risque de rester irrémédiablement taché dans le souvenir des peuples de l'Orient,* et ils ajoutent : « Notre situation à l'étranger nous permet de voir plus clairement (que la Wilhelmstrasse) l'immense danger qui menace ici le nom allemand. »

Et pour donner plus de force à leurs appréciations, les maîtres d'école entrent dans de terrifiants détails : « Des 2.000 à 3.000 paysannes de la Haute-Arménie, disent-ils, amenées ici en bonne santé, il reste 40 à 50 squelettes. Les plus belles de ces femmes sont les victimes de la lubricité de leurs gardiens. Les laides succombent aux coups, à la faim, à la soif; étendues au bord de l'eau, elles n'ont pas la permission d'apaiser le feu qui les dévore. On défend aux Européens de distribuer du pain aux affamés. On emporte chaque jour d'Alep plus de 100 cadavres.

« ... 40 à 50 fantômes squelettiques sont entassés dans la cour, vis-à-vis de notre école. Ce sont des folles; elles ne savent plus manger. Quand on leur tend du pain, elles le jettent de côté avec indifférence. Elles gémissent en attendant la mort... *C'est notre prestige en Orient qui est en jeu.* »

Il n'est pas au monde de langue qui soit assez riche, assez colorée, pour décrire de pareilles horreurs, pour exprimer les souffrances physiques et morales qu'endurent ces innocentes martyres avant que le ciel leur envoie l'éternel sommeil. Épaves désespérées d'affreux massacres, témoins de la mort de tous les leurs, des êtres qui leur étaient chers, elles sont là, dans ces camps de concentration, soumises à toutes les hontes, vouées à l'épuisement, sous l'œil « des hauts fonctionnaires turcs », des officiers allemands et du zaptieh qui, appuyé sur son fusil, sourit d'aise devant les spasmes de l'agonie, le râle des mourants.

Aujourd'hui, ce ne sont plus seulement les Arméniens qui subissent des tortures inouïes, ce sont tous les non-musulmans de la Turquie. Grecs, Syriens, Israélites, sont devenus la proie des bourreaux tartares. Partout on déporte, on assassine, partout se forment des camps de honte et de famine. Les Allemands approuvent ces atrocités et les Alliés sont impuissants contre tant de barbarie.

Parmi les neutres, seuls les États-Unis, l'Espagne et la Grèce sont à même de s'interposer. On sait quels sont les bienfaisants efforts du roi Alphonse XIII, quels adoucissements sa généreuse main a su apporter aux souffrances causées par la guerre. On sait aussi qu'en Amérique, si la pitié privée est au-dessus de tous éloges, l'État, jusqu'ici, demeure impassible. Mais ce que l'on ne saurait trop flétrir, c'est l'attitude du Gouvernement grec vis-à-vis des Hellènes de la Turquie, c'est l'oubli volontaire par le roi Constantin de son titre même : *Basileos tôn Ellenôn* « roi des Hellènes ». On massacre

des Grecs dans toute l'étendue de l'Empire ottoman,
alors qu'une descente de l'armée hellénique sur la côte
d'Asie délivrerait encore des milliers et des milliers
d'infortunés, et il n'est personne à Athènes pour traiter
ce prince félon de complice des assassins turcs, allemands
et bulgares, pour lui jeter à la face qu'il est indigne
de porter sur son front la couronne des Hellènes.

Et les instituteurs allemands d'Alep terminent leur
lettre en disant : « On peut s'attendre encore à de plus
horribles hécatombes humaines, d'après l'ordonnance
publiée par Djemal pacha. Il est interdit aux ingénieurs
du chemin de fer de Bagdad de photographier les convois
d'Arméniens; les plaques utilisées doivent être livrées
dans les vingt-quatre heures, sous peine de poursuites
devant le conseil de guerre. C'est une preuve que les
autorités influentes craignent la lumière, mais ne veulent
point mettre fin à ces scènes déshonorantes pour l'humanité... » Ils eussent dû dire « pour la Turquie et les
Empires du Centre ».

Tu triomphes, Malthus !

8 août 1916 (1).

Que ce soit en Belgique, dans les départements du
nord de la France, en Serbie ou dans l'Empire ottoman,
nos adversaires se livrent à tous les excès envers les
malheureuses populations que la fatalité du sort a fait
tomber entre leurs mains. Qu'elle parle allemand, hon-
grois, bulgare ou turc, la brute déchaînée, libérée de
toute entrave, répand la terreur par les crimes les plus
odieux, par ces mêmes forfaits qui ont fait la réputation
des Goths, des Vandales (Germains) et des Huns (Hon-
grois) aux temps où, comme aujourd'hui, les barbares
se ruaient sur le monde civilisé.

Rien n'est changé depuis les invasions du cinquième et
du sixième siècle, quant aux procédés. Assassinats, viols,
vols, réduction en esclavage, sont des règles communes
à tous nos ennemis et, aussi bien chez les Teutons que
chez leurs amis les Turcs; les grands exemples partent

____

(1) *L'Éclair* de Montpellier.

d'en haut, les ordres émanent de ceux à qui Satan a confié la conduite de ces hordes sans foi ni loi.

Les horreurs de Lille, de Belgrade, celles d'Erzeroum, ne diffèrent que par le caractère des peuples qui s'y livrent. Toutes ont la même origine, poursuivent le même but : réduire par la terreur les populations sans défense, exploiter, à tous points de vue, cette richesse qu'est la vie humaine. Grecs, Syriens, Arméniens, depuis bien des mois, étaient esclaves, et les officiers allemands de Turquie ont appris, sur les rives du Bosphore, tous les avantages que le vainqueur peut tirer du vaincu. Aujourd'hui, c'est contre les Français et les Belges que se tournent les appétits de ces satellites de l'esprit du mal.

Les noms des grands criminels qui opèrent en Europe sont connus, cités chaque jour par les journaux des États alliés et des pays neutres; le sentiment public a condamné ces apaches de haute volée, souvent nés sur les marches d'un trône, en attendant que la justice les traite comme ils le méritent; mais les noms des assassins asiatiques sont moins courants dans la presse, bien que leurs forfaits dépassent en infamie tout ce que l'esprit humain peut enfanter de plus horrible.

Le correspondant à Erzeroum du journal de Tiflis *Mschak*, a relevé les noms des principaux massacreurs de l'Arménie, et ces noms méritent de passer à la postérité, d'être dits et redits comme synonymes du meurtre et de tous les vices. Ces noms, les voici :

Talisin bey, vali (gouverneur général) d'Erzeroum, qui, après avoir donné sa parole aux malheureux déportés qu'ils arriveraient sains et saufs en Syrie et en Mésopotamie, en a fait massacrer un grand nombre en cours de route, à Erzingian et à Kémagh-Boghaz.

Kaloussi bey, préfet de police, qui, en 1909, s'était déjà fait remarquer par les massacres d'Adana.

Mahmoud-Kiamil pacha, commandant militaire de la place d'Erzeroum, grand promoteur de l'idée du massacre général des chrétiens dans l'Empire.

Seïfoullah, avocat, membre du Parlement ottoman, fils d'un usurier turc, qui s'est enrichi par le pillage des Arméniens de Tortoum. Accompagnant les déportés au cours de leur affreux voyage, sous le prétexte de les protéger contre les attaques des bandits, il s'est livré sur ces malheureux à toutes les violences, outrageant les femmes, assassinant les hommes.

Béhaeddin-Chakir bey, docteur en médecine, président du club « Union et Progrès » d'Erzeroum, qui passait pour un Turc instruit, libéral, européanisé, a été l'un des principaux bourreaux des Arméniens.

A la veille de la prise d'Erzeroum par les Russes, s'adressant au consul des États-Unis, cette contrefaçon d'Européen lui dit textuellement : « Dites au commandant des troupes russes que, si les soldats touchent à un cheveu des Turcs d'Erzeroum, tout ce qui survit encore de la population arménienne sera anéanti. Il faut, du reste, a-t-il ajouté, que de Constantinople aux Indes et à la Chine il n'y ait plus qu'une population musulmane. La Syrie sera le trait d'union entre le monde mahométan de l'Asie et celui de l'Afrique; la science et le génie organisateur des Allemands et le bras vaillant des Turcs réaliseront ce vaste projet. »

De quels commentaires faire suivre ces paroles, qui reflètent le sentiment de tous les Turcs? La moindre des explications ferait pâlir l'auréole de sang dont s'entourent ces criminels. Il n'y a pas à discuter sur des horreurs si froidement voulues, si calmement exécutées; mais le jour viendra où les criminels, qu'ils soient Berlinois ou bien Asiatiques, auront à rendre compte de leurs actes et à expier leurs forfaits. On doit être sans pitié pour de tels misérables, il faut que leurs crimes de droit commun permettent de les extrader des pays neutres et de leur infliger les châtiments que cent fois, mille fois ils méritent. Sans nul doute, quand leur pays sera envahi, quand ils devront chercher refuge à l'étranger, ils invoqueront ce fameux droit d'asile « pour crime politique » auquel tant d'assassins ont dû l'impunité; mais sera-t-il alors une seule nation assez dépourvue de sens moral pour abriter ces criminels sous les plis de son drapeau? Il faut espérer que non.

29 septembre 1916 (1).

Les horreurs dont les Turcs se sont rendus coupables

---

(1) *L'Éclair* de Montpellier.

envers les chrétiens de l'empire du Sultan sont aujour-
d'hui connues d'une façon générale, et ce que l'on en sait
a provoqué dans l'univers entier des cris de réprobation.
Grecs, Arméniens, Syriens, Chaldéens, ont subi et subissent encore le plus affreux des martyres et, d'après les
renseignements qui nous sont parvenus jusqu'ici, ce
sont les Arméniens qui sont le plus à plaindre. Mais
nous ne savons pas tout, bien loin de là; nous ignorons
ce qui s'est passé depuis deux ans à Bagdad, à Mossoul,
dans le Sindjar, où les communautés chrétiennes sont
si nombreuses.

J'ai assisté jadis (1899) à l'enterrement du patriarche
chaldéen de Bagdad et, à cette occasion, toute la colonie
des Chaldéens de la capitale des khalifes s'était réunie.
Elle était très nombreuse, cette colonie; hommes, femmes
et jeunes filles remplissaient la cathédrale très vaste, et
dans les rues voisines se pressait la foule qui n'avait
pas trouvé place dans l'église. Le légat du Saint-Siège en
Mésopotamie était alors un Dominicain, Mgr Altmeyer,
bon Français d'Alsace, qui présidait à la cérémonie,
et le consul de France était M. Rouet. Mes attachés et
moi, nous nous étions rendus au quartier chaldéen en
grande pompe, à cheval, en habit noir, décorations
et chapeau haut de forme. Notre cortège, flanqué
de kawas et de mes domestiques en uniforme, aux couleurs françaises, eût été d'un ridicule achevé dans tout
autre pays; mais à Bagdad il produisit grand effet sur
ce peuple catholique qui ne connaît au monde d'autres
protecteurs que le Dieu des chrétiens et son représentant sur la terre, le consul de France que nous accom-
pagnions; ces chrétiens vivent de traditions.

Bien que les circonstances fussent tristes, chacun
s'était paré de ses plus beaux atours et une respectueuse
gaieté régnait dans l'assemblée. Toutefois, aux moments
voulus par les rites, les sourires se figeaient et l'on entendait des cris aigus et des gémissements bien faits pour
fendre l'âme. Ces Chaldéens appartenaient à toutes les
classes de la société du lieu. Certains étaient fort riches,
d'autres très pauvres; mais, en général, ils étaient dans
l'aisance. Beaucoup parlaient notre langue et j'ai causé
avec des jeunes femmes et des jeunes filles, élèves de
nos religieuses, qui étaient, ma foi, tout aussi gracieuses

que nos Parisiennes. Que sont devenus ces malheureux livrés aujourd'hui, sans protection, aux fureurs des Turcs et des Kurdes, descendus de Soleïmaniyeh et de Kerkouk, attirés par l'aubaine d'un fructueux pillage ? A quelles horreurs s'est livrée la soldatesque irritée par l'approche des armées anglaise et russe ? Seul, le consul d'Allemagne à Bagdad pourrait nous le dire; mais il ne le dira pas. Quand j'étais en Chaldée, cet envoyé du Kaiser était un monsieur fort intelligent, mais qu'on avait expédié sur le Tigre parce que ses mœurs n'étaient point assez pures pour qu'il pût honorablement rester à Berlin ! On l'aura probablement changé depuis, en lui donnant de l'avancement dans un pays conforme à ses goûts. Bref, en fait d'Européens, il n'y a plus aujourd'hui en Chaldée que le représentant consulaire de Guillaume II et des militaires allemands; certes, ce ne sont pas eux qui auront mis un frein aux saturnales des musulmans.

Si nous sommes très mal renseignés sur ce qui s'est passé et se passe entre Diarbékir et Amara, sur le Tigre, entre Alep et Kornah sur l'Euphrate, dans les pays compris entre Ourfa (Edesse) et Mossoul (Ninive), nous le sommes mieux sur les crimes commis par les Turcs et les Kurdes dans la partie de la Perse (Azerbaidjan), envahie par l'ennemi en 1914.

En septembre de la première année de la guerre, un détachement russe de faible importance, parti de Tabriz, s'avança dans la plaine de Tergavar; mais ayant rencontré des forces turco-kurdes très supérieures à ses effectifs, il dut se replier sur la ville d'Ourmiah. L'ennemi envahit alors (1er octobre) les districts de Salmas, de Barradost et de Tergavar, qui sont situés entre le lac d'Ourmiah et les montagnes formant la frontière entre la Perse et la Turquie, au nord de la ville d'Ourmiah, au sud de celle de Dilîman. Cette région est presque exclusivement peuplée de chrétiens, Arméniens et Chaldéens. Tous les villages furent pillés et brûlés, les femmes et les jeunes filles furent enlevées et le reste de la population fut massacré avec des raffinements inouïs de cruauté. Bien des gens s'étaient enfuis, cependant, et réfugiés à Ourmiah, où une poignée de Cosaques, malgré l'infériorité de sa force, tint tête aux assaillants jusqu'à l'arrivée de renforts qui sauvèrent la ville (12 octobre). Mais, en décembre, une forte armée turque cherchant à tourner le corps d'armée russe qui occupait Tabriz, les troupes du Tsar durent évacuer Ourmiah (3 janvier 1915), afin de se concentrer sur l'Araxe, à Djoulfa. Le 5 janvier, les Kurdes entraient à Ourmiah et, dès lors, pendant cinq mois, ces districts chrétiens furent livrés aux Kurdes, aux réguliers osmanlis et aux musulmans, sujets du Chah, qui, profitant, eux aussi, de l'occasion, pillèrent et massacrèrent, avec autant, si ce n'est plus, de férocité que l'ennemi. 3.000 chrétiens s'étaient réfugiés dans la mission catholique française (des Lazaristes). Deux officiers turcs en prirent 150, dont 60 furent fusillés. En même temps arrivait de Turquie un convoi de 70 jeunes Chaldéens, portant des fils de cuivre destinés à la pose du télégraphe et du téléphone. Leurs charges déposées, ils furent égorgés, tandis qu'à Salmas, sur des ordres reçus de Constantinople, les Turcs passaient par les armes 700 Arméniens, sujets persans et réfugiés venus de Turquie.

Pendant cinq longs mois, les bandes turques et kurdes se succédèrent dans ce malheureux pays, ravageant, tuant, incendiant. Il ne reste plus aujourd'hui que des ruines dans les provinces jadis si riches, et de loin en loin des villages musulmans enrichis par les dépouilles des martyrs. Sur 40.000 Chaldéens qui vivaient dans les districts, à l'ouest du lac d'Ourmiah, 10.000 ont trouvé la mort; les autres se sont enfuis ou sont en captivité chez les Kurdes. Le massacre, comme d'ailleurs partout, a principalement porté sur les hommes jeunes, sur l'élément vital de la race. Quant au nombre des Arméniens qui ont disparu dans la tourmente, nous ne possédons aucune information sérieuse à son égard; mais il est certainement considérable.

Si les Chaldéens de Perse ont été ainsi traités par les Turcs, que doit-on penser au sujet de ceux qui vivaient en territoire osmanli? C'est après la guerre seulement qu'on connaîtra l'étendue du désastre, et encore ne saura-t-on pas les détails de cette barbarie sans précédent avec laquelle les Turcs ont exterminé les chrétiens. Que pourra-t-on faire pour punir les criminels, pour relever le courage des survivants de ces affreux massacres? Asservir les bourreaux aux martyrs serait trop doux.

6 juillet 1916 (1).

Après les massacres des Arméniens et des Syriens viennent aujourd'hui ceux des Grecs de l'Asie. Les Turcs poursuivent, encouragés par les Allemands, leur œuvre d'extermination de toutes les populations chrétiennes de l'Empire ottoman. Le *Temps* a dernièrement donné de terrifiants détails sur l'affreux sort des Libanais, le *Journal* a longuement parlé du martyre des Arméniens et des Chaldéens, et voilà que des nouvelles venues d'Athènes nous avisent que la plupart des habitants des régions d'Aivali, d'Adramit, de Dikili, de Magnésie, après avoir reçu l'ordre de gagner certains districts de l'intérieur, ont été massacrés en route par des bandes bachi-bouzouks et même par les réguliers turcs chargés de les escorter. « Seules, ajoute l'*Information*, ont été épargnées quelques centaines de femmes et de jeunes filles *que se sont partagées les officiers turcs et allemands ou qui ont été vendues sur les marchés de Syrie.* » Un cri d'indignation, dans le monde entier, se fait l'écho des gémissements des victimes. Mais il ne suffit pas de plaindre ces pauvres peuples; il faudrait leur rendre l'espérance, leur promettre que leurs souffrances auront un terme et mériteront à leurs descendants cette liberté à laquelle ils aspirent.

L'extermination systématique des chrétiens de la Turquie ne peut être considérée que comme résultant des vues générales du Gouvernement allemand; les Turcs en sont l'instrument le plus souvent inconscient. Supprimer les peuples chrétiens doit, dans l'esprit de Guillaume II, assurer l'hégémonie ottomane et par suite allemande sur l'Asie Antérieure. « *Les créateurs sont durs*, a dit Nietzsche, *le mal est la meilleure force de l'homme*»; et ce mal, décrété à Berlin, satisfaisant les passions et les cupidités des Turcs, le sadisme des Allemands, répon-

____

(1) *L'Éclair* de Montpellier.

dant aux conceptions infernales du Kaiser, on s'y abandonne en Turquie avec une joie féroce.

Et, ironie du sort! ces deux complices se trompent l'un l'autre: Guillaume II voit dans la victoire des Turcs l'établissement de l'hégémonie allemande sur le monde musulman, alors que les Turcs, dans le fond de leur esprit, rêvent au renversement de toute la chrétienté, au règne de l'étendard du Prophète sur le monde entier; mais les voies pour en arriver à ces deux fins différentes sont les mêmes; aussi Turcs et Germains marchent-ils au crime la main dans la main.

Les Alliés, cependant, sont certains de la victoire; ils savent qu'un jour proche la Turquie sera démembrée, que le Turc criminel, réduit à l'impuissance, expiera ses fautes. Pourquoi ne déclarent-ils pas leurs intentions, quant aux peuples martyrisés? Pourquoi n'affirment-ils pas leur volonté de rendre aux opprimés leur patrie, la sécurité, la liberté? Craint-on d'aggraver leur situation? Les faits sont malheureusement là pour condamner cette réserve. Les Turcs ne deviendront ni plus ni moins cruels après une déclaration des puissances, et les infortunés martyrs seront soutenus par cette pensée que le sang répandu ne sera pas versé en vain.

Disons aux Tchèques : « Vous serez reconstitués en État »; aux Yougoslaves : « Vos frontières seront à peu de chose près celles que vous ambitionnez »; aux Arméniens : « Vos libertés vous seront assurées »; aux Libanais, aux Grecs d'Asie : « Comptez sur notre appui pour vous rendre vos foyers. » Le Tsar n'a-t-il pas calmé les souffrances des Polonais en leur donnant sa parole? Pourquoi la diplomatie européenne reste-t-elle muette en face de pareilles tortures, quand les chrétiens de l'Asie hurlent leur désespérance? Ne sait-on pas dans les chancelleries ce que l'on fera, après la guerre, de ces nations qui sont les plus grandes victimes des ambitions turco-allemandes? Hélas! nous jouons en ce moment le rôle du magister vis-à-vis de l'enfant qui se noie.

Certains, parmi les gens à « grandes pensées », ont dit : « Ces peuples seront exterminés quand la guerre sera terminée, à quoi bon faire des projets à leur sujet? » Un tel raisonnement est plus qu'une erreur, plus qu'une injustice, c'est une infamie, car il encourage le Turc dans les horreurs qu'il commet, car il enlève aux victimes jusqu'à la suprême espérance. Disons aux Turcs massacreurs, aux Allemands, aux Autrichiens, aux Bulgares : « Assassins de droit commun, vous serez jugés et condamnés comme assassins; seront exécutés ceux qui ont porté la mort chez les êtres sans défense », et la crainte du châtiment arrêtera peut-être bien des mains criminelles.

Il n'y aura plus d'Arméniens, de Libanais, de Grecs d'Asie! Mensonge amer, qui cache l'insouciance et la lâcheté. La Grèce ne renfermait plus que 500.000 Hellènes, quand la France, l'Angleterre et la Russie en ont fait un royaume. On dit qu'il n'y a plus que 100.000 Arméniens en Cilicie? Qu'importe! Demain, ils seront 500.000, un million, car beaucoup se sont enfuis de l'enfer turc, beaucoup luttent encore désespérément dans les montagnes, beaucoup viendront de toutes les parties du monde s'abriter sous les plis du drapeau de leur patrie restaurée. Ne sait-on pas ce que l'on veut en haut lieu, quels territoires doivent revenir à l'Angleterre, à la France, à l'Italie, à la Russie, quels seront les pays disponibles pour l'émancipation des peuples opprimés?

Après un aussi terrible cataclysme, les idées doivent prendre une ampleur inconnue jusqu'ici, les sentiments doivent se mettre à la hauteur de l'héroïsme de nos soldats, et la diplomatie européenne, spectatrice de ces effroyables calamités, qui discute à l'abri des bombes, a pour devoir d'envisager les conséquences avec grandeur d'âme, de renoncer aux routines d'antan, de donner à ses conceptions toute la largeur de vues qu'exige l'histoire mondiale.

Mais exterminer ne suffit pas, pour ces brutes sanguinaires; comprenant que, malgré les massacres, il restera encore bien des chrétiens en Orient, les Jeunes-Turcs veulent réglementer l'existence intime de ces malheureux échappés à la mort.

9 octobre 1916 (1).

Ces Mongols ont vraiment une conception bien étrange des consciences chrétiennes. Ils en jugent, apparemment, comme ils jugent de leur propre façon de penser, et considèrent que, pour les autres comme pour eux, la religion n'est qu'un instrument de gouvernement. Voilà que le Comité de Constantinople vient purement et simplement de décider que désormais les Arméniens qui n'ont pas été massacrés n'obéiront plus à leur catholicos d'Etschmiadzin et le *Tanin* se réjouit de cet arrêt. « Elle n'existe plus, dit-il, cette situation par laquelle la communauté arménienne de Turquie se trouvait sous l'influence indirecte des puissances étrangères, notamment de la Russie. »

Et, pour parachever son œuvre, le Gouvernement ottoman déclare qu'à l'avenir, c'est le patriarche arménien de Jérusalem qui remplacera celui d'Etschmiadzin et portera le titre de Catholicos. Quant au patriarcat de Constantinople, il est supprimé, de même que l'Assemblée nationale qui, sous sa présidence, administrait les affaires de la nation. D'ailleurs, le ministre turc des Cultes se réserve le droit de destituer le patriarche de Jérusalem lui-même, ainsi que son représentant à Stamboul, ce, de sa propre autorité, et de remplacer ces évêques par qui bon lui semblera. Jusqu'à ce jour, seul le catholicos d'Etschmiadzin avait le droit de sacrer les évêques arméniens; désormais, de par la volonté des Jeunes-Turcs et au nom d'une ombre de Sultan, ce droit est attribué au patriarche de Jérusalem, sous le contrôle de la Sublime-Porte.

Pour se bien rendre compte de l'iniquité de cette mesure, il faut se souvenir que, depuis le quatrième siècle, le siège patriarcal d'Etschmiadzin, fondé près de la ville d'Erivan, aujourd'hui en territoire russe, par le premier catholicos d'Arménie, saint Grégoire l'Illuminateur, a toujours été le centre religieux et national des Arméniens, que les patriarches de Constantinople, de Sis (Cilicie) et de Jérusalem, nommés par le catholicos

____

(1) *L'Éclair* de Montpellier.

d'Etschmiadzin, sont dans la dépendance de ce dernier, qui joue par rapport aux Arméniens grégoriens un rôle analogue à celui du successeur de saint Pierre vis-à-vis des catholiques et de leur clergé. Après le sac d'Ani par Alp-Aslan le Seldjoukide, au onzième siècle, les Arméniens ont de leur plein gré transféré leur centre religieux à Sis, dans le royaume des Roupéniens de Nouvelle Arménie; mais cette principauté ayant disparu elle-même au quatorzième siècle, le siège patriarcal principal fut de nouveau reporté à Etschmiadzin. De nos jours, le catholicos Guéorg (Georges) V, élu en 1912, est le cinquante-neuvième successeur de Grigor Ier (Grégoire) l'Illuminateur, qui gouverna les consciences arméniennes de 302 à 325 ap. J.-C.

Se rendant compte qu'ils ne parviendront pas à détruire la race arménienne, malgré les méthodes employées à cet effet, les Turcs veulent enlever aux survivants des massacres tout moyen de se reconstituer en nation et, après avoir aboli leur constitution, ils placent en tutelle leur chef spirituel. Les Arméniens n'ont qu'à s'incliner; mais cette mesure n'aura d'effet que durant la guerre. Quant aux Grecs orthodoxes, déjà leur patriarche a vu supprimer toutes ses prérogatives, et si les catholiques ne sont pas encore soumis aux fantaisies du Comité jeune-turc, c'est que la papauté est représentée à Constantinople par un nonce apostolique et que les Turcs hésitent à s'aliéner Rome et les puissances neutres catholiques. Cependant, le jour viendra où tous les non-musulmans de Turquie seront soumis à des lois contraires à leur conscience et à leurs traditions religieuses; car ces mesures font partie du plan dressé d'un commun accord par les Jeunes-Turcs et les représentants de Guillaume II. « La Turquie aux Turcs », tel est le mot d'ordre qui régit aujourd'hui toute la politique intérieure de l'Empire ottoman. Les chrétiens de Turquie sont une gêne pour l'accomplissement des projets allemands en Orient, il importe donc qu'ils disparaissent ou que le peu qui en restera, après les massacres et les déportations, ne soit pas en état de s'opposer aux envahissements germaniques.

Mais l'émotion est grande dans le monde civilisé, et les

Gouvernements de l'Entente semblent être aujourd'hui parfaitement d'accord au sujet de ce qu'ils feront pour les chrétiens de l'Orient, tout au moins dans les grandes lignes, quand le moment sera venu d'agir.

25 novembre 1916 (1).

Le *Daily Chronicle* du 10 novembre et le *Courrier du Parlement* du 12 nous apportaient, presque en même temps, de fort intéressantes déclarations des Gouvernements de la Grande-Bretagne et de la France en ce qui concerne la Turquie. L'organe anglais reproduit un discours prononcé au Guildhall par M. Asquith, et le journal français publie une lettre de M. Briand, écrite en réponse aux demandes de M. Louis Martin, sénateur du Var. Ces deux déclarations sont absolument concordantes et montrent, tout en conservant les formes prudentes exigées par les circonstances, que les deux puissances et, par suite, tous les Gouvernements de l'Entente, sont décidés à punir très sévèrement la Turquie de ses crimes.

M. Asquith déclare que si le Turc restait en Europe, ce ne serait que comme vassal et serviteur des intérêts et des ambitions germaniques, et conclut qu'il n'est pas possible de tolérer sa présence sur notre continent; mais il ne parle pas de ce qu'il en adviendra de la Turquie d'Asie. Ce silence est en accord avec les bruits qui nous viennent de Pétrograd, et dont j'ai rendu compte dans l'*Éclair* du 16. M. Briand n'est pas plus explicite.

Devons-nous comprendre ces réserves comme impliquant que l'empire des Osmanlis ne sera pas entièrement effacé de la carte, ou les attribuer à la prudence d'hommes d'État responsables? Là est la question, le secret des dieux. Cependant, il semble que l'Entente, en ne proclamant pas ses intentions, veuille simplement s'éviter une déconvenue, au cas où, malgré toute vraisemblance, elle ne serait pas en mesure, après la guerre, de donner suite à ses projets.

____

(1) *L'Éclair* de Montpellier.

Chacun des peuples vaincus aura certainement à subir les conséquences de ses fautes : car ce n'est pas en bloc que seront prises les compensations des vainqueurs. Il y aura quatre affaires à régler : trois grandes, celles de l'Allemagne, de la Double Monarchie et de l'Empire ottoman; une moins importante, celle de la Bulgarie. La question turque sera donc résolue à part. Or, qu'ils vivent en Europe ou en Asie, qu'ils soient Jeunes ou Vieux-Turcs, les Osmanlis, partout où ils seront, constitueront toujours un danger, une anomalie dans le monde civilisé, et l'intérêt de la paix exige que cette anomalie disparaisse.

On rencontre des écrivains et surtout des orateurs qui, méconnaissant l'Orient, oublieux de l'histoire, même contemporaine, considèrent les Turcs dans leur ensemble avec bienveillance et croient que, parmi les sujets du Sultan, il existe un parti très nombreux d'honnêtes gens, pacifistes, tolérants, presque civilisés, et que ces Turcs sont eux-mêmes les victimes du Comité Union et Progrès. Apprécier ainsi les choses est commettre une très grave erreur. C'est ignorer complètement la mentalité de ces Orientaux qui, malgré leur contact avec l'Europe pendant bientôt cinq siècles, sont demeurés ce qu'ils étaient du temps des Seldjoukides. Le seul effet de la civilisation sur ce peuple a été de le rendre de plus en plus dissimulé, mais l'esprit traditionnel n'a pas varié chez lui.

Entre le caractère des Turcs et celui des Européens, il existe des abîmes infranchissables et tout espoir de développer cette race doit être mis de côté. Qu'on se le dise bien. Tant que le Turc se sentira quelque puissance, il conspirera contre la civilisation chrétienne. Quant à quitter son fanatisme, quant à renoncer à sa xénophobie, jamais il n'y consentira, et le seul moyen de ne pas avoir à craindre de sa part un retour offensif est de lui imposer, partout où il se trouve, un gouvernement étranger. Ce n'est pas dire qu'il soit nécessaire ni juste de chercher à déraciner ses croyances religieuses. Non, bien loin de là; mais il est indispensable de lui imposer la tolérance, tout en l'appliquant envers lui-même. Laisser debout un État turc, quelque petit qu'il soit, serait une faute impardonnable, parce que cet État deviendrait le foyer d'une propagande très dangereuse pour les provinces des États chrétiens habitées par des Turcs, Turkomans, Tartares et autres Altaïques musulmans.

D'ailleurs, l'entrée en guerre des Turcs aux côtés des Empires centraux a causé des préjudices considérables à l'Entente, en l'obligeant à de grands efforts militaires et en coupant les relations directes entre la Russie et l'Europe Occidentale. Ces préjudices doivent être compensés, et l'Empire turc ruiné ne sera jamais à même de fournir d'autre valeur que des territoires pour payer son énorme dette. Les Alliés ne font pas connaître leurs intentions; mais ce serait de la folie de leur part s'ils ne *s'annexaient* pas la plus grande partie des provinces osmanlies, ils seraient injustes et cruels s'ils ne libéraient pas les peuples qui gémissent sous le joug du maître le plus barbare qui jamais se soit vu. Que resterait-il de la Turquie, quand les Alliés auront pris les compensations qui leur sont dues? quand les peuples martyrs auront été émancipés? presque rien, un petit État dans le centre de l'Asie Mineure, l'ancien sultanat d'Ikonium des Seldjoukides. On ne voit pas quel serait l'avantage pour la civilisation de reconstituer ce petit royaume, qui, durant le temps des Croisades, a semé dans toute l'Asie Antérieure la terreur et la désolation.

Quelques turcophiles s'appuient sur le principe des nationalités pour réclamer le maintien d'un État turc. Ce sont là des utopies aussi dangereuses que généreuses; car leur application entraînerait, dans un temps plus ou moins proche, l'émancipation de tous les Tartares, Turkomans et autres barbares de l'Asie. On accusera l'Europe d'invoquer la « raison du Prince » en cette circonstance, mais le « Prince » ne vaut-il pas que les théoriciens de l' « union des nations » lui fassent des concessions, quand il est le monde civilisé tout entier?

A tout prendre, le Turc est un intrus partout où il vit aujourd'hui. M. Asquith le reconnaît pour l'Europe : « *Where the Turc has always been a stranger and an intruder.* » Pourquoi faire une différence entre l'Asie Antérieure et notre continent? Le Tartare n'a-t-il pas envahi les belles provinces byzantines de l'Orient, le royaume d'Arménie, la Syrie, l'État des Lusignans? N'a-t-il pas usé et abusé partout du droit du plus fort? Pourquoi lui reconnaître des titres à la possession de ce qu'il a volé, parce que ce vol remonte à plusieurs siècles ? Ses mosquées sont le plus souvent d'anciennes cathédrales byzantines ; les noms de ses villes ne sont que des appellations grecques, arméniennes ou syriennes estropiées. Ikonium est devenu Konia, Césarée, Kaisarieh, dans les districts mêmes que certains considèrent comme le patrimoine des Osmanlis.

La lettre de M. le sénateur Louis Martin est un admirable plaidoyer en faveur des Arméniens. L'honorable représentant du Var conjure le président du Conseil d'intervenir auprès des neutres pour obtenir des Turcs la cessation de leurs affreux massacres : « Qui sait, dit-il, si lorsque votre voix se sera élevée de nouveau en faveur de ces victimes des barbares, les nations neutres, dont la plus puissante a déjà manifesté ses sentiments, ne jugeront pas l'heure arrivée de faire savoir au Gouvernement turc qu'elles considèrent, elles aussi, le massacre systématique d'un peuple par ses oppresseurs comme l'opprobre de l'humanité. » Ce à quoi M. Briand a répondu : « Le Gouvernement de la République a déjà pris soin de faire notifier officiellement à la Sublime-Porte que les puissances alliées tiendront personnellement responsables des crimes commis tous les membres du Gouvernement ottoman. »

Mais que feront ces protestations platoniques des neutres et des belligérants même contre les atrocités qui journellement se commettent dans tout l'empire du Sultan ? Les gouvernants turcs se savent perdus, si les Empires centraux n'ont pas la victoire. Ils jouent leur dernière carte. Peu leur importent les menaces dans ces circonstances extrêmes. D'une part, le triomphe des Allemands leur donnerait l'absolution de leurs crimes ; d'autre part, vaincus, ils tomberont sous le poignard des assassins, avant même l'entrée des Alliés dans les murs de Constantinople. Tous les moyens mis en œuvre pour les rappeler aux lois de l'humanité demeureront vains. Seule, la force pourrait les contraindre. Or, M. Briand l'a dit aussi : « Pour la première fois, notre pays s'est trouvé impuissant à poursuivre en Turquie sa mission civilisatrice, et à s'y dresser en face de la barbarie de ses gouvernants. » Les exterminations ne prendront fin qu'avec la guerre, que du jour où les armées de l'Entente, occupant les villes de la Turquie, imposeront leurs volontés, feront la police. Bonnot n'a cessé ses crimes qu'au jour de l'expiation! Quel fardeau de responsabilités s'accumule pour nous, protecteurs des chrétiens de l'Orient! Comment dédommagerons-nous jamais ces pauvres peuples de tous les malheurs que leur causent leur attachement à la civilisation, notre impuissance à les sauver du martyre?

Mais ces massacres, ces pillages, le trouble que jettent dans le pays les violences et la guerre ne sont pas faits pour améliorer l'état économique de l'Empire ottoman. Dans nos pays, bien qu'il règne un ordre appréciable, bien que nous soyons pourvus des moyens modernes les mieux conçus pour le ravitaillement des villes et des campagnes, nous souffrons du trouble que forcément la guerre entraîne à sa suite; que peut-il donc en être dans un État dépourvu de moyens de communications, doté d'un semblant d'administration intérieure, en proie à des fonctionnaires cupides et prévaricateurs?

7 janvier 1917 (1).

L'Empire turc, privé de toutes communications avec les pays qui, jadis, lui fournissaient la majeure partie des choses nécessaires à la vie, désorganisé par la guerre et par son odieuse politique intérieure, est absolument aux abois. Les nouvelles qui nous arrivent de Constantinople, de Syrie, des côtes de l'Anatolie ne permettent aucune illusion sur l'état de détresse dans lequel se débattent le peuple turc et, plus encore, les malheureuses nations qui ont le tort de ne pas être musulmanes, ou mieux, turques.

En temps de paix, la Turquie était l'un des pays les plus arriérés du monde quant aux moyens de trans-

----

(1) *L'Éclair* de Montpellier.

port : elle égalait presque comme insuffisance de ses routes la Perse et l'Afghanistan. Souvent les blés, entre autres, atteignaient à Stamboul des prix fort élevés, alors que dans les vallées du Tigre et de l'Euphrate ils existaient en stocks énormes, invendables et servaient à la nourriture des animaux. C'est par mer que les côtes de la Méditerranée et du Pont-Euxin ravitaillaient la capitale et, très souvent, c'est de Russie, par Odessa, que venaient les farines nécessaires à la consommation de Constantinople, ville d'un million d'habitants pour le moins.

Aujourd'hui, non seulement il n'arrive plus de denrées russes dans les eaux du Bosphore, mais la Roumanie a cessé ses approvisionnements et, sur les côtes turques, la navigation est interrompue, dans la Mer Noire par la flotte de Sébastopol, dans la Méditerranée par les escadres franco-anglaises. C'est donc par voie de terre seulement que les transports peuvent s'opérer. Or, les voies ferrées sont peu nombreuses et ne desservent pas les grands centres producteurs de l'Empire. Il convient d'ajouter à ces difficultés l'abandon des terres, jadis cultivées par les chrétiens, Grecs, Syriens, Arméniens, le manque de bras chez les musulmans, causé par les besoins de l'armée et l'insécurité des routes.

Tous les districts que peuvent atteindre les gouvernants turcs, tous ceux où il y a des chemins de fer ont été exploités, pressurés à tel point qu'ils ont rendu tout ce qu'ils possédaient en argent monnayé, en métaux, en céréales et en troupeaux, en étoffes, peaux, bref, en toutes choses pouvant être d'usage à l'armée, et les populations sont réduites à la famine. En Syrie seulement, il meurt par mois des milliers de personnes de faim ; les villages sont abandonnés, les terres demeurent incultes, le désert se fait ; et dans ce désert, des bandes de pillards, des troupes de soldats insoumis circulent, massacrant ceux qui ne peuvent donner ce qu'ils n'ont pas. Il en est de même dans toute la Turquie d'Asie, et les musulmans eux-mêmes, bien que s'emparant de tout, de par la loi du plus fort, sont atrocement éprouvés par la famine. Dans bien des villages turcs les hommes s'engagent pour manger, abandonnent les femmes, les enfants, les vieillards à leur triste sort. Un formidable mécontentement gronde dans toutes les provinces; mais les Allemands sont là pour inciter les Jeunes-Turcs à étouffer les réclamations de leurs coreligionnaires, pour noyer dans le sang les plaintes des chrétiens. Les camps de concentration font leur besogne de mort et le sort des privilégiés qui n'ont point été déportés n'est pas meilleur.

Constantinople est morne et silencieux; l'on ne voit plus dans les rues cette foule agitée, brillante de mille couleurs; ce ne sont plus que passants tristes, affairés, en petit nombre et, dans les rues, on ne croise que soldats et marins déguenillés, sordides de malpropreté. De temps à autre passe un Allemand gros et gras, flanqué d'officiers turcs, tous coiffés de tarbouches rouge vif, bien neufs, pris dans de beaux uniformes bien astiqués. Presque tous les magasins sont fermés et l'on n'entend plus les appels des vendeurs de sorbets, on ne sent plus l'odeur du chichlik qui, jadis, grillait à chacun des carrefours. C'est qu'à Constantinople même la disette frise la famine. Le pain coûtait, il y a quelques mois, 1 franc la livre, le sucre 9 francs, le café 40 francs, et le chauffage, l'éclairage n'étaient pas à meilleur compte. Un litre d'essence se vendait 32 francs. Quant au bois et au charbon de terre, ils étaient introuvables, la houille, parce qu'elle arrive par voie ferrée de l'Europe Centrale, depuis que les mines d'Héraclée sont bloquées par la Russie, et le bois, parce que, dans leur insouciance du lendemain, les Turcs ont, depuis plusieurs siècles, dévasté les forêts du Bosphore et de l'Hellespont.

Quand, arrivant de la Mer Noire, on pénètre dans les détroits, on voit sur la côte d'Asie, comme sur celle de l'Europe, des coteaux verdoyants. Il semble que les hauteurs soient couvertes d'épaisses forêts. Mais ce n'est là qu'un aspect trompeur, car il ne reste plus que des broussailles. Les charbonniers ont tout coupé, tout rasé, sans que jamais les autorités se soient préoccupées de ces réserves de combustible, situées à la porte de la capitale. Et il en est de même dans toute la Turquie, sauf dans les grandes montagnes du Lazistan, du Taurus, de l'Amanus, du Kurdistan, où les transports sont impossibles. Le voyageur qui se rend d'Andrinople, par exemple, à Stamboul, ne voit pas un arbre, traverse des collines désolées, des champs multicolores d'argile ou d'alluvions, où les pluies creusent de profonds ravins.

Si les provisions indispensables font défaut, l'argent n'est pas moins rare, personne n'en a plus. La paie des soldats (non pas celle des officiers allemands) et le commerce se font au moyen d'assignats émis en nombre tel qu'une livre d'or vaut trois livres de papier-monnaie. Seuls les gens très riches et ceux qui disposent des finances de l'État peuvent acheter du bœuf à 8 francs le kilo, du mouton à 10 francs et des poulets, gros comme le poing, à 12 ou 15 francs. Le chocolat, le fromage Ementhaler (gruyère) ont complètement disparu. Ainsi, la population pauvre en est réduite à se répandre dans les campagnes, à explorer les cimetières, pour arracher quelques racines, quelques oignons sauvages, et s'en nourrir.

Dans la capitale, les hôpitaux militaires disposent encore de certains médicaments, venus d'Allemagne à grands frais; mais dans les villes de province, la pénurie est complète et les gens meurent sans soins. Je parle des musulmans; car les chrétiens ne méritent pas qu'on s'intéresse à leur vie, bien au contraire. Les épidémies font autant de ravages que la faim.

Que restera-t-il de la Turquie après cette effroyable aventure? personne ne le peut prévoir. On comptait dans l'Empire une moyenne de dix habitants par kilomètre carré avant la guerre; on en retrouvera six ou sept tout au plus après, et les meilleurs éléments vitaux auront disparu. Mais la Turquie est calme, la main de fer des Allemands empêche les soulèvements. *Pacem appellant ubi desertum faciunt.* Ce sont eux qui ont fait ouvrir les veines du prince héritier Izzeddine, parce qu'il ne cachait pas assez ses sentiments à l'égard de la mainmise des Teutons sur la Turquie, non qu'il fût bien disposé pour l'Entente, mais devant être un jour souverain, il lui répugnait d'abdiquer tout pouvoir effectif. Il voulait être sultan dans toute l'acception de ce titre jadis si respecté.

Moins de dix années ont suffi pour entraîner la Turquie vers l'abîme et pour consommer sa ruine. Elle chancelle et l'Allemagne la soutient par le bras l'em-

pêche de tomber, la relève à coups de pied, quand elle
fait mine de s'abattre; mais demain, quand le maître
lui-même sera défaillant, quand ses reîtres auront quitté
les rives du Bosphore, quelle effroyable débâcle dans
tout cet Empire! Souhaitons qu'en agonisant la bête
féroce ne rêve pas encore de sang!

VI

AUTOUR DE LA QUESTION TURQUE

Ce n'est pas seulement par la conduite étrange du Gouvernement jeune-turc vis-à-vis des nations de l'Entente que les affaires d'Orient se sont compliquées, mais aussi par l'attitude des États voisins de l'Empire ottoman qui, sous l'influence de la diplomatie allemande, ont fait plus ou moins ouvertement cause commune avec nos ennemis.

La Bulgarie, après avoir pendant bien des mois trompé nos représentants, après s'être, durant sa période de neutralité, fait l'alliée occulte des Empires centraux et de la Turquie, a finalement jeté le masque alors que le Gouvernement d'Athènes en est, jusqu'à ce jour, resté à la phase des trahisons timides, des lâchetés.

16 octobre 1916 (1).

Ce roi Constantin, vraiment, a fait bien du tort à l'Entente et à son propre peuple, alors qu'il lui était si facile de venir en aide aux nations qui, au début du dix-neuvième siècle, ont fait la Grèce, et d'assurer à l'État, dont le destin lui a confié le sort, une situation prépondérante dans l'Orient méditerranéen. Il lui suffisait de conserver au pouvoir Vénizélos et de suivre l'opinion publique.

____

(1) *L'Éclair* de Montpellier.

Si la Grèce avait soutenu la vaillante Serbie, dès le début du mois d'août 1914, comme son honneur national le lui dictait, bien des choses eussent pris dans les Balkans une tournure différente. Le Hohenzollern de Sofia eût regardé à deux fois avant de lancer son peuple dans la guerre, et le roi Carol de Roumanie, malgré ses sympathies de famille pour l'Allemagne, eût été fort probablement contraint par l'opinion publique de ses sujets à partir plus tôt en guerre pour la libération de la Transylvanie. Peut-être même la Bulgarie devant cette levée de boucliers, aurait-elle fait avec nous cause commune contre l'ennemi héréditaire, le Turc. Dans tous les cas, au moindre signe de défaillance de sa part, elle eût été envahie par les Serbes, les Roumains, les Grecs et nous-mêmes, car il importait de couper les communications entre Berlin et Constantinople.

On se souvient des hésitations des puissances de l'Entente, au sujet de l'attitude que prendrait la Bulgarie dans le conflit; l'Angleterre et la Russie ne pouvaient croire que le tsar Ferdinand lancerait ses armées contre ses alliés naturels, qu'il se joindrait au Turc, et ces hésitations n'auraient point eu lieu si la Grèce avait pris une attitude conforme à ses engagements et à ses intérêts.

Comme conséquence, nous ne serions pas allés à Gallipoli ou, si nous avions fait une descente dans cette presqu'île, dont l'importance est si grande pour les Turcs, nous aurions appuyé cette opération par une action très énergique en Macédoine, ce qui lui eût donné bien des chances de succès. Tout porte à croire que Constantinople serait à l'heure actuelle entre nos mains, que nos communications directes avec la Russie seraient assurées autrement que par Vladivostok et Arkangel. Mais l'attitude hostile du roi de Grèce et de son gouvernement, la passivité du peuple grec ont réduit à néant les espérances que nous étions en droit de fonder sur une nation qui, non seulement nous doit tout, mais qui ne peut attendre son avenir que de l'Angleterre, de la France et de la Russie. Les Grecs ne peuvent pas donner comme excuse qu'ils ignoraient la situation; car cent fois ils ont été avertis par Vénizélos et ses amis.

C'est donc par suite d'un calcul malheureux qu'ils ont, pendant deux années, subi les volontés de l'Allemagne, calcul si faux qu'aujourd'hui toute la nation reconnaît son erreur et se lève contre le Bulgare.

Une aussi longue attente et les causes égoïstes de ce réveil diminuent malheureusement beaucoup le mérite du bon mouvement qui a lieu en ce moment, et certainement les nations de l'Entente auront bien de la peine à oublier que le peuple grec est la cause des complications funestes qui ont entravé jusqu'à ce jour son action dans les Balkans, que, par sa faute, des milliers de soldats français et anglais sont inutilement tombés sur l'Hellespont et en Macédoine, que la Serbie a été anéantie par les Austro-Bulgares, que les côtes de l'Hellade ont ravitaillé les sous-marins ennemis, que le Gouvernement d'Athènes n'a cessé d'intriguer contre l'Entente. Certes, le bilan des actions de la Grèce depuis deux ans n'est pas fait pour lui attirer les sympathies à Paris, à Londres, à Pétrograd et à Rome.

Le plus incroyable de toute cette affaire est que le peuple grec ne se soit pas rendu compte ou n'ait pas voulu comprendre que les Austro-Allemands ne pouvaient rien pour son avenir. Les terres, les îles qu'il réclame, parce qu'elles sont habitées par des Hellènes, se trouvent entre les mains de la Turquie, de l'Angleterre et de l'Italie. Est-ce l'Allemagne qui privera son allié, le Sultan, de Smyrne et des îles grecques, qui empêchera François-Joseph de s'installer à Salonique, qui chassera les Bulgares de Monastir?

Deux voies s'offraient à la Grèce pour mener sa barque dans la grande tempête européenne : l'une assurait à l'Hellade un grand essor, de nombreuses annexions, des conquêtes, l'autre en faisait la servante humble et modeste de maîtres puissants; c'est cette dernière voie que Constantin a choisie et son peuple l'a suivie pendant vingt-quatre mois, rendant la faute irréparable.

Il n'est pas besoin d'être grand clerc pour comprendre ce que serait devenue la Grèce, si les Empires centraux avaient été victorieux. Privée de Salonique par l'Autriche, sans cesse menacée par la Turquie ressuscitée, envahie par le commerce allemand, réduite dans ses possessions maritimes, écrasée dans ses intérêts économiques, elle n'aurait plus vécu de sa vie nationale. C'en était fini du rêve des héros de l'indépendance. Maîtresse de l'Algérie, de la Tunisie et du Maroc, peut-être même de Gibraltar, de Malte et de Chypre, la Prusse serait devenue omnipotente dans la mer Méditerranée, et ce qu'elle n'aurait pas pris pour elle-même, l'Autriche et la Turquie se le fussent partagé. Le roi Constantin a-t-il jamais envisagé ces conséquences de la victoire de son impérial beau-frère, les Grecs ont-ils jamais songé à ce « demain » que Vénizélos avait si bien compris?

Le réveil de la Grèce montre que cette nation ne veut pas mourir, qu'elle se rend compte enfin de la profondeur de l'abîme dans lequel l'entraîne son souverain; mais ce sursaut ne part pas du cœur, il est le mouvement instinctif de l'être qui voit venir la mort. Pourquoi, ô Grecs, n'avez-vous pas écouté plus tôt la voix de vos patriotes? Pourquoi n'avez-vous pas tiré l'épée avec la poignée de braves qui vous montrait le chemin de l'honneur... et de l'intérêt de votre race? Vous allez vous battre, maintenant, vous allez verser votre sang pour la libération de votre territoire, n'eût-il pas mieux valu le répandre pour accomplir le rêve de vos pères? Nous étions vos amis, pouvons-nous encore vous accorder notre confiance?... Jugez-en vous-mêmes, et ne nous reprochez pas l'amertume de nos désillusions.

Constantin est un Danois et, comme Danois, il aurait dû avoir dans le cœur la haine et la crainte du Prussien, mais sa femme est Allemande, sœur de Guillaume II et Hohenzollern avant d'être reine. Son influence soutenant les intrigues de l'Allemagne a été la cause de tout le mal commis par le Gouvernement royal. Mais que penser de cette souveraine qui sacrifie les intérêts de son peuple, de sa couronne, de ses propres enfants, à ceux d'une famille à laquelle la rattachent seulement des liens d'origine, qui déchire tous les engagements pris au jour de son mariage, par elle-même, avec le peuple grec et la dynastie que son rôle est de continuer, que son devoir est de rendre prospère. C'est là monstruosité qu'on a peine à concevoir. Hélas ! cette aberration criminelle n'a pas seulement frappé la couronne de Grèce !

Fort malheureusement, les intrigues allemandes ne faisaient pas sentir leurs effets qu'à Athènes et à Sofia, Pétrograd en était empoisonnée, et pour ceux qui connaissaient quelque peu les dessous du monde russe et de la cour, l'attitude du Gouvernement impérial ne disait depuis longtemps rien qui vaille. Mais ce n'était pas à nous, Français, amis des Russes, à lever même le plus petit coin du voile qui cachait au public le spectacle désolant que présentait la haute Administration russe. Pouvions-nous nous immiscer dans les affaires intérieures de notre alliée? non, car si nos conseils n'étaient pas écoutés, nous risquions fort d'indisposer le Gouvernement impérial, de le jeter dans les bras de l'Allemagne. Notre intervention, même occulte, risquait trop de causer des mécomptes pour nous-mêmes et pour le peuple russe. La situation, somme toute, était, en très grand, la même qu'à Athènes, avec cette condition aggravante qu'au lieu d'être entouré de sujets vendus à l'Allemagne, le Tsar se trouvait pris dans un réseau allemand, pur teuton, composé de Germains russes de ses provinces baltiques ou de naturalisés, et que, par suite, les intrigues avaient toute apparence de seconder les efforts des Slaves contre leurs ennemis. L'entente avec Guillaume II, la trahison envers les Alliés était la pensée dominante à la cour, et l'Impératrice, princesse de Hesse, qui savait de quels dangers son trône était menacé par la révolution, jugeait que le salut de la dynastie était dans une alliance avec les Empires centraux. En 1848, l'armée russe n'avait-elle pas sauvé le trône des Habsbourg? Pareil service pouvait être rendu aux Romanoff par les seuls États de l'Europe qui ne fussent pas encore touchés par la contagion du libéralisme. Et les Allemands, convaincus du succès de leur diplomatie à la cour du Tsar, faisaient depuis longtemps à Pétrograd des propositions de paix séparée. Seuls quelques patriotes s'opposaient aux menées de l'Impératrice et des Allemands; quant à l'Empereur, entouré, circonvenu qu'il était par tout son entourage, il n'avait pas la force, peut-être même la volonté de réagir.

On ne pouvait alors dire ces choses dans les journaux de l'Entente. Il était nécessaire vis-à-vis de nous-mêmes et des Russes de refuser de croire à la possibilité d'une semblable trahison de nos alliés, d'en rejeter tout le poids sur l'audace des agents de Guillaume II.

28 octobre 1916 (1).

Les Allemands, vraiment, alors même qu'ils comptent parmi les produits les plus élevés de la Kultur, ont la peau « kolossalement » épaisse. Voilà que très sérieusement ils s'évertuent à discuter *ce qu'ils pourraient bien offrir à la Russie pour obtenir d'elle une paix séparée.* Rien que cette pensée dénote, de la part de ces outre-cuidants d'outre-Rhin, un état d'âme bien incongru. Jugeant de la Russie de même qu'ils pensent d'eux-mêmes, ces sots estiment que les engagements de nos alliés vis-à-vis de l'Entente ne sont que chiffons de papier et qu'ils les déchireraient, tout comme Guillaume II met au panier les traités revêtus de son auguste signature. Cette supposition, en elle-même, est une grave insulte pour le peuple russe. Toutefois, il ne faut pas y attacher grande importance, car le butor germain ne comprend certainement pas ce que ses propos renferment d'offensant pour la nation avec laquelle il voudrait « causer ».

Mais passons. Ce n'est là que l'une de ces énormités auxquelles ces malotrus ont accoutumé tous ceux qui ont eu des rapports avec eux. L'intérêt de ces discussions est plutôt dans les « avantages » que le Teuton, se croyant maître du monde, propose à sa puissante voi-

____

(1) *L'Éclair* de Montpellier.

sine de l'Orient. La *Gazette de Francfort*, la *Gazette de Cologne*, les *Dernières Nouvelles de Bade*, la *Gazette de Voss* et toute la presse allemande palabrent, avec un merveilleux aplomb, sur les concessions à faire aux Russes et semblent ignorer que, depuis le temps de Pierre le Grand, pour le moins, les tsars n'ont besoin des conseils de personne au sujet de leurs vues politiques.

On se dit, à Berlin, dans les conciliabules de journalistes et de gens influents : « Les Russes veulent avoir un débouché sur les mers libres; mais où trouver ce débouché? Vladivostok et Arkangel ne leur suffisent pas. Vraiment ils sont bien difficiles. Cependant c'est un fait. Il faut donc chercher ailleurs. Or, ailleurs, c'est bien vite dit. Il n'y a pas beaucoup d' « ailleurs ». Constantinople, Bender-Bouchir et Christiania sont les seuls ports qui pourraient être d'utilité pour la Russie. Et là-dessus, oubliant ou plutôt ne prenant pas en considération ce fait que ces trois points ne leur appartiennent pas encore, voilà les honnêtes Allemands partis à discourir sur ce thème passionnant :

« Constantinople ! Oh ! non, jamais de la vie. Ce serait introduire la flotte russe dans la mer Méditerranée. Notre brillant second, bien qu'il soit domestiqué, n'accepterait pas une pareille combinaison. Et puis, notre fidèle allié, le Sultan... Oh ! en ce qui le concerne, l'objection est de peu d'importance : *il y a de la place pour tout le monde en Turquie...* Mais vraiment, il serait trop dangereux d'ouvrir à la Russie la porte de la Méditerranée, qui doit devenir et rester allemande. D'ailleurs le « Bagdad-Bahn »...

« Bender-Bouchir... beaucoup mieux ! La Perse y perdrait son indépendance; mais ne doit-elle pas s'incliner devant les volontés de la grande Allemagne, maîtresse de l'univers? Nous mettrons ainsi la Russie en mauvais termes avec notre pire ennemie, l'Angleterre. Ce sera autant de gagné. Cependant, il est à craindre que les Moscovites n'apprécient pas cette générosité de notre part. Bender-Bouchir, en effet, est bien loin de Pétrograd et vraiment, un débouché dans le Golfe Persique, à quinze jours de navigation de la Méditerranée, c'est d'autant moins tentant que l'Angleterre est à Mascate et peut occuper Bender-Abbas. Les Russes n'ont-ils pas conclu un accord avec Londres, compromis par lequel ils renoncent à toute prétention sur un accès dans la mer des Indes? S'ils ont signé cette convention, c'est donc qu'ils considèrent le Golfe Persique comme étant sans valeur pour leurs projets d'extension politique et économique... Non. Bender-Bouchir, ça ne va pas non plus.

« Christiania ! Ah ! voilà une idée géniale, un beau port, très sûr, au fond d'un fjord. Il y a bien la Suède et la Norvège qui se mettront en travers de cette généreuse pensée. Mais la Suède, bien que neutre, est notre amie ; elle est grande admiratrice de la Kultur et, entre amis, on doit se rendre des services. Quant à la Norvège, oh ! le vilain pays, qui se plaint que nous torpillons ses bateaux de commerce, cet odieux vassal d'Albion... tant pis pour lui !... Mais c'est encore bien loin de Pétrograd, Christiania. Pour atteindre par terre la capitale du roi Haakon, il faut traverser toute la Finlande, remonter jusqu'au fond du golfe de Bothnie, plus au nord encore qu'Arkangel, puis redescendre au travers de toute la Scandinavie... Décidément, Christiania n'est pas non plus une solution pratique... Alors, que pouvons-nous offrir à la Russie, *mein Gott?*

« — C'est une affaire kolossale, dit l'un des membres de la réunion qui avait jusque-là gardé le silence. Allons boire la bière. »

Mais, tout en «buvant la bière», les Teutons n'en faisaient pas moins leurs affaires sur les rives de la Néva ; aussi, bientôt le peuple russe ému, sentant le danger, commençait-il à manifester son mécontentement contre cette politique et cette administration qui, peu à peu, se montraient de plus en plus antislaves, et le 21 décembre 1916, la censure de chez nous laissait passer cet exposé encore timide de la situation en Russie :

21 décembre 1916 (1).

Pour celui qui connaît bien la Russie, les derniers événements de Pétrograd n'ont rien qui doivent sur-

______

(1) *L'Éclair* de Montpellier.

prendre, et l'existence dans l'empire du Tsar d'un parti nettement germanophile ne peut causer aucun étonnement. Il existe, en effet, en dehors de la région allemande des provinces baltiques, de très nombreuses colonies teutonnes disséminées dans les divers gouvernements et jouissant, chacune dans sa région, d'une grande influence.

Il ne faut pas oublier que la Russie ne date que des débuts du dix-huitième siècle; que c'est au dixième siècle seulement qu'elle est devenue chrétienne du rite grec et que ce ne sont ni les Byzantins, ni les Turcs, ni les Mongols, qui pouvaient être ses éducateurs. Voisine de l'Allemagne, c'est principalement des pays germaniques qu'elle a tiré les éléments de son progrès, et les Teutons, aujourd'hui encore, considèrent les Slaves comme des barbares et la Russie comme un pays conquis.

Il est juste de dire qu'il existe de grandes lacunes dans la culture russe, surtout en ce qui regarde l'intelligence des choses administratives et scientifiques. Il suffit, pour se rendre compte des vides, de parcourir les mémoires de l'Académie des Sciences de Saint-Pétersbourg, d'examiner la bibliographie des ouvrages publiés depuis un siècle sur la Russie. Beaucoup de ces travaux sont écrits en langue française ou russe par des Slaves; mais il en est plus encore qui sont rédigés en langue allemande par des Teutons, sujets du Tsar ou étrangers. Il en est résulté que les Allemands considèrent l'empire de Pierre le Grand comme l'une des colonies de leur Kultur.

Grâce à leurs qualités administratives et scientifiques, les Allemands de Russie sont parvenus, se poussant les uns les autres, à occuper dans les affaires de l'Empire des situations très importantes. Qu'on jette un coup d'œil sur l'Annuaire des fonctionnaires du Tsar et l'on verra combien est grand le nombre, jusque dans les postes les plus élevés, de ceux qui portent des noms teutons. Or, tous ces Allemands sont Allemands avant tout et, bien certainement, ils voient aujourd'hui d'un fort mauvais œil que la Russie se soit lancée dans une guerre contre Guillaume II; car, malgré la réalité, ils considèrent, sans nul doute, que l'Allemagne est la victime d'une injuste agression.

J'ai vu des centaines de colonies allemandes en Russie ; toutes se ressemblent. Ce sont dans les villes des quartiers entiers, dans les campagnes des villages construits et organisés à l'allemande, où le russe n'est pas plus en faveur que n'est, en Algérie, la langue arabe dans les centres européens. On vit, on pense comme sur les bords de la Sprée. On subit l'autorité du Tsar, les fantaisies des tchinowniks (fonctionnaires), mais on se rit des Russes, on plaisante sur leurs défauts et toujours revient cette phrase : « Nous, Allemands, nous ne tolérons pas de telles choses chez nous. »

Tout Allemand de Russie est imbu du mépris pour le Slave, et le Slave déteste l'Allemand, parce qu'il le sait perfide et aussi parce qu'il est de religion protestante. Malgré cela, le Germano-Russe est parvenu à s'infiltrer partout. Beaucoup d'ingénieurs, de médecins, de vétérinaires, d'avocats, sont Allemands ; un plus grand nombre encore est dans l'Administration. L'industrie en est remplie ; bien des mines importantes sont aux mains de ces ennemis des Slaves. Je citerai, entre autres, les mines de Kédabek, près d'Élisabelthopol, au Caucase, qui appartiennent aux Siemens. Là, les ouvriers seuls sont des indigènes ; mais directeur, ingénieurs, maîtres mineurs, comptables, agents de toute nature sont des Allemands pur sang, et à Kédabek on se croirait quelque part du côté de Freiberg. On « boit la bière » en chantant de vieux refrains germaniques.

En France, nous avons beaucoup souffert de l'intrusion des Allemands dans nos affaires commerciales et industrielles. Il en a été de même en Angleterre ; mais, chez nous, ces étrangers n'ont pas, comme en Amérique, pris une grande importance politique, et, comme en Russie, accaparé l'Administration. Le danger, chez nous, peut être écarté par une loi judicieuse sur la naturalisation et par l'initiative privée ; tandis qu'en Russie, il est beaucoup plus grave. Seul, le Tsar pouvait y parer, en donnant un formidable coup de balai depuis le haut jusqu'en bas de la hiérarchie bureaucratique et en réservant aux Slaves les emplois de l'Empire. Le Polonais qui, soit dit en passant, est la bête noire des Russes, n'a d'autre titre à l'inimitié de ses frères de sang que sa qualité de catholique. Il se montrera très loyal et très dévoué du jour où la liberté religieuse lui sera acquise. Mais il n'en est pas de même de l'Allemand, être irréductible, qui, se croyant issu du cerveau de Jupiter, ne cessera jamais d'accorder à la culture germanique son admiration sans limites et aux Slaves son mépris le plus profond.

Bien certainement, le parti allemand de Russie se gardera de se prononcer ouvertement pour l'ennemi; s'il ne faisait pas parade de russophilie, il serait brisé comme verre par la nation tout entière; mais usant de son importance dans les rouages administratifs, il peut faire beaucoup de mal. Constantin a été la cause du malheur des Serbes; qui nous dit que Sturmer n'a pas été celle de la chute de Bucarest? On est à même de paralyser tant d'efforts quand on tient en main le pouvoir.

Ainsi, c'est après vingt-sept mois de guerre que les Alliés découvrent, en Russie, le péril allemand. Certes, il n'était point ignoré en haut lieu moscovite; mais la difficulté était, pour le combattre, si toutefois on voulait s'en défaire, de remplacer des milliers de fonctionnaires, favorables aux vues de l'ennemi. Comment les atteindre, d'ailleurs? Ce sont, en paroles, de zélés serviteurs de la patrie, alors que, dans le fond de leur cœur, ils souhaitent la défaite de la Russie et l'escomptent dans l'espoir d'accroître encore leur influence et d'accaparer en entier ce pays, dont les habitants, doux et patients, seraient pour eux la plus lucrative des proies.

On comptait alors encore sur l'énergie du Tsar; hélas! cette énergie, même si elle avait existé, eût été impuissante à conjurer l'orage. Deux tempêtes montaient en même temps et venaient ébranler le trône. D'une part, l'Allemagne se croyant certaine du succès jetait le masque et, d'autre part, le peuple russe, déchirant le bandeau qui lui couvrait les yeux, se dressait contre l'ordre pour se précipiter dans l'anarchie.

2 janvier 1917 (1).

Le *Matin* du 29 décembre 1916, sous le titre de :

---

(1) *L'Éclair* de Montpellier.

Pourquoi M. Sturmer fut démissionné, publiait une vingtaine de lignes des plus suggestives, tirées d'un discours du député Milioukoff et, par suite, dont l'authenticité ne pouvait être mise en doute.

M. Sturmer, disais-je alors, était un pacifiste à sa manière; il songeait à la paix séparée de la Russie avec l'Allemagne et, en bon Teuton, considérait les engagements pris par le Tsar, son maître, vis-à-vis de ses alliés (pacte de Londres), comme simples chiffons de papier. Il avait organisé, clandestinement bien entendu, un « Office pour la paix séparée ». N'était-ce pas merveille d'audace que le ministre se permette de lutter contre les vues du souverain dont il a la confiance? Enfin, Sturmer travaillait avec un certain Maniouloff, des dames du monde, et avait ses agences à l'étranger. On faisait même dans ce « service » d'assez bonnes affaires financières, car le *Rousskoie Slovo* nous apprend qu'arrêté pour concussion, le nommé Maniouloff avait été relâché dans les vingt-quatre heures, grâce à l'appui du président du Conseil, avec qui il partageait les pots-de-vin. C'est du propre. Il est inutile, d'ailleurs, d'insister sur l'intérêt qu'avait l'Allemagne à la prospérité de l' « Office pour la paix séparée » et sur les chantages dont elle a dû être victime de la part des honnêtes courtiers auxquels M. Sturmer confiait les missions secrètes. C'est là tout un monde d'escroquerie de grande envergure dont il serait bien curieux de connaître les prouesses; mais, peut-être, nous n'aurons jamais ce plaisir. Vraiment, on devait bien rire chez les barons teutons de Courlande et de Livonie, alors que von Sturmer était président du Conseil.

Je n'ai pas besoin de dire que les Allemands russes ont toujours fait l'impossible pour brouiller les Français avec les Slaves. Leur influence dans la presse russe est considérable et jamais ils n'ont perdu une occasion de souffler sur le feu. Il y a de cela bien des années, je me trouvais en Russie, à l'époque où un certain Achimoff, à la tête d'une colonie de Russes, faisait une sorte d'expédition religieuse en Abyssinie afin d'aller renforcer les sentiments orthodoxes du Négus et de ses sujets. Ces pèlerins d'un nouveau genre voyageaient armés jusqu'aux dents, et comme ils avaient la prétention de traverser notre territoire de Djibouti (alors Obok) avec leurs canons et leurs mitrailleuses, les autorités françaises s'y opposèrent.

Ce fut un tolle dans la presse du sud de la Russie, pays de ce singulier croisé. On nous reprocha d'être venus à Moscou, oubliant qu'Alexandre Ier nous avait rendu notre visite à Paris. On nous accusa même de l'incendie du Kremlin, auquel nous n'avons, d'ailleurs, jamais mis le feu. Bref, nous étions les plus affreux barbares. Et ces articles étaient signés de noms en *er* et en *ann* qui n'avaient rien de slave. Dans une autre occasion, il m'a été donné encore d'apprécier les sympathies des Allemands russes pour les Français. C'était en 1890. Poursuivant mes recherches archéologiques en Perse, pour le compte de l'État français, j'étais entré dans la province du Lenkorân, la plus méridionale de tout l'empire du Tsar, et j'y explorais de très curieux dolmens, dont je venais de reconnaître l'existence. Les fouilles archéologiques dans les territoires russes étaient interdites, je le savais; toutefois, le vice-roi du Caucase fermait les yeux en raison du but que je poursuivais et de ma qualité de missionnaire de l'État. Mais un vétérinaire allemand de l'armée russe, que j'avais eu à consulter pour mes chevaux, ayant eu connaissance de mes recherches, écrivit dans un journal de Tiflis un article dans lequel j'étais traité de bandit, de voleur des trésors de la sainte Russie, et le vice-roi fut bien obligé d'arrêter mes travaux. Cependant, il laissa passer mes collections qui figurent aujourd'hui dans les galeries de notre musée national de Saint-Germain-en-Laye.

Comme je le disais quelques pages plus haut, tout Allemand sujet russe est Allemand avant tout. Il appartient à la Kultur, méprise les Slaves et hait les Français, les Anglais, tout ce qui n'est pas Allemand, et si l'on n'y prend pas garde, ce phylloxéra de la Russie fera d'incroyables ravages. L'affaire Sturmer montre combien est déjà grand le danger, puisque ces gens, occupant les charges les plus importantes de l'État, osent s'attaquer aux engagements pris par l'Empereur lui-même.

C'en était fait de la dynastie des Romanoff. En une

semaine, cet empire tant de fois séculaire s'écroula : Nicolas II abdiqua et son frère Michel refusa la couronne; la Russie se jetait à corps perdu dans le plus effroyable des inconnus.

7 avril 1917 (1).

Dans un pays développé au point de vue intellectuel comme l'est la France, il serait aisé d'adopter une forme administrative, je dirai même plus, gouvernementale, beaucoup moins centralisatrice que celle qui nous régit depuis la fin du dix-huitième siècle. L'instruction est, à peu de chose près, également répandue dans tous nos départements, et chaque province naturelle serait apte à diriger ses propres affaires. Une telle transformation, à laquelle, d'ailleurs, la France sera contrainte d'en venir, dans un délai plus ou moins long, se fera sans provoquer de crise, et notre pays passera du régime centralisateur à outrance au régionalisme, tout comme il acceptera la réduction du nombre de nos départements, mesure qui s'impose depuis que les communications sont devenues très rapides. Le système administratif actuellement en vigueur chez nous fait un peu l'effet que produirait une vieille berline, âgée de cent ans, se promenant au bois de Boulogne, parmi les automobiles.

Mais il ne faudrait pas croire que l'Europe tout entière soit mûre pour suivre de semblables conceptions politiques. Plus on avance vers l'Orient et plus les choses se compliquent, par suite de l'inégalité de développement intellectuel des populations; et, quand on entre en Russie, les conditions deviennent moins favorables encore à l'application générale du régime régionaliste. Slovènes, Polonais, Grands-Russiens et Petits-Russiens, Finlandais, Arméniens, sont parfaitement aptes à se gouverner eux-mêmes; ils pourraient même être complètement indépendants de Pétrograd, si de telles libertés ne devaient porter un coup mortel à la Russie, en tant que grande puissance mondiale; mais les Caucasiens, les

____

(1) *L'Éclair* de Montpellier.

Tartares, Nogaïs, Kalmouks, Kirghiz, Turkmènes, Vogouls, Samoyèdes, Toungouses, Mongols et autres peuplades de l'Asie sont absolument hors d'état de se conduire sagement en volant de leurs propres ailes.

On se rend difficilement compte, chez nous, de l'état de barbarie dans lequel vivent la plupart de ces populations. Il n'y a pas vingt-cinq ans, les Kewsoures (Caucase) portaient la cotte de mailles et, au siècle dernier, les Kamtchadales faisaient encore usage d'instruments de pierre. Les Turkomans, les Tartares et cent autres peuplades sont encore nomades et, comme tous nomades, prêts à faire la guerre à leurs voisins pour la possession d'un pâturage. Ce régime social comporte la nécessité pour chacune des tribus de posséder d'immenses territoires, et par suite de soustraire à l'intérêt général de vastes terrains fertiles, dont le rendement serait, dans d'autres conditions, d'une valeur inestimable.

D'autres peuples, ceux qui depuis Arkangel jusqu'au détroit de Béring habitent au-dessus du soixantième parallèle (latitude de Pétrograd), ont besoin d'immensités comme territoires de chasse, et le climat ne permet pas de les fixer en les concentrant. L'Altaï, couvert de forêts, riche en gisements minéraux, en rivières, en lacs, est peuplé de Kirghiz très clairsemés, vivant à l'état libre comme les Peaux-Rouges du Brésil ou des Guyanes, sans communications avec le reste du monde. La chasse, la pêche et les troupeaux suffisent aux besoins de ces gens, qui sont libres et ne connaissent que leurs vieilles traditions.

Devenus musulmans, ils chantent que Dieu est grand et que Mahomet est son prophète, mais ne se rendent aucun compte de la différence qui existe entre cette religion et la croyance aux idoles de leurs pères.

En Russie et en Sibérie, les religions sont innombrables. Les Russes proprement dits sont du culte grec-byzantin et ils ont converti à leurs croyances bien des Caucasiens, des Polonais et des gens de la Baltique. Les Arméniens sont orthodoxes, catholiques, protestants et surtout grégoriens. La Pologne est catholique, les provinces baltiques (de race allemande) et la Finlande sont protestantes. Les Tartares, Kalmouks, Turkomans, Kirghiz et bien d'autres sont musulmans, les Mongols sont pour la plupart bouddhistes et, plus au nord, dans la Sibérie, on rencontre des fétichistes.

L'Empire russe se compose donc des éléments les plus hétérogènes, sans la moindre cohésion au point de vue ethnique et religieux, de degrés de culture très différents, depuis le développement le plus élevé jusqu'à la barbarie la plus complète qui soit au monde.

Dans de pareilles conditions, la tâche du nouveau gouvernement sera bien lourde, car il lui faudra proportionner les libertés aux capacités des groupes humains divers, traiter chacun suivant son état actuel, quitte à prendre les mesures nécessaires pour améliorer les populations primitives. Le nouveau régime russe devra donc mettre en vigueur tous les principes de la conduite des hommes, être en même temps fédéraliste, régionaliste et impérialiste. Toute faiblesse, toute incompréhension des nécessités locales entraînerait de graves conséquences, et le séparatisme viendrait détruire ce monument superbe que les Romanoff ont mis trois siècles à édifier.

Parmi les transformations imposées par les circonstances, il en est une qui, sans nul doute, rencontrera de terribles résistances occultes : c'est la proclamation de la liberté des cultes et de leur égalité devant l'État; car le Russe, héritier de Byzance, a reçu, avec l'orthodoxie, le fanatisme et l'intransigeance des Grecs. On se souvient que l'empire d'Orient a succombé sous les coups des Turcs, parce que son peuple se refusait à l'alliance avec les Occidentaux, catholiques détestés. Et cette haine pour tout ce qui n'est pas du rite grec était vivace dans l'âme de l'ancien régime russe. Un clergé richissime et tout-puissant alors l'entretenait, excitait le peuple contre les Polonais, contre les Arméniens, les Finlandais. On préférait, en haut lieu, les musulmans aux catholiques, à tous ceux qui croyaient en Jésus-Christ, mais ne l'adoraient pas suivant les rites du clergé russe; et ce clergé, conscient de sa puissance, provoquait les exactions, les massacres, les condamnations les plus infâmes. Il en profitait.

Que fera le peuple russe libre devant cette puissance qui pendant tant de siècles l'a dominé? Souhaitons qu'il ne se livre pas à des excès semblables à ceux qui ont déshonoré la Révolution française. Espérons qu'il saura, sans user de violence, imposer aux fanatiques le respect pour les croyances d'autrui.

Mais parmi les difficultés que rencontreront les patriotes russes, il en est encore une contre laquelle la lutte sera très âpre.

Le fonctionnarisme a pris dans l'Empire les proportions d'un fléau social. Tout Russe, quelle que soit sa situation, désirait voir un jour son fils tchinownik (employé), parce qu'il savait le faire entrer dans une caste privilégiée, à laquelle tout était permis, la concussion, le vol, l'oppression du public vulgaire (la place me manque pour citer quelques-unes des infamies dont, moi-même, j'ai été le témoin). Cette caste était omnipotente, elle l'est encore et elle le sera tant que le nouveau gouvernement n'aura pas fait table rase. Tous les services d'État sont vermoulus et les employés sont si nombreux, ont de telles attaches que les tchinowniks constituent une véritable armée dont la puissance occulte, jointe à celle du clergé, aux mauvaises volontés des fanatiques, aux intérêts privés de tous les satellites de l'Administration, opposeront une terrible résistance aux améliorations.

Il faudrait un volume pour exposer, même en raccourci, les difficultés que rencontrera le nouveau pouvoir dans l'accomplissement de sa tâche; mais la Russie possède des hommes de grande valeur qui sauront, espérons-le, sérier les affaires suivant leur importance, si toutefois la liberté ne grise pas le peuple russe et ne le jette pas dans les bras des intrigants de bas étage.

24 mars 1917 (1).

Mais quelle tâche gigantesque est celle de ce gouvernement qui naît : chasser tous les Allemands de l'Administration, c'est-à-dire balayer l'ancien personnel supérieur, accorder aux peuples divers, aux différentes confessions les libertés auxquelles ils ont droit, adoucir les querelles sociales, tout en soutenant la plus terrible des guerres.

----

(1) *L'Éclair* de Montpellier.

Souhaitons que cette révolution donne au peuple russe un invincible élan militaire. Mais ce peuple aura-t-il la sagesse de réserver pour le lendemain de la victoire toutes les questions capables de rompre l'Union sacrée? Nous le désirons de toute notre âme, pour lui, comme pour nous. L'or allemand ne viendra-t-il pas transformer en 93 ce 89? C'est à la Douma de se montrer impitoyable pour les fauteurs de troubles devant l'ennemi. Quelque juste que puisse être un désir de parti, il doit s'effacer devant l'intérêt de la patrie en danger. Que le peuple russe se comporte avec sagesse, ce sera un bien bel exemple pour toutes les nations de l'Europe et pour nous-mêmes. Quel cataclysme s'il en était autrement!

5 mai 1917 (1).

Le nouveau ministre de la Justice en Russie, M. Kerensky, interviewé par le Dr Harold Williams, correspondant du *Daily Chronicle* à Pétrograd, a fait des déclarations fort importantes au sujet des vues du parti socialiste dont il est député. C'est dans le régime républicain que cet homme d'État voit l'avenir de son pays, et dans une sorte de fédération des peuples de l'ancien Empire. La Pologne serait complètement affranchie et reliée à la Russie par des traités, l'Arménie serait placée sous le protectorat moscovite et jouirait de son autonomie. En Finlande, on restaurerait la constitution. Quant à Constantinople et aux détroits, ils jouiraient d'un régime international. Le reste de l'Empire russe, dont M. Kerensky n'a pas parlé, depuis Volodchisk jusqu'à Vladivostok, conserverait donc sa situation actuelle de départements ou provinces.

Certes, ce programme est fort généreux, très libéral, même vis-à-vis des puissances étrangères, puisque toutes compétitions relatives à la possession du Bosphore et des Dardanelles seraient écartées, et l'existence d'une grande Pologne au centre de l'Europe tiendrait en respect les peuples germaniques. Ce sont là des combinaisons qui dépendent uniquement du succès final de la

____

(1) *L'Éclair* de Montpellier.

guerre; aussi le Gouvernement russe est-il fermement décidé à se montrer sans pitié pour les fauteurs de désordres, quelle que soit leur nuance politique. « Je suis convaincu, ajouta le ministre, que le résultat général de la libération sera de donner aux troupes un grand élan et, par suite, d'abréger la guerre. »

Nous ne voyons pas, en effet, jusqu'ici, qu'il se produise d'actes d'indiscipline sur cet immense front qui s'étend depuis Khanéghin jusqu'à Riga. Partout les opérations se poursuivent tout comme s'il ne s'était rien passé d'anormal à Pétrograd. Aucun trouble n'a eu lieu dans le Turkestan, chez les Tartares, dans le Caucase, et chacun fait son devoir. C'est vraiment merveilleux et nous ne pouvons qu'applaudir au bon sens de nos alliés, et souhaiter qu'ils le conservent.

D'ailleurs, l'heure est grave, et on le sait à Pétrograd, l'ennemi n'attend que le dégel et le retour du printemps pour tenter un formidable effort sur le front de Riga. C'est seulement en côtoyant la mer Baltique qu'il peut menacer la capitale russe; mais on est prêt à le recevoir. En attendant, tandis que la saison est encore favorable en Turquie Méridionale, les Russes tendent la main aux Anglais au nord de Bagdad et bientôt leurs armées combinées seront devant Mossoul; car les débris des corps osmanlis de Chaldée et de Kirmanchah ne semblent pas être capables de présenter une grande résistance.

Plus au nord, en Arménie, les neiges arrêtent encore les opérations, et les troupes russes de Trébizonde ne peuvent s'aventurer en Anatolie maritime sans être soutenues sur leur gauche. Quand cette campagne s'ouvrira, Mossoul sera probablement déjà tombée, et les Anglo-Égyptiens, dernièrement, vainqueurs à Gaza, auront gagné la Palestine, peut-être même la Cœlé-Syrie.

Les choses, de ce côté, marchent à souhait, et le Gouvernement russe n'a pas à se préoccuper d'accroître les effectifs en Asie. Il peut donc tourner toutes ses disponibilités vers les provinces baltiques et la Pologne, car c'est là qu'est le nœud gordien que les Allemands tenteront de trancher.

Nos victoires anglo-françaises du nord, les succès de

l'armée de Salonique, l'avance méthodique des Italiens, la débâcle des Turcs, sont de très heureux présages. Que les Allemands soient vaincus devant la Dvina et ce sera le début de leur recul général. S'ils sont vainqueurs, les plaines de Scythie viendront en aide à nos alliés. Mieux que personne, nous savons ce qu'il eût coûté de s'aventurer trop loin dans les immensités. Comme en 1812, les Russes feront derrière eux le désert, et l'Allemagne, incapable d'élargir indéfiniment ses lignes, épuisée par la famine, perdra son front actuel d'Occident.

La partie semble être fort bien engagée, depuis le Golfe Persique jusqu'à la mer du Nord. Rapidement elle sera gagnée, si le nouveau Gouvernement russe a la sagesse et l'énergie de cristalliser sa politique intérieure pendant toute la durée des hostilités et de se montrer inexorable pour les partisans de la paix immédiate. L'état de guerre, la patrie en danger lui donnent tous les droits, tous les pouvoirs. Qu'il veille à l'union sacrée plus que jamais, car les temps sont graves pour le monde civilisé tout entier.

Une paix séparée de la part de la Russie entraînerait l'abandon des pays conquis en Asie, de la Pologne, de la Roumanie, de la Serbie. Ce serait faire perdre aux Anglais leur situation prépondérante dans le sud de la Turquie; ce serait anéantir les effets du blocus et contraindre l'Entente à faire venir les Japonais, les Américains, les Chinois peut-être, pour écraser les ennemis de la civilisation. Ce serait le plus grand des crimes, on le sait à Pétrograd; aussi M. Kerensky a-t-il affirmé au correspondant du *Daily Chronicle* que les anarchistes ne rencontreront aucune faiblesse de la part du Gouvernement.

Quant à l'organisation politique de la Russie, elle se fera beaucoup plus aisément en temps de paix que durant la guerre. Bien des peuples demanderont une certaine dose d'autonomie et, pour quelques-uns, il sera sage de l'accorder. Tous ces gens, aujourd'hui, font leur devoir devant l'ennemi commun. Il serait fâcheux de faire naître dans leur esprit des idées capables de les distraire de leurs occupations militaires. Ils savent qu'ils auront de grandes libertés, ils en sont certains, et cette confiance leur suffit; car, pour la plupart, ces soldats sont, dans la vie civile, des gens doux et paisibles. Ils ont l'habitude d'obéir, et plus aisément encore obéiront-ils à une pensée généreuse qu'à un ordre brutal. J'ai souvent eu des escortes de Cosaques ou de soldats russes, qui m'ont accompagné pendant des mois, et je n'ai jamais eu qu'à me louer du caractère de ces hommes. Ce sont de grands enfants, qu'on conduit avec une bonne parole, dévoués, polis, respectueux. On peut leur dire : « Vous aurez la liberté après la guerre », et, contents, ils attendront pendant des années.

Il en est de même des Tartares, les plus fidèles des serviteurs; mais je n'en dirai pas autant des Turkomans et de la plupart des Caucasiens. Ceux-là seront plus difficiles à conduire. Quant aux Polonais, aux Arméniens, l'espoir d'être libres un jour les ferait passer dans le feu.

Ainsi, malgré les dissemblances des races en Russie, le Gouvernement, en usant de moyens divers, peut obtenir la paix intérieure pendant toute la durée de la guerre. Seuls, les anarchistes et les nihilistes sont dangereux; mais à Pétrograd, leur centre principal, on les connaît assez pour qu'il soit possible de les mater.

Cette transformation du régime russe n'est pas sans avoir une très grande importance quant à la conduite des opérations contre la Turquie. La nouvelle Russie ne veut pas d'annexions, renonce à la possession de Constantinople, proclame très haut qu'elle luttera pour la libération de ses territoires et pour la liberté des peuples opprimés. Certainement que, sur le front d'Europe son effort sera considérable, car il lui faut chasser l'étranger du sol de la patrie. Il lui est indispensable de reconstituer l'État polonais, afin de créer une barrière entre elle et l'Allemagne, et son intérêt est d'aider la Roumanie à faire son unité nationale, de permettre aux Slaves du Sud de se relever, aux Slaves du Centre de se libérer; mais en Asie, contre les Turcs, se trouve-t-elle en face de questions aussi importantes? non. Là, ses engagements seuls vis-à-vis de l'Entente et de la libération des peuples opprimés la tiennent sous les armes; ses soldats auront pour mobile la délivrance du peuple arménien, la défaite du Turc, son ennemi héréditaire. Son honneur est en jeu, non pas sa vie.

VII

LE DÉMEMBREMENT DE L'EMPIRE OTTOMAN

20 août 1916 (1).

Peut-être est-il imprudent et prématuré de soulever
des questions de partage, alors que l'objet à partager
n'est point encore entre nos mains; cependant, dans
tous les pays belligérants ou neutres, la presse s'inquiète
à juste titre de ce que sera le monde après la guerre, et,
de tous côtés, on voit paraître en foule livres, brochures
et articles de journaux exposant les idées personnelles
des hommes les plus compétents en matière de politique
étrangère. En Allemagne, on annexe (sur le papier)
autant qu'on peut, on supprime des États pour les remplacer par d'autres, alors que les Turcs, gens peu enclins
à la littérature, remplacent les palabres par de *bons* massacres, destinés à préparer l'avenir de la Sublime-Porte
ottomane. Chez les Alliés, c'est tout autre affaire :
l'opinion publique discute sur la disparition ou le maintien de l'Autriche, de la Bulgarie, de la Turquie : les uns
préconisent des mesures radicales, les autres, par traditions diplomatiques, assurent que le monde ne peut
vivre sans la Double Monarchie et un Empire ottoman.
Tous d'ailleurs sont d'accord pour accorder la liberté aux
peuples que ces deux États moyenâgeux oppriment depuis des siècles.

Cette inondation d'idées n'est certes pas à endiguer,
car elle répand des suggestions qui, bien certainement,
seront, pour quelques-unes du moins, de grande utilité

____

(1) *L'Éclair* de Montpellier.

quand il s'agira de régler la situation de l'Europe. Elle prépare l'opinion publique, à laquelle la diplomatie devra emprunter ses vues lors des discussions dans le Congrès de la paix. Donc, on n'a pas tort d'examiner, dès maintenant, ce que l'on fera de la peau des ours quand les Alliés les auront abattus.

En ce qui regarde l'Europe Centrale, la question est fort compliquée, car de multiples intérêts sont en jeu et, avant toute chose, il faudra tenir compte des désirs de l'Angleterre, de la Belgique, de la France, de l'Italie, de la Russie, de la Serbie et de la Bohême. Or, s'il n'est pas facile de mettre d'accord cinq ou six grands États, ce deviendrait impossible si l'on faisait entrer dans la balance les aspirations de tous les neutres (plus ou moins nos amis) et de tous les peuples qui réclament leur liberté. Certainement qu'après avoir combattu côte à côte, après avoir eu tant d'occasions de s'estimer, Anglais, Belges, Français, Italiens, Russes, Serbes et Roumains se feront réciproquement toutes les concessions désirables pour en arriver à une entente sincère et durable; mais encore est-il que, dans chaque pays, il faut que le public soit éclairé sur les désirs de chacun des Gouvernements; car aujourd'hui, dans les questions d'ordre international, la *vox populi, vox Dei* (que ceci soit entendu dans l'acception la plus élevée du mot *populus*) joue le rôle le plus important. Certains, parmi les neutres, seront certainement favorisés, non parce qu'ils l'auront mérité par leurs sacrifices, mais bien parce qu'il sera de l'intérêt des Alliés de se servir d'eux pour diminuer la puissance de l'ennemi vaincu. A d'autres, on ne laissera que le regret de n'être point intervenus dans cette lutte suprême de la civilisation contre la barbarie.

Mais sortons des limites de l'Europe et rendons-nous en Orient, chez les Turcs, nos amis d'hier, nos ennemis d'aujourd'hui. Ah! certes, si le peuple et le Gouvernement allemands doivent être taxés d'ignominie pour leurs crimes, leurs trahisons, leurs mensonges et leurs félonies, que peut-on dire des Turcs, de ces lâches assassins, de ces barbares revenus aux temps de Toghroul et d'Alp-Aslan? Leur procès n'est plus à faire : ils ont commis tous les forfaits qui peuvent être perpétrés et sont indignes de la vie politique. Qu'étaient les méfaits du dey d'Alger auprès de cette accumulation d'horreurs dont les Turcs se sont rendus coupables?

La sécurité de l'avenir veut, exige que cet Empire maudit disparaisse, que ces traîtres, ces assassins soient placés sous l'autorité de nations capables de leur imposer, sinon la vertu (ce serait bien difficile), du moins le respect des lois de l'humanité. Une Turquie, même petite, même réduite à quelques vilayets, serait encore un danger, un refuge pour les criminels d'aujourd'hui, pour ceux de demain.

Depuis la mort de Pierre le Grand, en 1725, la dynastie des Romanoff conservait dans le fond de son cœur, comme un sentiment religieux, le profond désir de porter la couronne des empereurs romains de l'Orient, et le peuple russe voyait dans ses rêves Sainte-Sophie, la basilique par excellence des orthodoxes, arrachée aux mains de l'Islam, resplendissante de l'éclat de ses mosaïques, de ses autels d'or, telle qu'elle était au jour du couronnement des successeurs de Théodose. Ce n'était dans toute la Russie qu'un long soupir d'attente. Le peuple et le clergé songeaient à la basilique; toutefois, en haut lieu, les aspirations étaient plus proches de la terre que du ciel. Posséder Constantinople, c'était ouvrir la porte de la mer Méditerranée, c'était faire du Pont-Euxin un lac russe, c'était jouer un rôle dans l'Europe Méridionale et se procurer un lieu sûr, les détroits, pour se retirer en cas d'échec.

Mais l'Europe comprenait toute la portée des ambitions russes et ne consentait pas à laisser entrer dans ses mers de nouvelles flottes, dont l'appoint ferait un jour, comme l'épée de Brennus, pencher l'un des plateaux de la balance. Devant ce danger, l'Angleterre et la France se montraient d'une volonté irréductible. Quant à l'Autriche qui convoitait Salonique et craignait que l'influence russe dans les Balkans ne lui barrât la route, elle ne voulait pas que Constantinople fût russe, et l'Allemagne qui avait de grandes vues sur la colonisation de la Turquie par l'excès de sa population, qui rêvait l'hégémonie mondiale, considérait le Bosphore comme devant être sa chose. C'est ainsi que l'Empire turc a pu se maintenir jusqu'à nos jours.

Très habiles politiques, dénués de toute bonne foi, les sultans, fort habilement, ont, pendant toute la durée du dix-neuvième siècle, exploité les intérêts que chaque peuple de l'Europe avait dans les détroits et, opposant les uns aux autres, menaçant l'un par l'autre, ils conservaient cet équilibre instable dont vivait leur puissance. Peu à peu, leur domaine s'effritait, leurs provinces passait en d'autres mains; mais chaque sacrifice prolongeait l'agonie de cet État vermoulu qui, s'il n'avait été soutenu par la mésintelligence de l'Europe, se serait, il y a plus de cent ans, effondré tout d'un coup.

L'Allemagne veillait; victorieuse en 1866, en 1870, formidablement organisée pour la guerre, elle avait aux yeux des Orientaux le prestige d'une divinité. Son empereur avait visité le Sultan, voyageant avec grand éclat, il avait semé les hommes de confiance dans toute la Turquie, dans toute l'administration et créé dans ce pays de la corruption par excellence un parti puissant *pro Germania*. La Russie, empoisonnée elle-même par l'élément teuton, n'osait plus regarder en face Constantinople, songer à réaliser le testament de Pierre le Grand. San-Stephano avait été pour elle un triomphe, le Congrès de Berlin une défaite. La Roumanie, la Bulgarie gouvernées par des Hohenzollern, formaient entre la Bessarabie et les détroits un barrage indestructible. Ce n'était plus en venant par l'Europe que le Tsar pouvait réaliser le rêve de sa dynastie et de son peuple; il lui fallait auparavant conquérir tout le nord de l'Asie Antérieure, tâche longue et difficile qui exigerait des siècles. La

Turquie pouvait être reconnaissante aux diplomates berlinois, à Guillaume II : elle était sauvée.

Mais ce n'était pas le salut des Osmanlis que cherchait l'Empereur allemand, c'était l'annexion économique à son empire de cet immense État, le concours de ses troupes dans les occasions difficiles et, en temps de paix, la réalisation de ce fameux chemin de fer de Bagdad qui devait assurer à ses ambitions la route de l'Orient.

Le projet était grandiose, mais à Berlin on eut le tort de vouloir aller trop vite et cet empressement à terminer par une guerre ce qu'un siècle aurait fait sans effusion de sang a précipité la Turquie dans l'abîme. Devant la coalition des Empires centraux, la France et l'Angleterre ont livré Constantinople à la Russie, sacrifiant des intérêts secondaires au salut commun, et Nicolas II, reprenant les traditions de sa famille, a marché par l'Asie, cette fois contre la ville des Basileis que d'ailleurs il devait attaquer aussi par l'Europe. La conquête de Sainte-Sophie de Trébizonde n'était que le prélude de celle de la basilique élevée par les empereurs entre la Corne d'Or et le Bosphore. Les cloches du Kremlin sonnèrent et le peuple russe tout entier s'attendait à voir sortir de la muraille du lieu saint ce prêtre qui avait mystérieusement disparu à l'instant où Mahomet II, à cheval, entra sous les voûtes sacrées de la « Sainte Sagesse divine ».

Cependant, un terrible orage montait à l'horizon; la Russie était aux mains des Allemands; on trahissait le Tsar jusque dans la couche impériale et le Tsar lui-même était tout prêt à trahir ses alliés. La diplomatie russe encouragea la France et l'Angleterre dans l'expédition des Dardanelles, répondant de l'attitude bienveillante de la Bulgarie, et les puissances occidentales n'étaient pas sans penser que l'occupation par leurs troupes de Gallipoli ferait contrepoids à la conquête russe du Bosphore. Mais la Bulgarie se rangea du côté des Empires centraux et la Russie s'abstint d'un débarquement sur la côte turque de l'Europe.

Les armées victorieuses en Galicie furent subitement défaites depuis la Baltique jusqu'à la frontière roumaine, victimes d'un souffle mystérieux. La Serbie conquise ouvrait à l'Autriche le chemin de Salonique, que la Grèce était disposée à céder; il fallait donc renoncer à l'expédition de Gallipoli et, pour empêcher les projets autrichiens de se réaliser, occuper le grand port de la mer Égée.

L'Allemagne avait des vues sur la Bessarabie, sur Odessa. Pour les réaliser, elle eut encore recours à la diplomatie russe, et la Roumanie, entrée en guerre sur les conseils de Pétrograd, mollement soutenue par l'armée impériale, fut écrasée en quelques mois, tandis que la Grèce travaillait pour le compte des Empires centraux et n'attendait que l'occasion favorable pour attaquer par derrière notre armée d'Orient.

Les manœuvres et les intentions d'Athènes étaient connues des Occidentaux; mais la Russie, à l'instigation de l'Allemagne, ne permettait pas qu'on touchât aux Grecs orthodoxes. Le mouvement vénizéliste, combattu par l'Allemagne, loyaliste, favorable à l'Entente, était cependant mal vu dans les hautes sphères de Pétrograd, et la Turquie trouvait sa sauvegarde dans ces tiraillements entre la Russie et les autres puissances de l'Entente. L'Arménie était conquise par les Russes, la Mésopotamie allait tomber au pouvoir de l'Angleterre; mais le Sultan n'oubliait pas qu'en bien des circonstances déjà les Russes avaient été contraints par la diplomatie européenne de rendre leurs conquêtes et, pendant ce temps, les autorités ottomanes poursuivaient impitoyablement la destruction de tout élément chrétien de l'Empire, afin de le turquifier et d'écarter à jamais de la politique intérieure l'ingérence de la France et de l'Angleterre.

Pour la politique impériale russe, toute conquête était une annexion, un accroissement du territoire de l'État, et non pas une libération des peuples opprimés; et la question polonaise, comme celle de l'Arménie, trouvait sa solution dans l'établissement de nouvelles provinces du Tsar.

Les dispositions de la Russie étaient donc impérialistes au plus haut point. L'Arménie ne devait être qu'un agrandissement de la vice-royauté du Caucase, et l'on était, en haut lieu, bien certainement décidé à ne tenir qu'un compte très modéré des promesses vagues à l'aide desquelles on avait obtenu le concours des Arméniens sur le front oriental.

Mais l'Allemagne et ses alliés ne trouvaient pas leur compte dans les progrès de la Russie en Orient. Il fallait, pour sauver la Turquie, que les Moscovites fussent vaincus en Europe. Il le fallait aussi pour obtenir une paix séparée et permettre aux Empires centraux de reporter toutes leurs forces sur les fronts français et italien.

Maîtresse par ses affiliés de toutes les grandes ressources de la guerre en Russie, omnipotente à la Cour, dans la diplomatie, dans l'administration, l'Allemagne brisa, par ses intrigues, les efforts des armées du Tsar, à l'insu même du souverain qui, circonvenu, ne voyait pas le péril menaçant sa dynastie.

Cependant les déconvenues des Russes dans la guerre contre le Japon, les causes mêmes de ce conflit avaient ouvert bien des yeux sur les vices de l'administration impériale, et le mécontentement qui, depuis les tentatives de révolution, grondaient sourdement, éclatèrent un jour où les armées du Tsar faiblirent sur le front allemand, abandonnèrent leurs conquêtes sur l'Autriche, laissèrent écraser la Roumanie. Mais le mécontentement n'était encore violent que dans les classes slaves élevées. Il gagna le peuple quand, par suite de l'imprévoyance d'une administration cupide et prévaricatrice, les denrées vinrent à manquer. Le rôle des germanophiles, celui de l'Impératrice apparurent au grand jour et en un instant le trône impérial s'écroula sous la réprobation de la Russie tout entière.

L'Allemagne avait accompli son œuvre : l'anarchie allait dévorer cet ennemi qui l'empêchait de frapper de grands coups en Occident ; la Russie divisée, désemparée, en proie à la guerre civile, allait traiter séparément, abandonner la cause des Alliés et mettre à la disposition des Empires centraux ses immenses ressources. C'en était fini du blocus de l'Allemagne, de la famine, de la pénurie des matières premières pour continuer la guerre. La Pologne fournirait des contingents et la Turquie, évacuée par les Cosaques, n'aurait plus qu'un seul front à défendre, celui de la Mésopotamie. Guillaume II serait dès lors à même de lancer sur l'Occident des millions d'hommes, de les soutenir par un matériel immense et de vaincre, d'envahir la France d'abord, l'Angleterre ensuite.

Ce n'était, sembla-t-il alors, qu'un rêve. La psychologie teutonne était une fois encore dans l'erreur ; car le nouveau Gouvernement russe, tout à la libération du territoire, se déclara formellement décidé à lutter contre les ennemis de l'intérieur aussi bien que contre ceux de l'extérieur et à vaincre non seulement pour la Russie elle-même, mais aussi pour les peuples opprimés. En quelques jours, ce nouveau gouvernement s'affermit, traça d'une main virile son programme et obtint les suffrages de tout le monde civilisé. Vaincre et émanciper les peuples, renoncer aux conquêtes que rêvait l'impérialisme et introduire dans ses immenses dépendances le régime fédéraliste, tel fut son programme. On l'acclama dans l'univers entier, on fit des vœux ardents pour que son libéralisme ne fût pas débordé par les intrigues allemandes qui, ne trouvant plus dans l'administration impériale ses moyens d'action d'hier, mit en avant ses socialistes, ses anarchistes pour troubler la paix dans l'État, et certaine puissance de l'Entente, qui jusqu'à ce jour n'a pris au conflit qu'une part active modeste, s'est hâtée d'achever son pied de guerre pour être à même, le cas échéant, de venir en aide au gouvernement russe de l'ordre, contre la révolution anarchique.

Cette évolution du peuple russe vers des idées plus libérales, plus généreuses, est un événement mondial; mais il serait imprudent et prématuré de prévoir les conséquences de ce mouvement, d'entrevoir même les horizons qu'il ouvre à la politique générale. Il ne dépend que des hommes d'État russes d'étendre dans des proportions insoupçonnées la fédération de l'Orient européen. Pour l'instant, ils se refusent à toute annexion, à la condition que les Alliés consentent à ne faire aucune conquête : singulière prétention chez un jeune État, encore inconscient de son avenir qui semble vouloir diriger la politique des vieux pays.

Quoi qu'il en advienne, l'avenir se présente aujourd'hui sous un jour bien différent de celui d'hier. Laissons de côté l'Europe russe, la Sibérie, qui s'organiseront suivant une féodalité libérale et ne considérons que l'Asie Antérieure et ce coin de terre que les Turcs possèdent encore sur notre continent; c'est là surtout que se feront sentir les effets de la révolution russe et de l'autorité de ses alliés, car si les Polonais, les Finlandais, les gens de la Bessarabie, des provinces baltiques, de la Lithuanie, trouvent dans le nouveau régime une amélioration de leur sort, s'ils obtiennent le *home rule*, les peuples soumis à la Turquie sortiront de l'abîme et seront complètement régénérés.

Cependant, les ambitions russes de jadis, le testament de Pierre le Grand guidaient dans une certaine mesure les hommes d'État de l'Entente quant au partage de l'Empire ottoman. Les possessions du Tsar devaient comprendre toute la grande Arménie, le Kurdistan turc, les côtes d'Anatolie, le Bosphore, peut-être même les Dardanelles. C'était un véritable empire ajouté à l'Empire, c'était l'hégémonie moscovite sur l'Orient septentrional, alors que l'Angleterre se réservait l'Asie Méridionale, et le Japon l'Extrême-Orient. Quant à la France, malgré ses immenses sacrifices, sa valeur militaire, ses désastres, elle n'occupait dans ce vaste champ qu'une situation secondaire. La Syrie et des territoires en Asie Mineure, Djibouti, nos propriétés de l'Hindoustan, l'Indo-Chine et le Tonkin ne sont en réalité que des enclaves au milieu des possessions immenses de nos alliés. On alléguera que nous avons en Afrique un vaste empire colonial, mais, sur le même continent seulement, l'Angleterre n'est-elle pas aussi privilégiée que nous, ne possède-t-elle pas la clé de l'Orient, le canal de Suez que nous avons eu la maladresse de perdre ?

Aujourd'hui, les conditions du partage de l'Empire turc ne sont plus les mêmes qu'hier, en raison de la renonciation de la Russie à la politique traditionnelle des Romanoff. C'est un problème nouveau qui se pose, problème d'une infinie complication ; car les intérêts les plus divers sont en jeu, ambitions personnelles des peuples de l'Entente et justes revendications des nations qui, depuis des siècles et des siècles, aspirent à l'indépendance. Il y a donc lieu de faire la part de chacun dans la mesure où le permettent les nécessités mondiales.

Quelques-uns des problèmes sont déjà résolus à l'avance dans l'esprit des Gouvernements de l'Entente, et c'est assurément de ces solutions de détail qu'il faut partir pour résoudre les inconnues.

L'Arménie sera libérée, la Chaldée et une partie de la Mésopotamie avec l'Arabie seront sous l'influence britannique, la France prendra sous sa protection la Syrie et ses dépendances, et la Grèce s'étant montrée indigne, les Italiens s'installeront en Asie Mineure. Ces choses sont décidées en principe. Quant aux territoires d'Anatolie et du Bosphore qui devaient revenir au Tsar, ils demeurent libres de tout engagement de la part des Alliés.

Pour que la renaissance de l'Asie Antérieure porte des fruits, pour que ces pays déshérités depuis tant de siècles entrent dans la grande communauté des peuples civilisés, il est indispensable de n'accorder l'autonomie qu'aux nations dignes de la recevoir, capables de se gouverner elles-mêmes, suivant les lois de l'équité, aptes à s'administrer sans le concours de l'étranger. Or, de tous les peuples qui vivent en Turquie d'Asie, seuls les Arméniens possèdent toutes les qualités nécessaires à la fondation d'un État stable.

Cette nation dont j'ai décrit le caractère, la valeur intellectuelle et les aptitudes dans mes *Essais sur les Nationalités*, possède au plus haut degré le sens pratique des choses de la vie d'un peuple. Chez elle on rencontre un très grand nombre de gens instruits dans toutes les branches des connaissances humaines. Comme ingénieurs, architectes, artistes, avocats, littérateurs, administrateurs, financiers, commerçants, industriels, ils ont, en maintes circonstances, donné d'éclatantes preuves de leur capacité et de leur jugement. Certains Arméniens, Nubar pacha, premier ministre de l'Égypte, le général Loris Mélikoff entre autres, ont été des hommes d'État de premier ordre. Le Gouvernement et l'Administration de l'Arménie régénérée trouveront donc aisément, dans la nation même, non seulement les hommes nécessaires pour le gouvernement, mais aussi tous les éléments requis pour établir une administration à l'euro-péenne, pour diriger son essor.

Les autres nations de la Turquie sont loin d'offrir d'aussi grandes ressources, et l'on devra les traiter chacune suivant son degré de développement, suivant les sécurités qu'elle offre pour l'Europe. Certains peuples, comme les Syriens et les Chaldéens, méritent de grandes libertés. Il en est de même pour les Arabes et les Israélites. Mais les Turcs et les Kurdes sont à surveiller avec grande rigueur, à placer sous le gouvernement direct des nations européennes.

J'ai montré plus haut que les questions de sentiment ne jouent et ne doivent jouer qu'un rôle secondaire dans la politique étrangère. Je ne parle donc pas ici des titres que les peuples opprimés de la Turquie d'Asie ont à nos égards, mais bien de l'intérêt seul de l'Europe, et cet intérêt exige qu'on crée au milieu de l'Asie Antérieure, entre les possessions de la Russie, de l'Angleterre et de la France, un foyer civilisateur indigène; or, ce foyer ne peut être qu'arménien.

Cette nécessité étant admise, il reste à se préoccuper de l'Anatolie, des détroits, des Lieux saints, ainsi que des limites des diverses possessions de la France, de l'Angleterre, de l'Italie et de l'Arménie, du régime sous lequel fonctionneront le chemin de fer de Bagdad et le canal de Suez, points très délicats sur lesquels les opinions varient suivant la nationalité de ceux qui en traitent, suivant leur connaissance plus ou moins approfondie des choses de l'Orient et des grands intérêts mondiaux.

Tout d'abord, il y a lieu d'examiner s'il est utile de conserver aux Turcs leur indépendance en leur accordant un territoire proportionné au nombre de leur population. Pour ma part, j'estime qu'une semblable concession n'est ni méritée ni conforme aux intérêts de l'Europe, qu'elle serait une faute très grave.

Les Turcs sont des intrus dans notre monde européen, ils ne cesseront pas d'être des intrus au jour où l'Asie Antérieure sera reliée à l'Europe par des liens étroits. Ce peuple a surabondamment montré, depuis bientôt cinq siècles, qu'il est réfractaire à tout progrès, que sa force ne gît que dans la ruse et la trahison, qu'en dépit de son long contact avec les nations civilisées, il est demeuré cruel, méprisant pour la vie et les intérêts d'autrui, hostile jusqu'au fond de son âme aux pensées libérales, à tout esprit de justice. L'histoire des Turcs n'est qu'un long récit de massacres, de félonies, d'exactions, d'escroqueries, et l'apparente douceur de ces barbares n'est autre qu'une duplicité dont les particuliers comme les États de l'Europe ont toujours été les victimes.

Laisser subsister, au milieu de l'Asie Antérieure européanisée, ce foyer de barbarie, serait non seulement retarder les progrès de la civilisation et combattre les effets de notre influence, mais s'exposer à créer nous-mêmes un centre d'intrigues pour les mécontents et les ambitieux du monde musulman. Nous n'avons certes pas à nous plaindre de nos mahométans, bien au contraire, ils se sont montrés d'un loyalisme parfait, aussi bien dans les armées russes que dans celles des Occidentaux; mais il ne faut pas oublier que les principes du Koran nous exposent toujours à des soulèvements de l'Islam et que, si ces gens nous sont fidèles, c'est en raison de la justice avec laquelle nous les gouvernons et de notre autorité. Sous notre égide, ils sont calmes, dévoués même; mais les derniers événements suffisent à montrer ce dont ils seraient capables s'ils ne dépendaient que d'eux-mêmes. Les peuples civilisés ont le devoir d'être méfiants à leur égard.

En bien des circonstances des personnes fort au courant des questions islamiques et partageant ma manière de voir m'ont prié de ne pas dépeindre le monde musulman sous son vrai jour parce que nous, Français, nous sommes grande puissance musulmane. Cependant, il me semble plus opportun que nuisible d'étaler la vérité au grand jour. D'ailleurs, tous les musulmans ne sont pas semblables; il est certain que chez les Arabes (Sémites) et chez les Persans et les Hindoustanis (Aryens) on rencontre de très grandes qualités qui sont absentes chez les Turcs (Mongols), mais il suffit de lire attentivement le Koran et de parcourir l'histoire pour se rendre compte des dangers qui peuvent, à l'imprévu, surgir des États musulmans. Loin de moi la pensée de chercher à traverser les convictions religieuses de ces gens; toute liberté de conscience leur est due, mais il est indispensable de les mettre hors d'état de nuire à la conscience des autres, comme ils l'ont toujours fait depuis l'Hégire, chaque fois qu'ils ont été les plus forts.

Sous un régime européen, les Turcs deviendront vite des hommes inoffensifs et loyaux comme sont les Tartares de la Russie, nos Arabes de l'Algérie, les Sikhs de l'Inde. Ce sera donc un bienfait pour l'humanité que de rayer définitivement les Turcs de la carte politique du monde.

Tant que la Russie considérait ses conquêtes en Turquie d'Asie comme une extension de son territoire, ses ambitions n'avaient pas de limites, et nous pouvions nous attendre à voir les troupes du Tsar entrer à Sinope, à Diarbékir, à Mossoul. Aujourd'hui que les Russes ne luttent plus dans leur intérêt direct, mais bien pour cet idéal de la libération des peuples, pouvons-nous escompter de sa part une nouvelle poussée vers l'Asie Mineure et la Mésopotamie? Ceci paraît être quelque peu douteux, bien que cependant, dans ces régions méridionales, la Russie ait grand intérêt à écraser son ennemi séculaire, ne serait-ce que pour garantir la sécurité du nouvel État d'Arménie. Espérons donc que le superbe élan des troupes du Caucase ne sera pas arrêté par des événements de politique intérieure et que la Russie libre ne dénoncera pas, sur cette partie du front, les engagements pris par la Russie impériale. Il y va de l'honneur du peuple russe, qui, libre de se comporter suivant ses vues dans ses propres domaines, n'a pas le droit de déchirer des engagements pris solennellement vis-à-vis de tiers engagés dans de difficiles opérations en se reposant sur ses assurances.

Quoi qu'il en soit, la majeure partie de la grande Arménie est déjà conquise et la Russie a grand intérêt à parachever la libération de territoires qui doivent faire partie demain d'un État dont, pour elle, la création s'impose, car il lui faut protéger ses frontières et en éloigner à tout jamais le péril turc, si tant est qu'il doive rester en Asie Mineure un État osmanli.

Quelles seront les frontières du nouvel État d'Arménie? Il est impossible de le prévoir dans les détails; car le peuple arménien est, sur toutes ses limites, mélangé avec les races, voisines, Mingréliens, Géorgiens et Lazes, au nord; Tartares, au nord-est; Kurdes à l'est et au sud et Turcs à l'ouest. D'ailleurs, le tracé de ces frontières soulève un autre problème très grave, celui des Kurdes; que fera-t-on de ces nomades, les plus barbares de l'Orient?

Les Kurdes ne constituent pas une nation; ces gens sont divisés en nombreuses tribus plus ou moins puissantes, indépendantes les unes des autres, et n'obéissant que très vaguement aussi bien au Sultan qu'au chah de Perse; — musulmans sunnites, ils sont pour la plupart d'une extrême barbarie. Très fortement armés de fusils à tir rapide, encouragés contre les chrétiens par Abdul-Hamid d'abord, par les Jeunes-Turcs aujourd'hui, les Kurdes ont, dans ces dernières années, commis d'effroyables ravages chez les Arméniens et les Chaldéens de la Perse et de la Turquie. Il est impossible de leur accorder l'autonomie ou même le groupement politique sous une forme quelconque, et il importe que leurs territoires soient annexés à ceux d'une grande puissance afin que leur désarmement soit complet. Aucune autre solution ne permettrait de garantir les districts voisins contre leurs incursions. Ces peuplades occupent toute la chaîne bordière de la Turquie et de la Perse, sur les territoires des deux États, depuis l'Ararat jusqu'au district de Soleimaniyeh et s'avancent sur une longue bande de territoires s'étendant d'est en ouest, depuis le sud du lac de Van jusqu'à la rive gauche de l'Euphrate, vers Kharpout.

Il est à souhaiter que l'influence russe domine la majeure partie de cette région, jusqu'au Tigre et Djéziret-ibn-Omar pour le moins au sud, jusqu'à l'Euphrate moyen à l'ouest et jusqu'au Kizil-Tchibouk-tchaï vers la Mésopotamie. C'est dans cet espace compris entre 38º et 42º long. E. et 38º à 42º lat. N. que se trouverait l'État de la grande Arménie, absorbant la majeure partie des vilayets dits arméniens et des districts méridionaux de la Transcaucasie. Mais, pour que ce nouvel État soit viable, il lui faut posséder des débouchés sur la mer. Trébizonde est tout indiqué comme port de la grande Arménie. La chaîne de partage entre les eaux du Kélkid-Irmaq (Lycus) et l'Euphrate formerait dès lors une partie de la frontière arménienne qui rejoindrait la côte de la Mer Noire entre Kérasunde et Tiréboli.

Au sud, le contact entre les dépendances de la Russie et celles de la Grande-Bretagne se ferait sur le Tigre, entre Djéziret-ibn-Omar et Mossoul. Ainsi, la nouvelle colonie anglaise serait limitée à l'orient par la frontière persane, au nord par une ligne partant du Tigre pour aller rejoindre la rivière Khabour, affluent de l'Euphrate;

Mossoul appartiendrait à l'Angleterre, Diarbékir à l'Arménie, Mardin et Ourfa (Edesse) seraient rattachées aux possessions françaises dont la limite, à partir du confluent du Kizil-Tchibouk-tchaï avec l'Euphrate, suivrait la rive droite du grand fleuve mésopotamien et les limites de l'Arménie jusqu'à la Mer Noire.

Plus au sud, notre contact avec l'Angleterre se ferait sur les rives du Khabour jusqu'à l'Euphrate et suivant une ligne arbitraire traversant le désert arabique depuis la bourgade de Meyadin, sur l'Euphrate, jusqu'au fond du golfe d'Akaba et la frontière égyptienne du Sinaï. Une enclave neutralisée, s'il est nécessaire, comprendrait Jaffa et Jérusalem. En Asie Mineure, vers l'occident, c'est avec l'Italie que les frontières des territoires français seraient communes.

L'Italie, maîtresse de Trieste, désire posséder un grand port dans l'Orient méditerranéen. Elle convoite Smyrne, que l'Entente ne peut accorder à la Grèce après les actes de félonie dont cette nation s'est rendue coupable. Smyrne et Alexandrie d'Égypte sont actuellement les deux ports les plus considérables des Échelles du Levant. Mais il est aisé de faire d'Alexandrette un *emporium* tout aussi important. Les Allemands, grands connaisseurs en questions commerciales, avaient jeté leur dévolu sur cette petite ville de la côte qui, la plus rapprochée de la ligne de chemin de fer de Bagdad, leur paraissait destinée à un grand avenir. Quant aux frontières entre la zone d'influence française et celle de l'Italie, elles pourraient être vers le 28° long. O., suivant un tracé conforme à la nature des lieux. Ainsi, pour en revenir aux provinces antiques, la France aurait, en Asie Mineure, la Pisidie, la Lycaonie, une partie de la Bithynie et du royaume du Pont, la Galatie, la Cappadoce, etc..., alors que l'Italie recevrait une partie de la Lycie et de la Mysie, la Lydie,

la Carie et la Phrygie; certaines de ces provinces étant
placées sous le gouvernement direct de la Métropole,
d'autres simplement protégées, d'autres enfin auto-
nomes, mais liées par des conventions diplomatiques
destinées à maintenir la suprématie militaire de la
France, tout en respectant les libertés des peuples.

Un semblable partage mettrait les derniers débris
de la nation turque sous la dépendance de deux grandes
puissances, la France et l'Italie, et, par suite, dans
l'impossibilité de troubler la paix dans ces pays qui,
après une occupation de cinq siècles par les barbares, ont
un si grand besoin de se refaire.

Certes, les territoires que je réclame pour l'influence
de la France sont très vastes et contiennent de grandes
richesses; mais la France n'a-t-elle pas, plus que toute
autre grande puissance, souffert de la guerre? ses départements envahis n'ont-ils pas été dévastés? ne lui
doit-on pas de larges compensations pour ses malheurs?
N'a-t-elle pas, par sa vaillance, sauvé la civilisation
du plus grand des désastres, alors que la cause de
la justice semblait être perdue? L'Angleterre sera la
plus avantagée des peuples de l'Entente; ses nouveaux
protectorats seront immenses. La Russie verra naître
à ses côtés de grands États : la Pologne, l'Arménie,
dont l'influence sera considérable sur son propre développement. L'Italie trouvera dans l'Adriatique toutes
les satisfactions de son irrédentisme et, en Orient, une
base précieuse pour son commerce.

Reste le problème le plus important, celui dont on
discute depuis deux siècles : « Que fera-t-on de Constantinople? » Or, les conditions du problème sont bien chan-
gées aujourd'hui que la Russie renonce à ses prétentions
séculaires sur le Bosphore, qu'elle-même propose d'internationaliser les détroits. L'Europe, le monde entier
ne peuvent qu'applaudir à ce geste du nouveau gouver-

nement de Pétrograd. L'épée de Damoclès va rentrer au fourreau. Certes, il n'est pas une seule des grandes puissances qui ne serait heureuse de s'établir à Constantinople; mais aussi, il n'en est pas une seule qui ose prétendre à sa possession. Il faut donc internationaliser les détroits comme le propose la Russie.

Cependant, la question n'est pas aussi simple qu'on serait tenté de le penser *a priori*.

On ne peut pas internationaliser le Bosphore seul, il faut que la mer de Marmara et les Dardanelles soient également à l'abri des convoitises et des coups de main; par conséquent, c'est un véritable État qu'il est nécessaire de créer, un État dont les ressources agricoles et industrielles soient suffisantes pour que puisse vivre cette ville de 900.000 habitants qui s'étend sur les deux rives de la Corne d'Or.

En Europe, les puissances de l'Entente n'ayant aucun intérêt à favoriser les Bulgares, bien au contraire, les frontières de l'État de Constantinople peuvent demeurer ce que sont aujourd'hui les limites de la Turquie et comprendre Enos, Ipsala, Démotika, Andrinople et Kirk-Kilissé, Rodosto et Tchataldja; mais en Asie, il faut tracer une nouvelle frontière, soit en partant d'Indjirlu, sur la rivière de Sakaria, soit en reculant les limites au delà de Bender-Erégli, afin de donner au nouvel État les riches gisements houillers d'Héraclée. Dans tous les cas, il est nécessaire que les frontières se tiennent à 50 kilomètres pour le moins de la côte et renferment Ismid (Nicomédie), Guemlik, Brousse, Balikesri et Edirmid, au fond du golfe d'Adramit, afin que Constantinople occupe le centre de l'État neutre. Il faut aussi que les îles de Ténédos et d'Imbros soient rattachées aux détroits dont elles sont les gardiennes naturelles. Dès lors, les territoires placés sous l'autorité de l'antique capitale de l'Orient permettront à la cité non seulement de vivre, mais de prospérer; car, neutralisée, elle deviendra le grand entrepôt des marchandises se rendant de l'Orient en Occident et vice versa, et les droits de passage lui fourniront des revenus importants. Constantinople, comme jadis Sybaris, comme Alexandrie d'Égypte, comme Marseille, comme Londres, Anvers, Hambourg, a toujours dû sa richesse au transit; les conditions privilégiées dans lesquelles elle serait placée ne feraient qu'accroître ses qualités comme *emporium* et, se trouvant être la principale station de la grande voie ferrée entre l'Occident et Bagdad, le croisement du chemin de fer avec la voie maritime, elle profiterait de sa situation dans une très large mesure.

Quel gouvernement peut-on donner à ce nouvel État? Un régime international, ce serait exciter les compétitions et risquer de susciter les plus graves conflits; l'autoriser à se mettre en république, c'est chose impossible, parce que les villes et les districts qui seront soumis à son autorité renferment les races les plus diverses, parce que les intérêts sont contraires et multiples, dans cette tour de Babel. Grecs, Bulgares, Serbes, Monténégrins, Turcs, Arméniens, Israélites, Kurdes, Tcherkesses, Arabes, Syriens, se coudoient dans les rues de Stamboul et de Péra avec des gens appartenant à tous les peuples de l'Europe; parce qu'on parle toutes les langues, qu'on adore tous les dieux, qu'on vit de cent manières différentes. Dans cet État, le régime républicain serait la source de tous les genres de troubles religieux, politiques, économiques. Il faut que ces peuples jouissent de toutes les libertés, sauf celle de troubler l'ordre en Europe et de se laisser acheter par l'étranger. La république, à Constantinople, serait le régime de l'instabilité; or, bien au contraire, c'est une stabilité absolue qu'il importe d'obtenir.

Laisser le peuple libre de choisir un prince serait tomber dans les mêmes erreurs. En nommer un appartenant à une grande puissance serait faire la même faute que nous avons commise ou laissé commettre déjà trop souvent. On ne peut confier la garde des détroits qu'à une puissance neutre, ayant fait ses preuves et sur la droiture de laquelle l'Entente puisse compter sans hésitation.

Or, parmi les puissances neutres de l'Europe, il n'en est qu'une seule dont la haute moralité soit de nature à inspirer aux grandes puissances une confiance absolue : la Belgique, ce vaillant peuple qui s'est laissé écraser plutôt que de forfaire à l'honneur, qui, par sa tenue, sa dignité dans le malheur, s'est acquis les sympathies du monde entier.

D'ailleurs, il ne serait que de toute justice d'offrir à la Belgique cette colonie belle entre toutes, en réparation de ses infortunes, en témoignage d'admiration pour sa loyauté. Souvenons-nous que, si la Belgique n'avait pas arrêté pendant quelques jours les vagues allemandes, c'en était fait de la France et de la civilisation. Dunkerque, Calais, Le Havre, devenaient des bases d'attaque contre l'Angleterre qui, alors, n'était pas encore en mesure de se défendre contre une invasion.

Un prince belge à Constantinople, une administration internationale, une armée de police belge, un Conseil d'État composé des représentants des puissances et des groupements par nations organisés comme l'étaient jadis nos corporations, telle serait, semble-t-il, la seule solution qui puisse assurer la neutralité des détroits. La Belgique, d'ailleurs, retirerait de cette situation des avantages considérables au point de vue commercial et industriel, et ce serait pour elle un grand honneur; mais ces avantages lui sont bien dus.

D'ailleurs, n'a-t-elle pas des droits historiques sur

le Bosphore? En 1204, Baudouin, neuvième comte de Flandres de ce nom, fils de Baudouin VIII et de Marguerite d'Alsace, fut, après la prise de Constantinople, élu, par les barons de l'armée, empereur latin de l'Orient et, sous le nom de Baudouin Ier, couronné, le 16 mai, dans la basilique de Sainte-Sophie. C'est un titre que les Flamands, aujourd'hui les Belges, n'ont pas oublié, et que connaît le monde entier.

Limitrophe des Bulgares au nord, de la France à l'est et de l'Italie au sud, maître des détroits par lesquels l'assistance pourrait toujours lui parvenir, le *Prince d'Orient* serait à même de faire face à tous les périls, parce qu'il aurait, pour le soutenir, toutes les grandes puissances de l'Europe, et cette question d'Orient qui a fait couler tant de sang serait à jamais réglée.

Pour les Lieux saints, si la France n'en doit pas avoir la garde, bien qu'ils soient compris dans son héritage, l'internationalisation s'impose, mais sous une tout autre forme, car on ne peut nommer un prince de Jérusalem dont le culte semblerait être favorisé, et, cependant, historiquement, c'est à la France que devrait revenir l'autorité sur les Lieux saints, jadis possession des Grecs et qu'ils ont perdue. Godefroy de Bouillon, duc de Basse-Lorraine, en a été le premier roi latin, alors que les Byzantins orthodoxes, non seulement ne faisaient rien pour délivrer le tombeau du Christ des mains des infidèles, mais se montraient hostiles envers les croisés et encourageaient les musulmans.

La conduite des orthodoxes durant les croisades a été infâme, et dernièrement encore, avant qu'éclatât la révolution à Pétrograd, les sectaires appartenant à ce rite enveloppaient dans la même haine tout ce qui ne croit pas comme eux, catholiques et protestants. La diplomatie impériale russe se montrait intolérante en ce qui concernait les Lieux saints, arrogante même;

qu'en sera-t-il désormais, depuis que la liberté des cultes a été proclamée en Russie? Le peuple se montrera-t-il aussi intransigeant que l'étaient ses maîtres? Il devrait cependant savoir que les orthodoxes jouissent, à Paris même, d'une liberté que jamais catholiques ni protestants n'ont connue dans l'empire des Tsars et qu'ils n'ont pas à craindre d'être, à Jérusalem, gênés dans l'exercice de leur religion. Cependant, si la France doit être maîtresse des Lieux saints, il sera prudent d'instituer un conseil composé d'hommes appartenant à toutes les sectes chrétiennes et une police spéciale pour les lieux de pèlerinage.

Je n'ai pas la prétention de donner des conseils aux hommes d'État qui seront chargés de décider du sort de la Turquie. J'ai simplement exposé quelles sont mes vues personnelles, quant au règlement de la question d'Orient, préconisant les solutions qu'en connaissance de cause je crois les meilleures. J'ai réclamé pour la France des avantages conformes à la situation qu'elle occupe dans l'Entente. J'ai montré que la création d'un État arménien s'impose dans l'intérêt même de l'Europe, et je crois avoir proposé pour les détroits la seule solution susceptible d'offrir les garanties de neutralité dont tous les peuples ont le plus impérieux besoin.

Il est une cause de grandes difficultés dans les affaires de l'Orient, dont le public, si nous en jugeons par les journaux, ne semble pas se rendre un compte exact, et qui cependant a toujours amené, amène en ce moment, et perpétuellement amènera de graves conséquences. Ce motif de complications réside en ce que, dans les possessions de l'ancienne Turquie d'Europe du dix-huitième siècle, que depuis si longtemps on cherche à partager de façon équitable, les frontières entre les nationalités diverses sont tellement indécises qu'il est impossible de les tracer sur la carte.

Mais ces considérations ne sont pas les seules, car les

grandes puissances ont toutes des intérêts en Orient qu'elles ne peuvent négliger sous peine de se créer plus tard de grandes difficultés.

L'Angleterre, entre autres, ne peut pas laisser une puissance quelconque s'installer dans le Golfe Persique, parce qu'il en résulterait une perpétuelle menace contre son Empire. Depuis plus d'un siècle, avec une merveilleuse patience, lentement, elle étend son pouvoir et ses intérêts sur les côtes de cette mer. Toutes les lignes de navigation sont anglaises (British-India, Compagnie Asfar, Compagnie Lynch), soutenues par le Gouvernement indien. Tous les ports ont des consuls, dont quelques-uns portent le titre très caractéristique de « résident », et toutes les affaires commerciales sont anglaises, à Bender-Abbas, Bender-Lingah, Bender-Bouchir, El-Mohammérah (en Perse), à Bassorah, Koweit, Bahrein, Mascate (sur l'autre côte). Une compagnie anglaise, celle de MM. Lynch et C\ie, faisait, avant la guerre, le service entre Bassorah et Bagdad, sur le Tigre, et entre Bassorah et Chouchter (Perse), sur le Kâroun, les deux seuls fleuves navigables de toute la région.

Et voilà que, depuis quelques années, des intérêts plus grands encore sont venus s'ajouter à ceux déjà si importants que possédait l'Angleterre dans ces régions.

En 1891, j'étais alors en mission scientifique en Perse. Tout en faisant la carte topographique et géologique des montagnes du Louristan, je découvrais des gisements de pétrole très importants au pied du plateau iranien, à la frontière de la Mésopotamie. Avant même mon retour de mission, j'envoyais au Quai d'Orsay un mémoire détaillé sur cette découverte, et le ministre des Affaires étrangères le faisait immédiatement publier dans les *Annales des Mines* (1). J'étais en mission, cette découverte appartenait à mon pays et non à moi-même; il importait de lui donner de la publicité.

Or, dix ou douze ans s'étaient écoulés sans que nos financiers eussent fait quoi que ce soit pour tirer parti de cette richesse, quand un Australien, qui probablement lisait nos revues minières avec plus de soin que

---

(1) Note sur les gîtes de naphte de Kend-è-Chirin (gouvernement de Ser-i-poul, Perse). Cf. *Annales des Mines*, livraison de février 1892.

nos lanceurs d'affaires, demanda et obtint du Gouvernement persan la concession. Plus tard, il la revendit pour 1 million de livres sterling, je crois, à la « Burmah Oil Cº ». Et aujourd'hui, une énorme industrie se développe dans l'Arabistan persan, à 200 kilomètres environ d'El-Mohammérah. C'est encore là l'une des raisons pour lesquelles le Gouvernement des Indes a envoyé une expédition militaire aussi importante sur les rives du Tigre.

En réalité, le bassin pétrolifère s'étend de Kerkouk (en Turquie) jusqu'aux environs de Bender-Dilem (sur le Golfe Persique); il mesure plus de 500 kilomètres de longueur, avec intermittences sur cette longue ligne; mais c'est une richesse énorme, incalculable, que le dédain des capitalistes français n'empêche pas l'Angleterre d'apprécier à sa juste valeur, et les Allemands, bien certainement, ne l'auraient pas négligée si elle fût tombée entre leurs mains.

On sait combien les chancelleries des gouvernements de l'Entente, avec très juste raison, d'ailleurs, se montrent réservées, quant aux prétentions qu'elles feront valoir alors que les hostilités auront pris fin. Ce silence est non seulement fort digne, mais il est aussi fort habile; car, au milieu d'une aussi grande tourmente, chaque jour apporte sa part de données nouvelles, et il serait bien imprudent de préciser dès aujourd'hui quelles seront les conséquences de cette lutte gigantesque pour chacune des nations. Les seules indications précises qui aient été fournies au public sont celles de la France, qui veut reprendre l'Alsace-Lorraine; de l'Italie, qui ambitionne la partie italienne de l'empire des Habsbourg; de la Serbie, qui rêve l'union de tous les Yougo-slaves en un seul État, et de la Roumanie, entrée en guerre pour la libération de ses frères de Transylvanie. Ces buts sont officiels. Mais l'Angleterre, la Russie, le Portugal, le Japon, n'ont formulé aucun désir, et les peuples qui se sont prononcés sur des points spéciaux se sont bien gardés de dévoiler leurs aspirations dans tous les autres ordres d'idées.

Toutefois, d'après les événements, en tenant compte des opinions personnelles exprimées par les hommes les plus autorisés à émettre un avis, en recueillant les

informations vagues qui, malgré tout, filtrent au travers
des murs des chancelleries, il est possible de prévoir
quelles seront les grandes lignes des modifications que
la victoire de l'Entente apportera dans notre vieux
monde. En Europe, les intérêts les plus divers sont en
jeu; et cependant l'accord n'est pas loin d'être fait.
En Asie, si nous en croyons des renseignements venus
de Pétrograd, via Stockholm, le problème sera bien
moins compliqué, parce que depuis longtemps les positions sont prises en Syrie par la France, en Arménie par
la Russie, en Chaldée par l'Angleterre. L'accord anglo-
russe, relatif aux zones d'influence de ces deux puissances en Perse, trouve ses corollaires dans les territoires turcs, et les fronts de combat correspondent très
clairement aux vues diplomatiques de Londres et de
Pétrograd. Le protectorat anglais sur l'Égypte est lui-
même fort éloquent : il implique pour la France la possession de la Syrie. Aucune de ces dispositions n'est
encore officiellement déclarée, bien que toutes soient
voulues, non seulement par les circonstances, mais aussi
par l'enchaînement des faits qui se sont passés depuis
cinquante ans, quoi qu'en puissent penser les idéalistes
plus ou moins sincères qui remplissent nos parlements
de leurs ridicules clameurs.

Ainsi l'Empire turc, en se joignant à l'Allemagne,
a déchaîné contre lui les ambitions très réfléchies, longuement mûries, des trois plus grandes puissances de
l'Entente, et en même temps, par les horreurs dont il
s'est rendu coupable, a provoqué le mouvement nationaliste de tous les éléments non turcs de sa population.
On ne pouvait être plus malhabile. C'était se lancer
à corps perdu dans la crise, risquer le tout pour le tout,
alors que la neutralité eût certainement prolongé l'existence de l'État ottoman pendant bien des années encore.
La Turquie était, il est vrai, acculée à l'obligation de
faire des réformes et ces réformes froissaient son amour-
propre, contrariaient ses traditions, étaient opposées à
ses vues gouvernementales; mais elles assuraient sa vie
libre et la faisaient entrer dans le concert des nations
civilisées. Elle a préféré se jeter servilement dans les
bras de l'Allemagne et de l'Autriche, son ennemie héréditaire, soit qu'elle ne vît pas l'esclavage auquel elle

consentait, soit que, chez elle, la volonté de conserver les chrétiens sous le joug, de dominer sur les Arabes, les Juifs et toutes les races qui ne sont pas de son sang, fût plus forte que l'instinct même de la conservation.

Les fautes d'Abdul-Hamid et des Jeunes-Turcs ont à jamais perdu l'Empire des sultans. Ceci ne fait aucun doute. On ne discute plus aujourd'hui que sur le partage des vastes territoires de la Turquie.

La révolte du grand chérif de La Mecque, le soulèvement des tribus arabes du Hedjaz, de l'Asir et de l'Yémen ont simplifié les choses en ce qui regarde la péninsule arabique. La justice et l'intérêt imposent aux puissances européennes l'obligation d'approuver et de soutenir ce grand mouvement nationaliste. L'Angleterre, protectrice du sultanat d'Égypte, maîtresse d'Aden et de Périm, étendra bientôt son influence sur le chérifat des Lieux saints, et la Mer Rouge deviendra une mer anglaise. Il en est de même dans le golfe d'Oman, où le sultan de Mascate, bien que libre au point de vue officiel, est subventionné par le Gouvernement des Indes. Il en est de même aujourd'hui dans le Golfe Persique depuis l'accord anglo-russe, et depuis que les troupes britanniques occupent Koweit, Fao, Bassorah et toute la Basse-Chaldée.

Jusqu'où s'étendra vers le nord la domination britannique en Mésopotamie? On ne saurait le dire que dans le cabinet des hommes qui ne bavardent pas. De même, au nord, la Russie ne dit pas quelles seront ses nouvelles frontières. Mais les dispositions qu'elle prend pour créer au sud et à l'ouest de la Grande Arménie une zone peuplée exclusivement de Cosaques, semble montrer qu'elle songe à s'arrêter à l'Euphrate vers l'occident et au Tigre vers le sud. De par ailleurs, aucun indice ne permet de prévoir quelles sont aujourd'hui les vues moscovites sur les côtes de l'Anatolie. Les visées traditionnelles du peuple russe ont toujours été tournées vers Constantinople et les détroits. Or, la Russie déroge en ce moment de toute manière à ses principes de politique; qu'en doit-on penser?

Aucun coup, jusqu'à ce jour, n'a été porté à la Turquie sur les côtes syriennes. La neutralité malveillante du roi de Grèce, l'entrée en ligne des Bulgares aux côtés des Empires centraux ont mis l'Entente dans la nécessité de frapper en Europe, afin de couper les communications entre Berlin et Constantinople. Aussi, la France n'a-t-elle pas encore eu le temps de s'occuper de son futur domaine de Syrie. Mais elle ne le perd pas de vue et ses alliés n'oublient pas que cette belle colonie doit lui revenir. On dit même à Pétrograd que, sous son égide, sera reconstituée la Nouvelle Arménie, comprenant la Cilicie, c'est-à-dire une partie du vilayet d'Adana, jusqu'à Mersina, solution de la question arménienne qui, pour la première fois, a été proposée dans la *Revue de Paris* du 1er mai 1916 par moi-même.

Mais ce n'est pas là tout ce qui se dit à Pétrograd. On songe à laisser aux Turcs un petit État, au centre de l'Asie Mineure, vers Angora et Kaisarieh. Cette générosité envers les massacreurs des chrétiens serait, à mon sens, une véritable faiblesse, car les Turcs, non seulement ne méritent pas tant d'égards, mais trouveront encore le moyen de susciter des difficultés à leurs voisins. N'avons-nous pas mieux à faire des vilayets de l'Asie Mineure? N'y a-t-il pas, parmi nos alliés, des peuples qui seraient heureux de coloniser sous un climat moins dur que celui de l'Afrique? On parle aussi, en Russie, de faire quelque chose pour les Grecs. Vraiment on est bien bon chrétien sur les bords de la Néva. On pardonne très facilement, trop aisément.

CONCLUSION

———

4 décembre 1916 (1).

A la veille de la guerre, on entendait des hommes fort sensés, des penseurs, dire, non sans inquiétude : « *Nous en sommes arrivés à l'un des grands tournants de l'Histoire.* » Et ces gens, peu nombreux d'ailleurs, qui avaient, chose rare alors, le temps de réfléchir, pensaient juste. Pour les autres, l'énorme majorité de nos concitoyens, comme Pangloss et avec Leibnitz, ils considéraient que *tout était pour le mieux dans le meilleur des mondes.* Cependant, quelles que fussent les convictions des gens sérieux, quelles qu'eussent été les bases sur lesquelles reposaient leurs pressentiments, sans nul doute ils ne pouvaient prévoir l'horreur de la crise qu'ils sentaient devoir venir. On croyait plutôt que le développement des théories anarchiques, que l'internationalisme, le triomphe de la science appliquée, du positivisme égoïste, réduiraient peu à peu à néant toutes les manifestations du cœur humain, religion, patriotisme, esprit de famille, amour du beau, de la science objective, et causeraient une évolution rapide vers des buts inconnus. Déjà le monument sublime élevé par nos pères au cours des siècles craquait et se fendillait, semblait être à la veille de s'écrouler. Un diplomate, pourvu d'une très haute situation, que je rencontrais dans une commission dont nous faisions partie tous deux, me disait un jour, alors que je défendais avec énergie l'une de nos plus importantes missions scientifiques : « *Qui vous prouve que dans cinquante ans d'ici, on s'occupera encore*

---

(1) *L'Éclair* de Montpellier.

des questions qui vous intéressent? » C'était, hélas ! la façon de penser de bien des gens, pour qui demain semblait être un monde d'incertitudes. Ils entrevoyaient, certains même souhaitaient l'évanouissement de la plupart des vieux sentiments abstraits, au profit de quelque chose d'indéfinissable, de vague, qui, dans leur esprit, devait être, surtout pour eux-mêmes, de beaucoup préférable à ce qui avait été.

Or, voici que la guerre, à laquelle non plus on ne voulait pas croire, est venue briser les mailles de ce filet dans lequel l'esprit du mal nous entraînait vers l'abîme. Il a suffi d'une heure, d'une affiche blanche placardée sur les murs de la patrie en danger, pour réveiller dans les cœurs ces élans sublimes, dont la flamme, affirmaient quelques-uns, était éteinte en nous, pour faire renaître dans l'âme des Français l'amour du pays, le sentiment de l'honneur, l'admiration pour le beau sous toutes ses formes les plus pures. Le nationalisme a vaincu ce dieu de l'égoïsme dont on avait habilement prêché le culte à la France, les sciences pratiques se sont effondrées dans la plus lamentable des débâcles morales, et la science pure a grandi dans l'esprit de tous. Le sentiment s'est épuré d'un seul coup dans les masses, n'est demeuré le même que dans les officines où s'était élaborée sa corruption. Mille pensées généreuses ont surgi chez ces hommes qui partaient joyeux et fiers de faire le sacrifice suprême pour le salut de la Patrie. Mais la vertu ne peut être égoïste ; luttant pour leur propre liberté, les peuples ont entendu les cris de détresse des malheureux opprimés, et, dans toutes les langues des nations de l'Entente, les combattants se sont écriés : « Cette guerre est sacrée ; c'est la guerre d'indépendance des peuples ! » Le nationalisme, en un jour, est devenu la cause, le soutien, le but de l'héroïsme. C'est là qu'il faut voir la base sur laquelle s'opérera l'évolution future de l'humanité, et non dans les progrès matériels, dans ces théories qui corrompaient les cœurs, conduisaient les âmes à la déchéance.

Mais on entend toujours la voix funèbre du canon, les échos de la fureur des combats. L'heure n'a pas encore sonné de mettre en présence, ailleurs que sur les champs de carnage, le nationalisme et l'impérialisme, ces deux principes opposés d'Ormazd et d'Ahriman, violents, intransigeants l'un et l'autre, le premier bouillant de jeunesse, le second apportant, dans la lutte les calculs de l'âge mur, l'outrecuidance de sa situation de parvenu.

Tous les États du monde, quelle que soit la forme de leur gouvernement, sont nés de l'impérialisme et ne vivent encore que par lui. La Double Monarchie, en Europe, fournit l'exemple le plus brutal, le plus injuste de cette antique conception de la conduite des hommes. Là, sous le sceptre d'un prince qui se dit très chrétien, dans cet État aux usages surannés, 35 millions d'opprimés obéissent à 10 millions de maîtres. Mais ce n'est pas seulement dans le domaine des Habsbourg que l'injustice fait loi. Partout, même dans la France républicaine, les idées impérialistes dominent, et la centralisation, qui en est la conséquence, les rend plus odieuses encore.

La plupart des diplomates, qu'ils soient français ou étrangers, sourient sous cape quand on les entretient des droits qu'ont à la liberté les peuples opprimés, traitent de sentimentalisme puéril les élans de ceux qui réclament, au nom de la justice, l'émancipation des races infortunées et capables de se conduire elles-mêmes et, dans leur for intérieur, examinent froidement le parti égoïste qu'ils peuvent tirer de cet enthousiasme populaire, au profit des traditions de la politique internationale, réfléchissent aux obstacles qu'il conviendrait d'opposer au flot montant de la liberté au cas où cette marée viendrait battre les murailles de leur forteresse impérialiste. Les administrations d'État, elles-mêmes, jusque dans les moindres détails de la vie publique et privée, luttent contre les vœux d'émancipation de ceux qui sont placés sous leurs ordres; elles sont, dans tous les pays, une odieuse émanation de l'impérialisme. Pour les peuples comme pour les individus, la liberté et la justice ne sont que de vains mots dans notre société moderne, parce que tous les efforts des corps constitués tendent à la domination, quelle que soit l'étiquette du régime politique, quels que soient les noms des maîtres. L'exploitation du faible est le principe absolu du Gouvernement et de ses représentants, et le mal est très grave parce qu'il est consacré par l'usage depuis

des milliers d'années, parce que trop nombreux sont
ceux qui ont intérêt à l'entretenir.

Mais la guerre a fait naître le sentiment de la vraie
liberté dans les masses; chaque peuple a conscience de
ses devoirs et de ses droits, chaque combattant possède
la notion très précise de ce que la société qu'il défend
doit à son courage, et les vieux principes gouvernemen-
taux et administratifs auront grand'peine à lutter contre
ce formidable courant des peuples et des hommes. D'immenses réformes s'imposent dans tous les ordres d'idées;
s'y refuser serait déchaîner la plus effroyable des révolutions, mettre à nouveau l'Europe à feu et à sang. Là est
ce fameux tournant de l'Histoire que pressentaient,
sans le pouvoir définir, les penseurs de bon sens. Ils crai-
gnaient : qu'ils se rassurent, car cette lutte sera celle
du droit contre l'injustice, et l'équité ne saurait être
vaincue par l'égoïsme.

Certes, les gouvernements, les diplomates et fonctionnaires de tout genre n'abandonneront pas, du jour au
lendemain, ces traditions d'oppression dans lesquelles
ils sont nés et ont grandi. On verra, lors de la réunion des
congrès de la paix, Ahriman lutter contre Ormazd, imposer bien des injustices encore; mais, peu à peu, le torrent des aspirations publiques renversera les murailles
séculaires de l'impérialisme. L'aurore luira pour les
nations, pour les unités, pour les croyances, pour les sentiments intimes. Ce sera l'ère des vraies libertés. Il faudra
des siècles encore pour l'achèvement de cette noble tâche;
peut-être même des flots de sang seront-ils encore
répandus; mais l'avenir apparaît sous un ciel clair :
peuples et individualités veulent qu'il en soit ainsi.
La justice l'emportera et son triomphe sera l'œuvre
définitive de la grande guerre. « Ne voyez-vous pas,
dirai-je à mon diplomate si nous nous rencontrons un
jour, qu'en moins de cinquante ans on a pris en horreur
les idées qui vous intéressaient avant la guerre? »

Dès après l'écrasement du militarisme allemand, un
pas immense sera fait dans l'application des réformes
nationalistes. De nombreux peuples recouvreront leur
indépendance et, dans chacun des États qui sont encore
attachés aux principes impérialistes, le régionalisme
apportera de grands soulagements aux misères des op-

primés, ce qu'on est en droit d'espérer; car les gouvernements, s'ils sont habiles, comprendront que ce mouvement ne pouvant être arrêté, il y va de leur existence
même de le diriger, de le contraindre à se développer
sans secousses et de transformer leurs propres méthodes, de les adapter aux volontés de la conscience
humaine. L'apparition de la morale chrétienne avait
fait concevoir au monde antique le sentiment de la
justice, et voici que le nationalisme, fils de la philo-
sophie du christianisme, vient parachever la grande
œuvre en réclamant l'application de la plus sublime
des maximes : *Traitez autrui comme vous désirez être
traité vous-même.*

11 mai 1917 (1).

Ingénieur, ancien élève de l'École des Mines de Paris,
j'ai, dès mon jeune âge, été versé dans la connaissance
des sciences et de leurs applications; mais je dois le dire,
autant la science pure a captivé mon esprit, autant j'ai
toujours éprouvé pour la grande industrie une sorte de
répulsion instinctive. Il me semblait que les sciences
appliquées poussées à l'extrême entraîneraient le genre
humain tout entier vers de mystérieux cataclysmes, que
cette vie intensive, fiévreuse, que cette soif de l'or ne
pouvaient mener qu'à des désastres, que ce bien-être
factice, toujours croissant, ne répondait pas aux lois
de la nature et quand, plus tard, j'ai connu le monde,
quand j'ai eu vécu chez les pauvres et chez les riches,
chez les peuples développés et chez les primitifs, le
progrès m'a causé plus de craintes encore. A tel point
qu'en 1909, j'écrivais dans la préface de l'un de mes ouvrages, *Les Premières Civilisations*, cette terrible pro-
phétie, que je ne croyais pas devoir se réaliser sous mes
yeux : *Rien ne prouve*, disais-je, *que nous n'atteignons
pas, de nos jours, un maximum dans le bien-être social,
et que l'humanité ne retombera pas sous peu dans les privations et la douleur.*

En toutes choses, l'équilibre était, depuis longtemps,

____

(1) *L'Éclair* de Montpellier.

rompu dans la vie intime des nations, comme dans la
situation économique des hommes les uns vis-à-vis des
autres, et le mal grandissait chaque jour. La vapeur,
l'électricité, la chimie avaient, en cent ans, fait naître
des conditions sociales nouvelles; et les conséquences
de ces innovations demeuraient dans le domaine de
l'inconnu. De nouvelles passions étaient nées qui, comme
les vagues de la mer, venaient sans répit battre le vieil
édifice de nos civilisations. D'affreuses révolutions ou
d'atroces guerres devaient fatalement sortir de ce chaos.
C'est la guerre qui s'est déchaînée, lutte barbare, atroce,
sans merci avec ses dévastations et ses hécatombes telles
que les annales humaines n'en enregistrent pas de semblables. Mais cette guerre impie n'est qu'une crise pas-
sagère, brutale, qui ne modifiera pas le cours de l'évolution générale, qui ne supprimera pas les inconnus de
l'angoissant problème de demain. Mille questions demeurent ouvertes non seulement dans l'organisation du
monde nouveau de la politique internationale, mais aussi,
et surtout, dans les affaires intimes de chacun des États.
Que fera le Congrès de la Paix, ce congrès dans lequel
vingt peuples mettent leurs espérances, illusoires peut-
être? que feront les Gouvernements?

Quoi qu'il advienne, l'Europe sera ruinée, et ses
enfants, décimés, devront se courber sous le joug que
leur imposera l'immense dette de guerre. Ils devront
consacrer une grande partie de leur labeur à la restaura-
tion de la patrie. C'est là un asservissement fatal qui
pèsera sur bien des générations, en dépit des indemnités
que nous obtiendrons de l'ennemi vaincu. La liberté,
chez les peuples libres, ne sera plus qu'un vain mot,
et la course au progrès se poursuivra vers de nouveaux
dangers imprévus. Chaque peuple s'efforcera de s'accroître en nombre, afin de ne pas disparaître un jour de
la carte du monde, afin de produire le plus qu'il lui sera
possible, oubliant que la nature ne tolère dans aucun
ordre, qu'il soit botanique ou zoologique, la surpopula-
tion.

Que sera l'Europe après la paix? Si l'on en croit les
tendances générales, elle sera nationaliste et fédérale;
mais ces mots ne seront-ils pas seulement sur le papier?
Les diplomates des Alliés renonceront-ils franchement

à leurs traditions impérialistes, n'auront-ils pas l'arrière-pensée d'accroître les grands États au détriment des petits peuples? Ne chercheront-ils pas à dominer suivant les anciens errements, à mettre l'Etat qu'ils représenteront en situation d'imposer ses volontés par les armes? Sans aucun doute, la pensée qui dominera dans les esprits des membres du Congrès sera l'impérialisme; et elle ne s'étendra pas seulement aux nations coupables, aux Empires centraux, à la Bulgarie et à la Turquie, elle franchira d'autres frontières.

Il ne faut donc pas compter sur le respect absolu du nationalisme, mais bien sur une simple amélioration dans la liberté des peuples. Quelques-uns, tels ceux de la Pologne, de la Serbie, de la Roumanie, de l'Arménie, de la Bohême, gagneront l'autonomie ou se compléteront en tant que nations; mais aussi que de difficultés à résoudre au sujet de leurs frontières, que de compétitions, que d'intérêts lésés, que d'espérances déçues.

Puis, ce travail de Titans terminé, chaque peuple ayant réparé de son mieux ses ruines, la course au progrès reprendra comme par le passé, les campagnes se dépeupleront au profit des centres industriels et les dangers reparaîtront toujours plus grands. La fatalité nous entraîne irrésistiblement vers l'inconnu, parce que, la situation qui a causé la guerre ne se modifiant pas, d'autres cataclysmes sont à prévoir. Peut-être pendant longtemps évitera-t-on la guerre; mais que fera-t-on contre les désordres sociaux, contre les fléaux dont le développement dans les grands centres peut en quelques jours faire d'effrayants ravages? Savons-nous si dans ce cas aussi la science ne fera pas faillite? Qu'adviendra-t-il de ces théories savantes, dans lesquelles beaucoup d'entre nous croient encore?

C'est l'effrayant inconnu, c'est le doute, la négation de mille choses dans lesquelles nous avons cru, qui étaient le but de nos espérances. Il ne faut pas cependant perdre courage; si nous avons été déçus par une foule d'essais, nous n'en devons pas moins faire de nouveaux efforts pour améliorer le sort de ceux qui viendront après nous; et, avant d'envisager les problèmes de la vie intime des peuples, notre devoir est de placer les divers groupes humains en de telles conditions qu'ils n'aient plus à redouter l'effroyable cataclysme d'une guerre mondiale. C'est un impérieux devoir que notre génération est désignée par le Destin pour remplir; c'est une grande tâche que nous imposent les sacrifices que nous consentons en ces jours de malheur. Il faut détruire toutes les causes de conflit armé, écraser les peuples dont les tendances sont à la domination, imposer à tous le respect d'autrui en tant qu'État et comme individualité, imposer les lois de la justice, et le danger le plus grave pour l'humanité sera écarté. Les forces vives des nations pourront être mises au service des œuvres de la paix, et les générations futures, n'étant plus entravées dans leur essor, auront le loisir de regarder en face et, espérons-le, de résoudre ce vaste problème né de l'intensité de la vie moderne : la question économique, mère de l'organisation sociale du bien-être individuel.

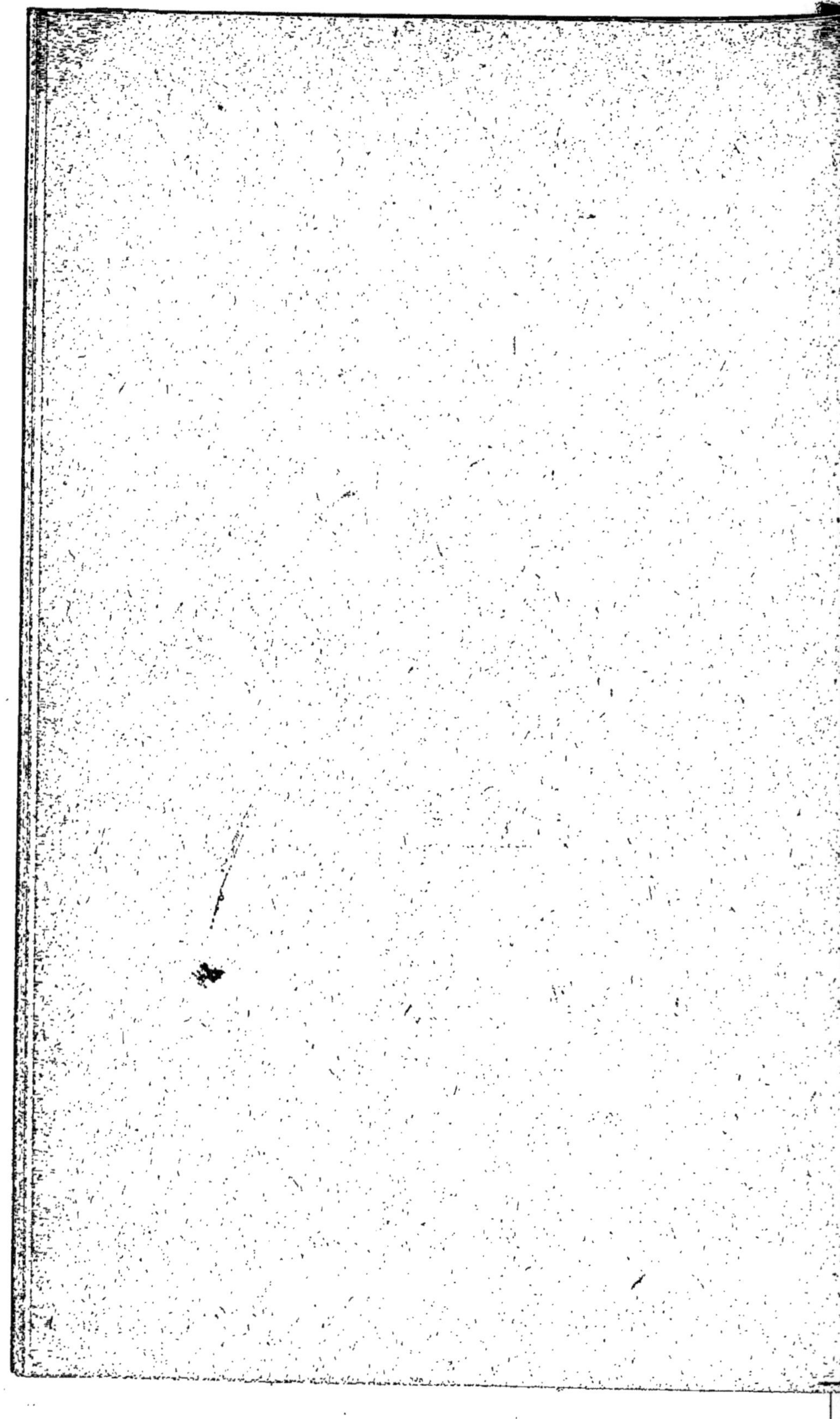

TABLE DES MATIÈRES

CARTES

NANCY, IMPRIMERIE BERGER-LEVRAULT — JANVIER 1918

Devant l'Histoire. *Causes connues et ignorées de la Guerre,* par Paul GIRAUD, docteur en droit. 1917. Volume in-12, honoré d'une souscription du ministère des Affaires étrangères. . . . . **3 fr. 50**

Cinq ans d'Histoire grecque, 1912-1917. Discours prononcés à la Chambre des Députés, en août 1917, par E. VENIZELOS, président du Conseil, N. POLITIS, E. RÉPOULIS et G. CAFANDARIS. Traduction de Léon MACCAS, autorisée par le Gouvernement grec. 1917. Volume in-8 . . . . **4 fr.**

Le Livre bleu serbe. *Négociations ayant précédé la guerre.* Vol. in-12. **60 c.**

Deuxième Livre bleu serbe. *Note sur les violations du droit des gens commises par les autorités allemandes, autrichiennes et bulgares dans les territoires serbes occupés.* 1917. Volume in-12 . . . . **75 c.**

La Serbie d'hier et de demain, par Nikola STOYANOVITCH, député à la Diète de Saraïevo. Préface d'André TARDIEU. 1917. Volume in-12 . . . . **3 fr. 50**

La Serbie agricole et sa Démocratie, par Milorade ZÉBITCH. Préface de YVES-GUYOT. 1917. Volume in-8. . . . . **3 fr.**

La Serbie économique et commerciale, par René MILLET, ancien ministre de France en Serbie. Avec le concours du marquis H. DE TORCY. 1889. Volume in-8, avec 2 cartes, broché. . . . . **5 fr.**

Le Royaume de Monténégro, par M.-C. VERLOOP, membre correspondant de la Société de Géographie de Lisbonne. 1911. Volume grand in-8, avec une carte, broché. . . . . **3 fr.**

L'Épopée serbe. *L'Agonie d'un peuple,* par Henry BARBY, correspondant du *Journal.* 1916. Volume in-12, avec 20 illustrations hors texte et 1 carte. **3 fr. 50**

Face aux Bulgares. *La Campagne française en Macédoine serbe. Récits vécus d'un officier de chasseurs à pied (octobre 1915 à janvier 1916),* par Henri LIBERMANN. Préface de Paul MARGUERITTE, de l'Académie Goncourt. 1917. Volume in-12 . . . . **3 fr. 50**

Germania. *L'Allemagne et l'Autriche dans la civilisation et dans l'histoire,* par René LOTE, agrégé de l'Université, docteur ès lettres. 2e édition. 1917. Volume in-12 . . . . **3 fr. 50**

Le Sens des Réalités. Sagesse des États. *Leçons politiques de la guerre,* par René LOTE. 1917. Volume in-12. . . . . **3 fr. 50**

L'Allemagne de demain, par Arthur CHERVIN, ancien président de la Société de Statistique de Paris et de la Société d'Anthropologie. 1917. Vol. grand in-8, avec 8 cartes. . . . . **6 fr.**

L'Autriche-Hongrie de demain. *Les différentes nationalités d'après les langues parlées,* par le même. 1917. Volume gr. in-8, avec 6 cartes. **3 fr. 50**

De la Succession d'Autriche. *Essai sur le régime des pays autrichiens avant, pendant et après la guerre,* par Étienne FOURNOL. 1917. Vol. in-12. **3 fr. 50**

La Conquête de l'Autriche-Hongrie par l'Allemagne. *Une nouvelle forme du Pangermanisme : le « Zollverein »,* par Adrien BERTRAND. 1916. Volume in-12 . . . . **60 c.**

Trois Aspects de la Révolution russe, *7 mai-25 juin 1917,* par Émile VANDERVELDE. 1918. 5e édition. Volume in-12. . . . . **2 fr. 50**

Histoire de la Révolution russe, 1905-1917, par S. R., membre de plusieurs sociétés savantes. 1917. Volume in-12. . . . . **1 fr. 25**

Le Livre orange russe *(10/23 juillet-24 juillet/6 août 1914).* Vol. in-12. **60 c.**

Le second Livre orange russe *(19 juillet/1er août-19 octobre/1er novembre 1914).* Volume in-12 . . . . **60 c.**

9 782019 919009